U0925885

编委会

善与人交 久而敬之

Decent FRIENDSHIP Wins True RESPECT

Shanghai Public Diplomacy Practice

上海公共外交实践

周汉民——主编

上海人民出版社

序一

加强向世界说明中国的力量

赵启正

近几年来，大家越来越强烈感觉到，随着中国逐渐走近世界舞台中央，美国为首的西方国家越发通过宣扬“中国威胁论”来遏制中国发展，从而转移其国内矛盾，维持其凌霸地位，导致中国在国际舆论中被误解、被孤立。在当前国际舆论的实践斗争中，美国以双矛舞发动攻击，我们以前往往以双盾舞对应他们的挑衅，我们的话语力还是显得太弱。这呼唤中国的媒体、智库、非政府组织、社会团体乃至个人都参与到公共外交中来，从而加强“向世界说明中国”的力量。

公共外交本来的界定是对外国公众传播本国的政治、经济、文化等国情，以促进他们对本国的理解和友好，为外国政府提供选择友好政策的空间。中国的公共外交其实早已有之，毛主席当年在西北与斯诺谈话，通过斯诺向世界媒体表达一个中国共产党的存在和它的斗争，这就是公共外交的著名案例。但要注意我国与西方公共外交的理论和实践存在着许多差异。美国的公共外交是进行意识形态渗透，推行文化霸权的工具，粗暴干涉别国的内政，甚至挑拨其他国家之间的关系，充满欺蒙意味。而中国的公共外交是实现中华民族伟大复兴的基础工程，其重点在于更好地向世界讲好中国故事，说明中国的真实情况，争取世界各国对中国梦的理解和支持，力促“融通中外、增信释疑”。

美国是运用公共外交的老手，他们不断观测外国的公共外交发展，同时积极提升本国的公共外交实力。举例来说，2011 年 2 月 15 日美国参议院对外关系委员会主席理查德·卢格发表了《美国对中国的另一项逆差——互联网时代的公共外交》的报告。这个报告仔细研究了中美公共外交的差异。报告认为，中国人透过历史看待的中国与西方人眼中发展的中国并不相同。报告妄言，中国用尽所能阻碍限制美国的努力，并用它自己的软实力赢回地位，凌驾于世界各国之上。报告指出中国的方法确实比其他方法奏效，现在中国推行公共外交政策资源充足，信心满满，其任务已经转为重塑中国在世界的形象。

报告还妄言，中国认为世界强国是他们应有的地位。为了重振雄威，21世纪的中国力图避免形成富有侵略性的国家形象。为此，中国依靠4 000年的文化历史作为公共外交的核心思想，表现出沉稳、内向、不惧怕威胁的国家形象。

十年后的再一个案例：2021年12月，美国公共外交咨询委员会（ACPD）发布了题为《将政策和受众放在首位：公共外交范式转变》的报告，披露了美国自1999年开始的“公共外交人员配备计划”。这个计划的内容是针对全球通信基础设施更新迭代，把公共外交目标范围扩大，对美国大使馆的公共外交部门、文化新闻职能部门进行重组，重新进行人员配置，实现公共外交的数字化。更重要的是，它不是根据部门布置外交任务，而是对受众群体进行细分，有针对性地设立工作群组，并且从2013年开始对公共外交运作情况开展实地审核，这相当于对公共外交实践进行一场“大修”。这些新披露的公共外交策略都值得我们关注，并保持警惕。

面对西方长久地制造和传播“中国威胁论”，恶化我国的国际形象，加强公共外交是一项关系到国家主权、和平、安全、稳定的战略传播上的大事。因此，如何促进中国的公共外交，加强我们的国际话语力，讲好中国故事是我在2005年离开国务院新闻办公室后还继续长期思考的问题。我认为，要使中国公共外交发挥增信释疑的作用，需要三个着力点：（1）建设公共外交研究和学科体系，强化公共外交的人才培养和素质教育；（2）丰富公共外交的主题和形式，推广公共外交的实践案例，促进中外人文交流；（3）拓宽公共外交的主体，丰富公共外交的战略内涵。

我看到，中国公共外交总体的阵容较弱，整体的开展还是比较初步，中国需要有志于公共外交的人的参与，有志于公共外交的企业的支持，同时还需要在公共外交领域发挥每个人的创造力。人才是广义的，可以说“公共外交，匹夫有责”。有些人他可能不是专门做公共外交的，但他仍需要有公共外交的意识。比如说你是一个官员、学者或是一个企业家，你在对外部表达或交流当中自然会体现中国的因素，例如中国政府的管理、中国的教育政策、中国的经济态势，这就是中国公共外交的影响力了。我们并不要求每个人达到发言人的那种表达范式，而是发挥和本专业相关的中国表达。通过这样方方面面的工作，一个完整的、立体的中国形象就呈现出来了，我们急需这样人才的成长。从这个意义上说，公共外交人才和素质的培养尤为重要，大学是人才培养和素质教育的阵地。为此，我曾经做了几项工作，首先是以全国政协外事委的角色推动在中国多地建立了公共外交协会，上海公共外交协会是全国第一个。其次我还推动了在高校、党校成立公共外交研究院或研究中心，至今共约有 19 个，其中有编制的只有吉林大学的公共外交学院。可喜的是另外还有九个大学成立了和公共外交密切相关的国家形象或战略传播研究院或中心。在我看来，高校对中国外交的推动有义不容辞的责任（据知，高等院校、社会科学院系统、党校与行政学院系统、部委研究机构及社科联与一些民间研究机构的哲学社会工作者总计约 100 万人）。我认为高等学校事关公共外交的至少有四项任务：一是作为国家的智库，二是对大学生的公共外交意识或专业的培养，三是自身参与公共外交的活动，四是推动公众的公共外交能力。其中走出去的企业家是急需帮助的重点，他们走到国外面对的远不止是外国的经济界，而是面对外国的整个社会，政府各部门、议会、法院、媒体、甚至工会（截至 2019 年底，中国超 2.75 万家境内投资者在全球 188 个国家、地区设立对外直接投资企业 4.4 万家）。

在首届沪江公共论坛上发表演讲

我认为，在高校加强研究的同时，还需要推广实践案例提升公共外交的效果。换句话说，如何讲好中国故事，需要知己知彼的知识，还需要有“跨文化”交流的素养，例如可以通过一个故事，或列出有说服力的数字，最后得出自己的结论。这种“平易的”聊天往往更能吸引对方，引起共鸣。在这个意义上“故事最接近真理”。你对别人讲理论、讲结论，就像请别人吃维生素 C，不一定合别人的口味。你给人家讲朴实的故事，就像赠送人家一个“原生态的苹果”，色香味俱全，吃下苹果，如同中国文化的维生素 C 也就在其中了。所以，故事能“驱动”中国走遍世界，每个人都可以成为中国故事的自觉传播者，自己传播自己的故事效果最好。

2005 年以来，围绕对外传播，讲述中国故事这个主题，我已先后出版了《向世界说明中国》等多本著作，除中文版外，有些还被翻译成多种外文，在国内外出版。

近年，随着人工智能（Artificial Intelligence）、区块链（Block Chain）、云计算（Cloud Computing）和大数据（Big Data）的加速发展，各国公共外交出现新特点，即把技术扩散与价值观传播绑在一起，这引发了不同文化和价值观念之间前所未有的交流与交锋。特别是以美国为首的西方公共外交在宣传本国的同时，做伤害对方的“负面的”公共外交。

应对更加复杂的国际环境，需要多元主体的公共外交对外国公众传播本国的政治、经济、文化等国情，改善我们的舆论环境。公共外交是活泼的、生动的、有广泛空间的，有着润雨细无声的效果。从公共外交的主体上看，过去，政府承担许多公共外交的责任，如建设对外传播的主流媒体，新闻发布会传播外国公众，我们的大使甚至国家领导人也会到外国大学作演说，等等。目前，公众承担的公共外交包括了更广泛的力量。企业、大学、非政府组织等也参与公共外交实践，这极大丰富了公共外交的主题和形式，其称呼也逐渐多元化，如民间外交、人民外交、人文论坛、战略对话、体育外交等等。多元主体和多种形式便于我们更加精准地聚焦公共外交中相对固定的对方——能和我们较长期保持联系的直接对应的人士。对于目标人群，一方面我们应当用心跨越文化藩篱，注重表达方式的国际化和艺术性，做到“中国立场，国际表达”，也就是站在中国的立场上，用国际上能够理解的方式，真实地对外表达自己；另一方面，在一些涉及我国重大利益的敏感问题上，要敢于斗争、善于斗争，针对目标受众澄清事实、塑造共识，以便加强我们的国际话语力。

（整理者：康 欣）

赵启正，上海公共外交研究院专家咨询委员会主席。曾任国务院新闻办公室主任，第十一届全国政协外事委员会主任。

序二

发挥会员作用，促进互信认同

冯国勤

自 2011 年上海公共外交协会成立至今，已经走过十二载。回首过往，我想用两句话来概括：协会发展历程可圈可点，不忘初心坚持重新出发。这里面有“新”，更要有“心”，我们既要跟随时代潮流，依靠广大会员积极发挥作用，不断创新公共外交工作的内容形式和方法，取得新的发展；也要从自己内心出发热爱这项工作，让公共外交事业自觉地内化于心、外化于行。

这次《善与人交　久而敬之》一书的付梓印刷，令人鼓舞。这本书，凝练了上海公共外交协会从无到有、从有到优的发展历程。经过岁月的历练，前后已有数百人为协会做出无私奉献，他们中，既有初创以来多年从事公共外交工作的李丰华、道书明、姚明等，也有新老交替换届后的周汉民、李文辉等协会领导，而更多的是在各自领域为公共外交事业无私服务和发光发热的各位理事、各位会员和协会的工作者们。

上海公共外交协会以服务于国家总体外交、服务于改革开放经济发展为宗旨，创新做法，与社会各界广泛联动，以智慧搭建中外沟通桥梁。12 年来，协会进一步加强了上海与各国人民之间的友好交流，努力做到党的二十大报告中所指出的：“坚守中华文化立场，提炼展示中华文明的精神标识和文化精髓，加快构建中国话语和中国叙事体系，讲好中国故事、传播好中国声音，展现可信、可爱、可敬的中国形象。”

上海是新时期中国推动高水平发展的窗口城市，也是在全国率先成立公共外交协会的重点城市。记得 2010 年上海世博会举行之时，时任中央政治

2011年，赵启正与冯国勤共同为“上海公共外交协会”会名揭幕

局常委、第十一届全国政协主席的贾庆林同志，提出希望上海市政协要充分利用好外国领导人与亲朋好友来中国的这半年多时间，积极探索好人民政协的对外交往的新任务、新工作、新形式。时任全国政协外委会主任、国务院新闻办主任赵启正同志，时任外交部部长杨洁篪同志，也都对协会的成立和工作给予很大的关心、很多的支持。

上海世博会成功举办后半年，上海公共外交协会应运而生。全国政协主席贾庆林发来了贺信，市委领导专门出席成立大会，并作了重要讲话。我想，协会所代表的，不仅仅是上海的公共外交水平，它所要实现的，是中华文明与世界文明的展示、沟通和融合。

协会成立当年，我在全国政协召开全体会议期间的大会上，就“上海公共外交协会实践与发展”为题，作了发言。当时，贾庆林主席就指示我们，政协和各位委员要充分发挥好公共外交协会的作用。这既是对我们工作的重要指示，也是对我们开展工作的大力支持。

协会成立后不久的一次公共外交的实践经历至今使我很受感动。当时，我受全国政协委托，带团参加中欧经济圆桌会议，并顺访了马耳他。时任中国驻马耳他大使在会见时跟我讲了一件看似不起眼的“小事”。当时，大使说，马耳他总统在任期内想建一座音乐厅，因为经费不足，建成后音乐厅的窗帘和200把椅子还没到位，总统先生就把中国和美国的大使召去请求帮忙。美国大使负责窗帘，我们负责200把椅子。大家同步启动，结果三个月不到，美国大使就把窗帘全都做好了，并送到马耳他，而我们申请椅子的公文还在路上。

当时，我们便向大使要了椅子的样式图纸和尺寸，即刻联系我们协会的月星家具的企业家丁佐宏同志。为了国家，丁总二话不说，欣然接受，并马上按图纸和尺寸先做了一把样椅，自费航空快递送到马耳他总统办公室，待马耳他方确认后，三个月不到，就把200把椅子的任务完成了。后来，马耳他方提出要增加50把，他们也很快保质保量地做好并送到了马耳他。我国驻马大使十分高兴，马方也专门给我们发来了感谢信，并表示这将成为两国友谊合作的见证。丁佐宏后来还应马耳他政府邀请随上海政协代表团前往访问，马方特别安排他们参观了音乐厅，并表示这个音乐厅承载着中国人民的深情厚谊。后来，全国政协副主席杜青林同志出访马耳他时，马方还专门向杜副主席讲述了此事。

这说明，看似一件“小事”，但办好办成功了，会改变一个国家对中国的印象，也能更好、更正确地认识中国、理解中国、支持中国。在这本书中，还有不少这样的“小事”，希望读者能滴水映辉，感受公共外交的丰富内涵、无穷魅力和巨大的作用。

一直以来，上海是开展公共外交、加强对外交流的重点城市。党的十八大以来，我们举办了一系列卓有成效的公共外交活动，开展了一系列理论研究和实践。习近平主席提出“一带一路”倡议后，我们推出了“中国企业走出去”系列研讨会，成为协会重要的对外公共外交活动品牌项目之一。同时，我们每年举办各类公共外交座谈会，有规模、有深度、有思想、有见地，影响力正在逐步扩大，影响更深远。协会还牵头成立了长三角公共外交协会联系机制，今后将有效整合区域公共外交资源形成优势互补，助力区域发展和合作。

在百年未有之大变局下，我国公共外交面临新的形势、新的挑战，也有新的机遇。如何促进中国人民与世界人民相互了解，促进彼此认同互信，是中国公共外交重要而紧迫的任务。上海公共外交协会作为中国公共外交的一支重要力量，使命在肩、重任在身。协会要创造条件，努力发挥会员的积极作用，进一步做好民心相通、感情相融的工作，进一步提升上海的国际影响力和吸引力，为服务国家总体外交做出新的贡献。

借此机会，谨以此书向所有为公共外交付出的上海各界人士表示真挚感谢，并向全体编写人员表示诚挚敬意！

（整理者：单颖文）

冯国勤，第十一届上海市政协主席，上海公共外交协会首任会长。

序三

以心相交　成其久远

周汉民

公共外交是大国外交的重要组成部分和有力支撑，国之交在于民相亲，民相亲在于心相通。面对中华民族伟大复兴战略全局和百年未有之大变局，如何让世界看见中国，必须坚持凝聚共识，以润物细无声的方式沟通情感，久久为功，携起手来，发挥公共外交独特作用，共创美好未来。

从“浦江之窗”到“江上会客厅”

2020年，突如其来的新冠肺炎疫情给经济社会发展带来了巨大冲击，为深入贯彻习近平总书记关于统筹推进疫情防控和经济社会发展工作的重要指示精神，积极响应中共上海市委、市政府疫情防控工作要求，我开始密集走访企业，调研的企业中，既有央企，也有地方国企，有外企，也有民企，真正看到了一派“众志成城、奋力拼搏”的景象。4月，我率队赴上海长江轮船有限公司，就企业“防疫情、保生产”两手抓的各项措施和复工复产情况深入沟通。企业在座谈中反映，游船业务受疫情影响巨大，而黄浦江游览是上海的名片，面对疫情挑战，能否有更多举措来支持企业升级换代。我当即就建议，黄浦江是上海的母亲河，是城市的标志性空间，浦江游览有着深厚的历史积淀，海纳百川的游船活动，代表城市形象和文化内涵，双方可以依托浦江游览船，协手共同打造“江上会客厅”，向中外游客展示上海服务品牌，讲好上海故事，提振上海旅游市场信心，成为人们加深了解上海、扩大上海在世界上影响力的特殊媒介。这一建议马上得到企业响应，认为非常有意义，希望能够共同助力经济社会向好发展。

之后，我一直关注、推进着这桩事，最终，通过上海公共外交协会这一平台，并得到市政协外委会、民建上海市委的全力支持和协助，在我调研上海长江轮船有限公司的 28 天后，“江上会客厅”在船长 5 号浦江游览船上正式揭牌，一个全新的中外沟通交流平台由此诞生。

一江春水向东流，在全球疫情较为严重之际，我们打造“江上会客厅”，旨在提供一个中外嘉宾和中外游客可以互相交流的地方，使得黄浦江上的游轮像过去一样充满欢声笑语，展现上海这座城市在复工复产复市中所恢复的生机。开放包容一直是我们引以为傲的优势，上海要在扩大对外开放的大格局中，保持与世界交往的不断、不乱、不散，成为令人向往的社会主义现代化国际大都市。因而，“江上会客厅”也努力促进人与人之间的交流，疫情期间倡导的保持社交距离，应当是物理距离，而不是人与人之间的隔绝。我们邀请各国、各地的朋友来此地开展丰富多彩的活动，在母亲河上讲好中国故事，让每个人都能用行动诠释中国故事的内涵，并发挥自己独特的作用。

▲ 周汉民出席“江上会客厅”揭牌仪式

"江上会客厅"回味悠久

在抗击疫情的整个进程中，中国的公共外交工作可用三句话总结："择高处立、寻平处住、向宽处行"，"高处"就是人民至上、守望相助；"平处"就是有力防控、复工复产；"宽处"就是心系全球、和平发展，这同样也是上海公共外交协会努力的方向。

三年来，"江上会客厅"共举办了七次中外朋友恳谈会，邀请多个国家的驻沪领馆官员、在沪外企高管、商会代表等交流座谈，在一次次的探索、尝试中逐步完善工作机制、不断深化内涵，从而更好致力于中外各方守望相助、民心相通，这项始于2020年的创新，成为了上海公共外交协会十年来各项工作的一个缩影。

人心相通是关键。"在上海，无论中国人和外国人，我们是'我们'，不是'你们'。"这是我在首场"江上会客厅"上的开场白，也是之后反复多次强调的观点。就像我们召开恳谈会时彼此坐在同一艘船上一样，要穿越惊涛骇浪，驶向光明未来，没有人可以置身事外，正所谓人同此心，情同此理，以人为本，凝聚共识，往往可以打破地区的界限，公共外交工作关注的正是民心的相通，人与人之间的交流。我们要培养起自己国际交往的能力，就要用"和而不同"的眼光来看待世界、平和地与世界对话，把民心相通这一任务扛在肩上，坚持下去，而且这种作用是润物细无声的影响。"江上会客厅"就是这样一种尝试，关注并强调以人为本，关注并强调文化多元，关注并强调合作共赢，充分听取外方需求，增加交流，消除对立，起到畅通信息和解疑释惑的作用，搭建起外国机构和企业了解中国政策、中外友人坦诚交流的有效渠道。

建言献策重实效。"江上会客厅"先后围绕"新冠疫情下重启国际经济合作和民间人文交流""面对新冠病毒，我们众志成城""面对当前形势，如何进一步发挥好进博会作用""上海如何吸引海外及港澳台优秀人才""贯彻落实中共中央有关浦东高水平改革开放政策”“高质量发展和高质量生活”“聚焦进博会功能，促进经济贸易发展”等主题，邀请多个国家的驻沪领馆官员、在沪外企高管、商会代表等开展交流探讨。每次会后，我都立即将相关建言整理成文，以专报形式报送中共上海市委主要领导同志，并得到批示或转给其他领导同志阅办。通过“江上会客厅”这一独特交流平台，有关部门了解到在沪外资企业和外籍人士在复工复产复市复学方面遇到的困难，及时伸出援助之手；而外方代表则进一步加深了对中国疫情防控政策举措的理解，成为支持推动“团结抗疫”的积极力量。

例如，连续五年如约而至的进博会已经成为中国构建新发展格局的窗口、推动高水平开放的平台、全球共享的国际公共产品，在世界经济发展仍然处于不稳定不确定状态下的今天，进博会给予了我们太多信心。进博会在上海举办，对上海来说意义非凡，如何以进博会指引这座城市担当起自己的历史使命，更好服务国家战略，并且把进博会的先发效应转化为上海改革开放的新动力，是我们始终思考的问题。在 2020 年疫情突如其来蔓延全球之时，第三场江上会客厅围绕“面对当前形势，如何进一步发挥好进博会作用”，邀请了来自法国、日本、德国、英国等国商会及企业代表，以及国内参与“一带一路”国家经贸往来的相关企业，重点听取企业关于进博会的意愿和想法，并结合历年进博会的情况，就设立“共享直播室”，拓展进博会的线上渠道、讲好进博故事，注重进博会的有效宣传、发挥外国商会作用，提高进博会的外商服务力度提出建议，为在疫情防控关键时期彰显中国力量贡献真知灼见。

2022 年，作为党的二十大后举办的首场重大国际展会，进博会成为世界了解中国式现代化的重要窗口。第七场江上会客厅围绕“聚焦进博会功能，促进经济贸易发展”，邀请 7 个驻沪国际经济组织负责人与会，听取意见建议，并就做强虹桥海外贸易中心、搭建面向海外中小企业的公益平台、完善跨境运输的行业标准、提供包括国际贸易法规和国际标准培训等在内的更多样化服务、扩大进博会功能外延、探索通过论坛等形式与国际仲裁机构交流等建言献策，为进博会迈向更高质量和更高水平提供参考。令我欣喜的是，这些建议很快就收到反馈，得到了回应和落实，在逆全球化的狂风骤雨中，进博会年年办，一年比一年好，以实际行动推动世界你来我往，对此，我深受鼓舞，也始终相信，功成不必在我，但功成必定有我的一份努力。

水上岸上齐联动。“江上会客厅”议题丰富，形式也多样，随着加入的人越来越多，我们从水上走到了岸上，水岸联动，相互融合。“江上会客厅”迄今共举办了七次活动，前五次是在黄浦江的游船上，第六次在黄浦江边的浦发银行大楼内，第七次在离黄浦江稍远的上海图书馆东馆，水上异彩纷呈，岸上同样精彩，与会人员对会客厅宽松的氛围和浦江两岸的美景无不表示赞赏，大家在畅所欲言中凝聚起对上海发展、对中国未来的坚定共识。

以在浦发银行大楼内举行的第六场江上会客厅为例，围绕“贯彻落实中共中央有关浦东高水平改革开放政策”主题，我们邀请相关职能部门负责同志向外方介绍中共中央关于浦东高水平改革开放的政策和中共上海市委市政府的行动方案。在这栋见证上海沧桑巨变却始终勇立潮头的经典历史建筑中，来自欧盟、美国、日本、韩国等商会、贸易机构和外资企业的负责人以及外商投资企业协会负责人，就浦东高水平改革开放和引领区建设“奇文共欣赏，疑义相与析”，分别从跨国企业的跨境数据流动、生物制品等特殊物品的清关效率、持续放宽市场准入等方面提出意见和建议，为助力上海打造国际一流营商环境出谋划策。

“江上会客厅”久久为功

“江上会客厅”作为上海公共外交协会和民建上海市委在2020年疫情发生后走访调研上海长江轮船有限公司的积极成果，在实践中不断深化，形成上海公共外交协会发挥作用的良好平台，且取得积极成效，获得中外多方的良好反响。这说明，地方公共外交的作用是独特、独到、独有的。

党的二十大强调要推进高水平对外开放，高水平开放不仅在于政策沟通、贸易畅通、资金流通，更在于将中国发展与世界发展相互分享。公共外交是中国与世界进一步融合的重要抓手，面对世界之变、时代之变、历史之变，我们需要更多合作，需要更好交流。“江上会客厅”将秉持这一宗旨，与了解、熟悉、喜欢、进入乃至扎根上海的外国机构、组织和外企等加强合作，交流思想，碰撞观点，解读政策，集聚信心和力量，在这里，世界声音，共同分享。

随着中国式现代化画卷徐徐展开，搭沟通桥梁，聚中外智慧，促民心相通，让世界看到一个自信的、有活力的、有担当的中国，公共外交大有可为！

周汉民，全国政协常委，上海市政协原副主席，上海公共外交协会会长。

目　录

第二篇章　演讲

第一篇章
实践

世博会：人类文明交流互鉴的伟大实践

周汉民

文明因多样而交流，因交流而互鉴，因互鉴而发展。2010 年上海世博会，可谓举全国之力，集世界智慧，是生动隽永的中国融入世界的故事，这场人类文明交流互鉴的伟大实践，至今仍为人津津乐道。往事并不如烟，世博的那些人、那些事就是值得总结的历史，当下，向着构建人类命运共同体的目标不断迈进，让世界文明百花园姹紫嫣红、生机盎然，应成为我们矢志不渝的追求。

转眼间，上海世博会闭幕已有十三载，借此机会我也与大家分享几个小故事，让我们再次打开记忆，回顾、回望、回味那场波澜壮阔的盛会。

▲ 2023 年 4 月 21 日，“中国式现代化与世界”蓝厅论坛在上海北外滩的“世界会客厅”举行

申办世博　相互尊重

1894年，中国近代改良主义思想家郑观应的名著《盛世危言》出版，书中提到“故欲富华民，必兴商务，欲兴商务，必开会场。欲筹赛会之区，必自上海始”，这一梦想在百年后终于得以落地生根。2001年10月，我担任中国驻国展局代表和上海申博办副主任，由此开启了十年世博路。作为一名“申博大使”，我遍访其他87个国家的代表，反复沟通，争取他们同意中国举办世博会。

我首先选择了拜访我国竞争伙伴驻国际展览局的代表，这完全出乎了竞办国家的预料。在拜访韩国代表车本友时，我们还专门聊起了“车”姓在中国的起源，之所以以如此方式开局，就是为了向国际社会表明中国的姿态和立场，那就是我们所有的竞争是平等的，是建立在相互间的尊重基础上所展开的，是朝着一个共同的目标而推进的。尽管竞争有极大的变数，但我还是相信没有一票是不能被争取的，没有一个国家是不能真诚交流的。不同文明之间应坚持兼收并蓄、交流互鉴、取长补短、共同进步，我们不仅是倡导者，更是身体力行者的行动派。

2002年12月3日，在摩纳哥蒙特卡洛国际展览局第132次大会上，经过激烈竞争，中国成功获得了2010年世界博览会的举办权，十年努力终成功。在当晚举办的庆祝晚宴上，国际展览局秘书长洛塞泰斯先生写下了一句话——今天，世界诞生了一个伟大的希望。

回想当时情景，其实我是非常平静的，因为胜利不是突然的，更不是一种惊喜，它是我们努力以后的客观必然，我们国家赢得了一场堂堂正正、不被诟病的胜利。时至今日，我仍然充满自豪，中国以一个文明古国的伟大传承作为我们思想的砥砺和行为的规范，包括竞争对手在内，大家都认为中国将以更加开放的姿态拥抱世界、以更有活力的文明成就贡献世界。

举办世博　海纳百川

对多元文化和谐共存的孜孜以求和不懈探索是上海世博会的点睛之笔。我们在申办之时，就树立一个崇高的目标：绝不让某一个国家由于地域的遥远、由于国力不足，或者由于其他的原因，而被边缘化，本届世博会要成为人类有史以来规模最盛大的和平聚会。在184天的运行中，我们迎来了190个主权国家、56个国际组织，上海世博会以最广泛的参与度，真正实现了世界人民的大团圆。我们最大限度地争取世界各国政府和各国人民的参与、理解和支持，例如，首次集体亮相世博会的14个太平洋岛国和13个加勒比海岛国，有的是第一次参加世博会，有的当时还没有与中国建立外交关系，但是都兴高采烈地加入世博会的行列，真正体现了世博会可以超越信仰、超越地域、超越种族的伟大精神。走进园区，平均每天100多场、总计2万多场次丰富多彩的文化演艺活动，7 300多万名全球观众亲临现场，不同国家、不同种族、不同文化和谐共处，人不分远近、国不分大小，汇聚在这块土地上，各方齐心协力，其乐融融，留下了“和而不同”的最高境界。上海世博会犹如一部写在大地上的百科全书，构成一幅多元文化和谐共融的美好画卷。

世博会举办期间，大量外国国家元首、政府首脑、国际组织代表来园内参观，无不留下难以割舍的情怀、难以忘怀的记忆。中国“友谊勋章”获得者、法国前总理拉法兰代表法国第一个确认参加上海世博会，并且兴致勃勃专程来到园区，见证这一盛会。我在与他的交谈中深深感受到了他对中国的友好和浓厚感情，这位中国人民的老朋友，对上海世博会高度评价，认为“这次欢乐聚会让全世界各大城市都能够分享它们非常良好的实践经验，并且做一个总结”。时任联合国秘书长潘基文前来参观了世博园区联合国馆，我参与了相关接待工作，他对上海世博会的出色组织能力给予了赞赏，在之后出席上海世博会高峰论坛发表致辞时说道，上海世博会给世界带来希望，

◀ 在蓝厅论坛上发言

让人们有信心来应对城市化时代日益涌现的挑战，我们要让上海愿景融入日后的讨论、生活和工作中去，共同努力建立一个更加美好的世界。还有一位叫山田外美代的日本老人，人称“世博奶奶”，之前就曾来到中国为参观世博会探路，几年中往返中国 18 次，世博会开幕后，她购买了 183 张门票，每天都出现在世博园，与我们结下了深厚的友谊。

人们看完世博会以后会深深思考一个问题：作为地球村一员，为实现世界和谐、实现和而不同的表达，应该作怎样的贡献？世界上不存在高人一等的国家，文明更没有高低优劣的差别，从这个角度上讲，上海世博会是一次非常好的心路历程。

延续世博　精神永续

2010 年 10 月 31 日，上海世博会留下了伟大的一天，当天世博会高峰论坛通过了《上海宣言》，倡议将 10 月 31 日上海世博会闭幕之日定为“世界城市日”。一个宣言要成为最高级别的世界性文件，必须经过联合国专门的手续来批准。此后，许多人奔走呼吁，我本人也连续 3 年向全国政协提交提案，并在里约举行的联合国可持续发展大会期间的上海周活动上予以推介。2013 年 12 月 6 日，第 68 届联合国大会第二委员会 193 个成员国一致通过，决定将每年的 10 月 31 日设为“世界城市日”，这也是联合国成立以来，唯一一个由中国人提出设立的世界日，意义深远。

世界城市日源自上海世博会的闭幕宣言倡议，上海作为世界城市日的主场，不仅是名至实归，更是一种责任。这也昭示我们要传承世博精神，深入推动文明交流对话，在包容互鉴中促进人类文明进步。

“一切始于世博会”，道出了世博会对人类的巨大影响力，上海世博会见证了不同的国家，多样的文明，各美其美，美美与共，与世界共同描绘出的一幅幅多元互动的人文交流图景永载史册，并将引领着我们在人类共同发展宏大格局中继续稳步前行。

（本文系在 2023 年“中国式现代化与世界”蓝厅论坛上的演讲。）

周汉民，全国政协常委，上海市政协原副主席，上海公共外交协会会长。

推进对外开放　重振上海经济

周汉民

6月22日，习近平总书记在金砖国家工商论坛开幕式的主旨演讲中明确指出，尽管国际形势风云变幻，但开放发展的历史大势不会变。中国将继续提高对外开放水平，建设更高水平开放型经济新体制。可以说，对外开放，激活了中国发展的澎湃春潮，也激活了世界经济的一池春水，同样，开放也是上海发展的最大优势。经过两个多月艰苦卓绝的奋战，上海进入全面恢复正常生产生活秩序阶段。整装再出发，我们十分珍惜这来之不易的重大阶段性成果，更要十分努力、十分坚守，不断推进对外开放，共迎美好明天！

“一座城市有一座城市的品格。上海背靠长江水，面向太平洋，长期领中国开放风气之先。上海之所以发展得这么好，同其开放品格、开放优势、开放作为紧密相连。”开放是时代特征，也是上海特征。截至去年底，上海外资企业超过6万家，跨国公司外资总部达到831家，外资研发中心达到506家。去年外贸进出口总额4.1万亿元，实际利用外资达到225.5亿美元、增长11.5%，5年实际使用外资961.4亿美元，外贸进出口总额达到4万亿元以上、增长16.5%，服务贸易进出口占全国比重提高至30%左右，上海已成为全球总部经济的重要集聚地之一……这些可圈可点的数据，透出上海经济加快恢复和重振的坚实基础和强大后劲。

近年来，上海推进开放的步伐从未停歇。以进博会为例，这一全球观察中国扩大高水平开放的重要窗口，已经在上海连续举办四届，累计意向成交额达到2 700多亿美元，展览面积和世界500强企业参展数量连创新高。“中国开放的大门不会关闭，只会越开越大。”2018年，在首届进博会开幕式上，习近平总书记对全球庄严承诺，今天，新一届进博会正积极筹备，签约面积已超规划面积的75%，世界500强和行业龙头企业签约数量超过250家，以实际行动亮明，我们向世界全方位开放的鲜明态度。

上海自贸试验区也是我国以开放促改革的标志性举措，2013年9月29日，全国第一个自贸试验区——上海自贸试验区破土而出，首次将外商投资准入特别管理措施以负面清单的形式加以管理，进一步提高贸易和投资便利化水平，打造市场化、法治化、国际化的营商环境。到今天，全国已经有了21个自贸试验区，形成全方位、有梯度的开放，开创了沿海地区和内陆地区自贸试验区比翼齐飞的崭新格局。值得一提的是，2019年，临港新片区揭牌，对标国际上公认的竞争力最强的自由贸易园区，探索进行更深层次、更宽领域、更大力度的全方位高水平开放。上海自贸试验区特别是临港新片区成为整个中国改革开放的排头兵和国家自贸试验区建设的尖兵利器。

发展是解决一切问题的基础和关键，虽然本次疫情给上海经济社会造成

▲ 在第十次上海公共外交对话会上作主旨演讲

巨大影响，但是上海经济发展的基本盘没有改变，上海经济长期向好的态势没有改变。尽管全球正处在一个艰难复苏的过渡期，有关研究表明，10 年来“世界开放指数”不断下滑，全球开放共识弱化，但是压力和挫折绝不是放弃开放的理由。面向未来，何以解忧？唯有改革，唯有开放。上海是一座充满韧性和活力的城市，拥有开放、创新、包容的基因，我们要不畏浮云遮望眼，不为一时一事所惑，不为风险所惧，顶住下行压力，咬紧目标、攻坚克难、乘势而上，尽最大努力把疫情耽误的时间、造成的损失抢回来。恢复经济、重振经济，必须谋定而后动，把握好关注的重点问题和工作方向。因而，我们依然要强调稳外资外贸，要继续维护对外开放的一系列行之有效的制度和政策。

由此，有三点建议，与大家分享：

一是以上海自贸试验区为抓手，制度型开放要在更新的层次上往前推进。随着《区域全面经济伙伴关系协定》（RCEP）的落地，且 5 年后 RCEP 开放即将实行的负面清单管理，以及我国正在申请加入的《全面与进步跨太平洋伙伴关系协定》（CPTPP）中更加严格的管理要求，服务贸易领域的进一步开放就成为下一步中国对外开放的重中之重。考虑到上海服务贸易进出口占全国比重近 1/3，建议上海自贸试验区和临港新片区率先开展服务贸易领域尤其是金融、航运领域开放的试点工作，拟定新的压力测试方案，把制度型开放不断往前推进，形成可复制可推广的经验，让资金和技术自由流动，让创新和智慧充分涌现，汇聚世界经济增长合力。

在与高水平国际经贸协定的对接过程中，我们不是凑热闹，而是要看门道。所谓“看门道”，就是通过这些协定能够让我们真正了解到与世界先进水平存在哪些差距，一些领域的发展方向是什么，更重要的是与其他各方找到更多的合作空间。它们犹如一面镜子、一种参照、一个动力，激励我们不断向更高水平学习，与世界共同进步。

二是对标国际规则，营商环境要向更高的水平不断迈进。2020 年 11 月

1 日，《上海外商投资条例》正式实施，这是地方出台的首个外商投资条例，要在此基础上，推动扩大开放政策措施在上海率先落实和先行先试，加大力度保护投资者的合法权益、提升投资和贸易的自由化便利化，对外企实施“全流程”国民待遇，以完善的法治环境吸引外企来到上海、扎根上海。回想 2020 年，经历短暂的停工之后，特斯拉上海超级工厂于 2 月 10 日正式复工，成为国内最早复工的车企之一。特斯拉工厂在临港新片区边防疫、边复工，如同建设投产阶段的“特斯拉速度”一样，在防疫复产这场大考中，上海的全方位服务和营商环境极大振奋了企业信心。建议选取上海复工复产复市中的典型案例，加大宣传力度，并且集中出台一批优化营商环境、支持企业发展的政策举措，对国企、民企、外企等各类市场主体一视同仁，让大家从中看到上海应对挑战的能力。

外企是上海开放型经济的重要主体，也是全球了解上海的重要桥梁纽带。自 5 月以来，我连续召开多场企业调研会，座谈中不少外企提出存在获取信息渠道较为单一的问题，有的外企高管在向国外董事会汇报时，谈到扎根上海乃至扩大投资的事宜时，缺乏相关支撑，对于国外关于上海的一些误解，也仅能口头澄清，说服力不足。建议有关部门结合“防疫情、稳经济、保安全”大走访、大排查工作，认真倾听不同行业的外企心声和诉求，建立常态化沟通机制，加强主动沟通，及时告知最新政策举措，以实实在在的举措，通过全链条的服务，急人所急，帮人所难，稳定预期、增强信心。

还可借鉴服务外资企业工作专班机制，针对重点外企，出台“一企一策”专项支持方案。建议全面梳理沪上具有全球影响力、总部设在上海或对上海感情浓厚愿意继续扎根、对于上海有重大贡献的大型跨国公司，建立专门的对口联系制度，回应企业关切，研究“一企一策”的专项支持方案，出台专属支持政策，提供一对一、点对点的深度服务。

三是打造标志性对外开放项目，宣传上海、推介上海要在更大力度上持续加强。6 月 16 日，2022 年上海全球投资促进大会在位于北外滩的世界会客厅举行，总投资 5 658 亿元的 322 个重大产业项目集中签约，总投资 1 627 亿元的 48 个重大产业项目集中开工，新一批新赛道、新动能领域的行动方案和特色产业园区、产业地图 2022 版面向全球发布推介。这有利于上海的进一步对外开放，以及对外展示我们加快恢复重振的前进脚步不断加速，这里始终是大市场，始终有大机遇。

此次疫情的冲击，对于企业而言都是前所未有、刻骨铭心的，面对压力，信心比黄金更重要。在重启之际，需要有标杆性的事件，标志性的项目，振奋精神、增强信念，看到光明、看到希望。

建议以重大事件为引领，通过更多具体项目的落地，激励和鼓舞海内外企业，选择上海、留在上海，并且通过他们，在国际上进一步宣传上海、推介上海、投资上海，为经济恢复和重振作出贡献。

开放是当代中国的鲜明标识。以开放扩大合作，以开放共享机遇，上海必然能在最关键的时刻勇毅前行，持续恢复经济，创造出新的伟大奇迹！

（本文系 2022 年 6 月 30 日在第十次上海公共外交对话会上的发言。）

周汉民，全国政协常委，上海市政协原副主席，上海公共外交协会会长。

互鉴互学合作共赢的新平台

——长三角公共外交协会联系机制在行动

李丰华

2020年6月8日，在上海兴国宾馆8号楼大厅，来自上海、扬州、温州，以及南京、合肥、杭州、青田公共外交协会的代表齐聚一堂，第十一届全国政协外事委员会主任赵启正、第十一届上海市政协主席冯国勤、中国公共外交协会会长吴海龙也来了，他们将在这里共同见证长三角公共外交协会联系机制的成立。

我曾经担任过上海公共外交协会第一届理事会的常务副会长和第二届理

▲ 2020年6月8日，"长三角公共外交协会联系机制"签字仪式暨"新冠疫情下的公共外交"讨论会在沪举行

事会副会长，并在第一届理事会期间短暂主持过协会的工作。经历过协会的初创、起步、开拓和发展阶段，亲眼所见协会在老领导赵启正的指导下，在冯国勤主席的主持下，不断地探索学习，实践讲好中国故事、上海故事，为国家总体外交和经济建设服务所取得的成绩。进入协会第二届理事会后，新会长周汉民副主席承前启后，创新进取，主动作为，更上层楼，继续着力做大做强民间公共外交，使协会的工作始终紧跟时代步伐，向更宽更广更深的方向注入新的活力。而长三角公共外交协会联系机制便是推进区域公共外交事业开展合作、共谋发展的一项公共外交新举措。

长三角公共外交协会联系机制合作缘起

习近平总书记 2018 年 11 月在首届中国国际进口博览会上宣布，支持长江三角洲区域一体化发展并上升为国家战略。这是引领全国高质量发展、完善我国改革开放空间布局、打造我国发展强劲活跃增长极的重大战略。一年之后，《长江三角洲区域一体化发展规划纲要》正式公布，标志着这一国家战略进入了全面实施阶段。

正是抓住这一时机，上海公共外交协会副会长道书明、扬州公共外交协会会长张跃进相约专程到温州会见温州公共外交协会会长鲍小瓯，商议如何进一步开展长三角地区公共外交的联合行动，实现合作共赢。大家认为，长三角区域是世界大城市群之一，不论从全球经济发展历程还是从中国经济发展方向来看，区域协同是未来发展的大趋势。随着中国经济步入高质量发展阶段，长三角地区经济社会发展分工合作，错位发展，实现跃升，一体化势在必行。

这次会议提出建议：在国家一体化战略背景下，争取中国公共外交协会的指导，由长三角地区目前已有的 7 家省、地、县级公共外交协会，共同建立长三角地区公共外交协会联系机制，打造集多元化、多方位、多层次、网格化为一体的公共外交新平台。

经过一段时间的筹备，由上海、扬州、温州公共外交协会倡议发起成立“长三角公共外交协会联系机制”，各参与单位协商一致同意建立“长三角公共外交协会联系机制”并获得了各地主管部门的赞同。在筹办过程中，机制的成立得到了中国公共外交协会的指导和大力支持，吴海龙会长对《协议书》进行了逐字逐句的认真修改。

会议当天，7 家省、地、县级公共外交协会参会代表纷纷表示了自己的态度。希望各地方公共外交协会为长三角公共外交寻求更大的合作空间和发展机遇，推进多地公共外交资源的优势互补和形成合力，发挥各地方公共外交协会在地区公共外交交流与推广的生力军作用，为长三角的社会经济发展贡献力量，探索公共外交为推动全球治理、实现民心相通的有效途径。

创新长三角公共外交协会联系机制合作互动

长三角公共外交协会联系机制成立以后，周汉民会长担任了首任轮值主席，2021 年和 2022 年分别交棒于扬州公共外交协会会长张跃进和温州公共外交协会会长鲍小瓯，探索开展区域内交流合作主要有几种形式。

一是共享全方位公共外交信息。各地协会均不同程度地拥有智库、会员、媒体等公共外交信息平台，拥有独特的对外交往交流的资源，拥有与世界沟通的人脉关系。机制通过各协会及时交换、共享各地公共外交的信息。在上海公共外交协会周汉民会长担任轮值主席期间，通过上述信息平台交换的公共外交信息就有 130 多条。

二是充分发挥各地公共外交资源的优势。长三角面向世界，链接京广，辐射内地。域内各地的经济、科技、社会发展和人文历史优势突出。各地协会重点发掘具有特点的资源，最大限度地发挥资源优势，实现互相利用，互利共赢。上海公共外交协会和韩国驻沪总领馆的青春远征队探访历史活动，就充分运用了扬州、南京等地公共外交协会的资源。

三是积极推进品牌化项目合作。围绕国家改革开放总体外交战略、服务地方经济社会发展为重点，打造各方面、各领域开展的品牌活动合作项目。各成员的品牌项目对各成员开放。扬州协会举办的一年一度美食品会鉴暨德国商会合作论坛便是借助上海成功举行。扬州举办的“运河文化”征文活动和长三角地区外国人书画展等，吸引了各地协会的广泛参与，获得好评。

四是集约化公共外交理论和实践培训。在中国公共外交协会的指导下，协商联合举办公共外交理论与实践交流，举行不同层次、不同内容的培训班和研修班等培训活动。各地协会享有了参加外交部和中国公共外交协会在上海、合肥举办的培训班的便利。

长三角公共外交行收获满满

2021 年 5 月，在长三角公共外交协会联系机制建立以后，各成员协会间相互学习，经验互鉴，信息共享，交流合作，取得了很好的成效的基础上，协会为进一步推动会员积极参与公共外交，按照理事会通过的 2021 年度工作计划，举办了三次“公共外交长三角行”学习活动，赴扬州、温州、合肥考察交流公共外交的经验和做法。活动以座谈会、现场考察、双边交流的方式进行。

在扬州，考察学习其如何坚持围绕“运河文化”和“美食文化”等通俗易懂的民众语言，沟通民心，开展公共外交；在温州，考察学习其利用遍布全球的海内外资源人脉优势，强化外宣，助推中国品牌世界行，以及公共外交响应“一带一路”倡议的经验做法；在合肥，学习考察其加快打造具有国际化影响力的科技创新之都，服务创新发展，拓展人民政协公共外交新路径的工作思路和具体实践。

我有幸参加了赴温州公共外交协会的学习考察团，三天的行程，满满当当，收获颇丰。深深感到，温州的公共外交意识强、氛围浓、措施实、效果好。

温州是民营经济和侨乡经济相融合的城市，有海外华人华侨 40 多万人，归侨侨眷 40 多万人，在世界各地经商投资兴业的有 60 多万人，遍布全球 131 个国家和地区。在全国政协外事委员会原主任赵启正同志的倡导下，温州公共外交协会于 2012 年 5 月正式成立，是全国第一个地级市的公共外交协会。针对温州是侨乡的特点，协会的工作突出在“侨”字上做文章，将公共外交的内涵巧妙揉捏，“于无声处”彰显了公共外交的功能和影响力，发挥好温州海外侨界的公共外交资源，成为他们工作最大的亮点和努力方向。全温州成立了 304 个具有规模和影响力的温籍侨团，近 40 万温州人在“一带一路”沿线 57 个国家经商创业，建有 3 个国家级境外经贸合作区，为全国之最，这是温州开展公共外交的深厚根基。因此，保护好、利用好、发挥好温州海外侨界资源，是温州公共外交工作的主体力量。

考察团一行参观了温州海外传播中心。该中心利用温州分布在全球 130 多个国家和地区的近 70 万华人华侨的独特优势，整合了 40 家海外华文媒体与国内涉外主流媒体的资源，打造《海外发布》双语矩阵，并组织了 300 多位以海外侨领为主的温州市海外传播官队伍，500 位外籍人士组成的国际传播志愿者队伍、30 位外籍人士组成的国际拍客团，开展“我爱温州”系列打卡活动，每周推出原创双语视频节目《邂逅中国》、城市 vlog 短视频等，推进国际传播能力建设，以社交化、可视化、移动化的传播手段，传递中国好声音、温州好声音。中心配备 500 平方米的国际文化交流大厅，在每个传统节假日，邀请外籍人士、海外传播官代表等，通过线上线下互动的方式，举办大型中外文化交流活动，打造了“世界青年说”沙龙、“幸福中国节”民俗体验活动等品牌项目；每年夏天，通过“走出去”的方式，开展“一带一路”文化交流行，取得丰硕成果。

参观肯恩大学。这是经中国教育部批准，由美国肯恩大学与中国温州大学合作创办，在中国设立的一家引进美国大学优质教学资源的中外合作大学。面向中国境内 19 个省招生，目前在校学生 2 000 人。我们参观了其中的商学院，并在温州肯恩大学网络文化传播中心驻足，了解对外文化交流、文化传播的情况。学校王北铰书记介绍，温肯办学 10 年以来，每年输送大批学子去国内外知名院校深造，以及知名大企业工作。同时学校也承担了公共外交的职能，中心以讲述中国“好故事”、传播中国“好声音”为目标，积极发动国际高层次人才和师生资源，开展线上线下对外文化传播活动，使肯恩大学办成中美两国人民友好交往的桥梁、温州走向世界的新通道。

温州力天集团成立于 2001 年，经营范围包括基建项目投资、销售有色金属、机电设备、汽车及配件等，该集团利用其在塞尔维亚的侨商人脉，以点带面在塞尔维亚和力天集团温州本部建立兼具人文商业融合的企业文化合作工作室。据介绍，该工作室立足在塞的商业文化国情，注意结合两国的人文特点，策划有吸引力的商贸文化项目，如该工作室 2018 年开展的“中塞商贸之旅”活动，上升成为国家层面的外交友好往来项目，塞尔维亚总统更是力天集团商贸活动的座上宾。力天集团是近年来中国民间企业在开展公共外交工作中的成功范例。

世界温州人家园、瑞安侨胞之家别具特色。鉴于温州侨乡的特点，温州下属各区县都设有类似温州人家园、侨胞之家等，既是温州人的情感地标和精神家园，也是对外展示温州人形象的重要窗口。在温州人家园内，设有华侨历史博物馆，展示温州人赴海外奋斗的历史；还设有世界温州人会客厅，由“最温州”展示空间、“瓯书房”阅读空间、“鸣温州”沙龙空间与“和温州”联谊空间四大板块构成，每一个版块和会议室的名字，都极具古韵，由此也迎来了许多在外温州人“常回家看看”。

学习考察使大家感到，上海应抓住作为特大城市的市情特点，以大视野、大联动，建立横跨与外交关联部门的联络机制，发挥好民间外交的力量，更多地将官办活动采用由民间招标承办的方式，努力使公共外交活动灵活多样，把外交活动转化为民心相通的纽带，增强公共外交的吸引力。

（整理者：孙为民）

李丰华，曾任中国东方航空集团有限公司总裁、党组副书记，中国东方航空股份有限公司董事长，上海公共外交协会副会长、常务副会长。

让世界上更多的人“读懂”中国

陈海刚

时光荏苒，转眼间，上海公共外交协会成立已经12年了。从筹备到创立，从探索实践、摸着石头过河，到建立品牌，成系列、可持续地讲好中国故事，协会的平台影响力持续不断扩大。

习近平总书记曾说过：“讲好中国故事，传播好中国声音，展示真实、立体、全面的中国，是加强我国国际传播能力建设的重要任务。”协会成立以来，秉承这一理念，在世界的舞台上，讲述我们的发展、我们的文化，让世界上更多的人“读懂”中国。

我亲身经历了协会的创建和发展，难忘的时刻镌刻在记忆之中。

倡导公共外交理念服务国家总体外交

我担任第十一届上海市政协秘书长期间，适逢2010年上海世博会举办前后。在全国，上海是第一个成立地方公共外交协会的城市，这是符合中央外交总体部署精神的。2009年7月，胡锦涛总书记在驻外使节会议的讲话中，首次提出中国要开展公共外交，标志着公共外交被正式提上党和政府的议事日程。2010年全国“两会”期间，时任外交部部长杨洁篪首次公开阐述公共外交。国家对公共外交的重视开始与日俱增，这也引起了市政协的注意，从那时起，创建协会就在酝酿中了。

当时，时任全国政协主席贾庆林指出，要利用上海世博会成功举办的重大契机，积极推进人民政协公共外交的理论研究和实践。市政协迅速响应，要利用上海城市优势和影响力，开展公共外交，讲好中国故事。

市政协汇聚了各行各业的优秀人才，上海本身也是对外交往交流的重要窗口。比如上海有数量众多的外国政府、商务和新闻机构，有许多跨国企业总部，大量的外国留学生和外国侨民。上海已经与世界上 59 个国家的 92 个城市缔结友城交流关系。上海的城市地位和开放优势，使成立协会专注探索地方公共外交具备了先天的有利条件。

从"十二五"规划提出"加强公共外交，广泛开展民间友好交往，推动人文交流，增进中国人民同各国人民相互了解和友谊"，到党的十八大报告提出"我们将扎实推进公共外交和人文交流，维护我国海外合法权益。我们将开展同各国政党和政治组织的友好往来，加强人大、政协、地方、民间团体的对外交流，夯实国家关系发展社会基础"，包括地方人大政协，还有社会组织等各个方面的对外友好往来的前景得到了比较系统的阐述。

习近平总书记也在多次讲话中强调了"上海精神"，并系统性提出弘扬"上海精神"的发展观、安全观、合作观、文明观和全球治理观。

由此可见，开展公共外交是现阶段国际形势下我国外交总体布局的客观需要，是我国总体外交的重要组成部分。协会顺应时代发展的需要而诞生。

争取各级领导关心扶持协会起步发展

筹备将近 3 个月，我的最大感受就是，协会之所以能顺利创建并开展工作，离不开全国政协、外交部和中共上海市委、市政府领导，以及各有关方面的支持。

2011 年 2 月 25 日，协会成立时，时任中共中央政治局常委、全国政协主席贾庆林，时任中共中央政治局委员、上海市委书记俞正声都发来了贺信。当时，为慎重起见，我向全国政协有关领导请示：贾主席关心、重视、支持上海市政协，建议请领导为协会成立发个贺信。此后，得到了贾主席的同意。我又向时任上海市委常委、市委秘书长丁薛祥请示，建议俞正声书记也发信支持。在协会成立大会前，两位领导的支持均如期而至。

如今，来到协会的办公处，抬头便能看到以端庄正楷书写的“上海公共外交协会”会名，那是时任外交部部长杨洁篪的墨迹。筹备期间以及协会成立后，我陪同第十一届市政协主席、协会首任会长冯国勤等，多次赴外交部等部门汇报工作、走访，其中有两次印象深刻。一次是在2013年，向外交部、中央外办、中国公共外交协会汇报协会工作。我记得，当时主要向杨洁篪汇报了协会起步一年多的工作情况。另一次是2014年，上海亚信峰会期间，来上海检查会议筹备工作的时任国务委员杨洁篪专门抽出时间，在虹桥迎宾馆听取协会汇报工作并作了讲话，肯定了上海的工作。

在与领导和外交部等有关部门的接触中，我感受到来自各部门负责人的大力支持。当时，中央外办副主任裘援平等领导同志，十分支持我们的工作。尤其是外交部的领导认同协会工作，这些年来，始终给予我们指导、支持和关心。

时不我待趁热打铁确立工作机制

协会从筹备到成立，总共用了3个月时间。

要做的事很多，第一，要在宏观层面上，将组建协会的时机、宗旨、构想、目标、计划等，向全国政协和市委报告并获取审批意见；第二，要吃透、传达、落实领导批示精神，以服务改革开放、服务国家总体外交两个大局出发，以积极开展公共外交、向世界发出中国真实的声音为中心，搭建完整的协会组织架构和纵横协同的工作关系；第三，要备齐向政府主管部门报备的所有资料，包括注册登记、《上海公共外交协会章程》的起草、资金落实、配齐秘书处工作班子等；第四，要广泛吸纳愿意加入协会、积极参与地方公共外交的协会会员，筹备组向市政协内部发送第一批会员吸收商请函后，不到两周就有近200个单位、个人报名参加协会。

我在协会成立大会报告筹备工作时说，协会成立是天时地利人和。中央有要求，全国政协和外交部支持，上海自身努力。

协会成立后不久，我陪同冯主席赴京参加全国政协十一届四次会议。全国政协对上海市政协推进公共外交的工作非常重视，给我们在人民大会堂就开展公共外交作大会口头发言。冯国勤和伍淑清在联合发言时指出，上海世博会为人民政协开展公共外交提供了有益启示，人民政协在我国公共外交中大有作为。

那次大会发言令我记忆深刻，发言稿至今还保存在我的手机里。会前，我就发言稿修改跟大会组织者来回交流，精打细磨，发言很成功，很多媒体都进行了报道。那是协会一次完美的亮相。

创新开拓脚踏实地讲好中国故事

习近平总书记说，讲故事是国际传播的最佳方式，讲好一个故事胜过万千大道理。在复杂的百年未有之大变局形势下，我们必须积极主动地讲好中国故事，传播好中国声音，向世界展现一个真实的中国、立体的中国、全面的中国。其实，这就是协会最主要的任务。协会成立后，目标就是打基础、树品牌、扩影响、讲好中国故事。

找准协会工作切入口。上海是中国的缩影，是中国改革开放的窗口。当时，一般情况下，接待外国政要或友人，都会安排去"三站"：重要的外事会晤会谈在北京，看中国的历史到西安，周六周日到上海，看中国的现在和未来。对上海来说，讲好中国故事就是要先讲好上海故事。上海为什么能够发展这么快，这和我们党的改革开放政策密切相关。上海浦东开发开放是党的十一届三中全会以来我国改革开放史上具有重大意义的战略部署，是邓小平同志改革开放战略思想的重要实践。我们讲上海的发展，必然要讲浦东开放，讲百万工人转岗再就业，百万居民动迁，讲我们现在的团结奋斗。

上海发展的故事怎么讲？当时，冯国勤主席提出要打好基础、树立品牌。我们协会搞了几个系列活动，例如，公共外交对话会、“中国企业走出去”研讨会等，我们到欧洲、美国等的上海国际友好城市访问，互换播放城市形象片，已经持续了十多年。做好系列的活动，树立品牌，才能可持续地讲好中国故事。

我们力推的城市形象片互换播放项目，收到了极佳的效果，向外国广大民众展现上海的城市风貌，展现上海的百姓生活，在友好城市的公共媒体或社区屏幕上播放，传递共同价值，这是一种深入基层、接地气、近距离，双方都很欢迎的人文交流。

合力培养公共外交力量。开展公共外交需要和各省市的力量扭成一股绳，形成合力。上海公共外交起步比较早，在全国有一定的影响力。但公共外交是辅佐国家总体外交的重要部分，需要加强与各方的合作，借重各方的优势和资源，共同振兴公共外交事业。

前期，为了提高对公共外交的认识，我们和长三角各地的公共外交协会联手组织培训班，让大家了解公共外交的性质、宗旨、目标、任务，如何为地方党委、政府的大外事格局服务。地方公共外交协会是社会团体，相对讲更为侧重民间，是国家外交的补充。

记得 2012 年，上海、温州公共外交协会第一期培训班在北戴河开班。当时，第十一届全国政协外事委员会主任赵启正同志出席开班仪式，并作了主题为《中国公共外交：塑造国家形象，说明真实中国》的首场讲座。之后，培训班邀请了当时国内知名的专家学者授课，专家分别来自上海国际问题研究院、北京外国语大学、清华大学、中国人民大学等智库、高校。这些专家学者分别从文化建设、外交策略、新闻媒体和对外传播等不同角度做了理论上的探讨和剖析，提高了学员们对公共外交基本内涵、理论依据和发展过程的认识。

这类培训班，这些年来举办了多次，培养了一批公共外交的积极分子。

▲ 2012 年上海、温州公共外交协会第一期培训班在北戴河开班

持续精心做好每项活动。协会办公室设在虹桥开发区，这里涉外单位多，有一些国家的领馆也在这里，开展交流十分方便，协会借此组织了多彩的活动。

有一次，菲律宾驻沪总领馆组织菲国大学生来上海参观，这些大学生中很多都是政府资助的。他们来了，我们安排他们参观世博会博物馆，他们的第一感觉就是上海那么好，城市那么漂亮。在此基础上，我给他们做了讲座，告诉他们上海是怎么通过改革开放发展起来的。我原在市粮食局工作过，对于计划经济时的情况很熟悉，所以我就从上海过去凭粮票、油票、小菜卡的计划经济时代讲到市场经济，从上海市民挤公交车，讲到现在的地铁、高架、隧道、大桥等现代化的立体交通，从很多破旧住宅，讲到城市建设发展，并在发展中如何保留上海承载的中华传统文化、海派文化、红色文化。以此讲清一个道理，即只有发展才能解决问题，学生们听了以后深有感触。

我觉得，在推进公共外交中，存在语言是工具短板以及技巧不够的问题。有一次，我同韩国人说到韩国冷面，“冰水泡的面，不锈钢碗、不锈钢筷子，使人真正尝到冷面的滋味”。这一下子就拉近了大家的距离。你还可以跟韩国人说，上海有“大韩民国临时政府旧址”，他们也肯定会感兴趣。

我们也许会用自己的语言讲中国故事，但很难用别国语言习惯讲他们听得懂的中国故事。现在年轻人往往说外语很是流利，但是他们说不好中国故事。因为要说中国故事，就要深入了解中国的发展史和中国的改革开放史。语言工具和故事内容不匹配，传播中国故事就有难度。这是公共外交的一个值得深入研究和努力实践的课题。

（整理者：卓　滢）

陈海刚，曾任第十一届上海市政协秘书长，第十二届全国政协委员，上海公共外交协会副会长。

白手起家，播撒公共外交种子

吴金兰

拥抱世界的种子一经播下，外交事业的花朵也必将随之开遍四方。

前不久，一位老同事要我为上海公共外交协会十二年发展之路撰文。作为第一届公共外交协会的创会副会长兼秘书长，忆起亲身参与协会创办到开展工作，那些鲜活故事仍历历在目。协会的成功创办离不开时任外交部部长杨洁篪对我们工作的重视，离不开时任上海市政协主席冯国勤的领导，也离不开时任全国政协外事委员会主任赵启正的倾心指导。他们中有我们的创建人，也有我们的启蒙老师、高级顾问，给予我们以全力支持。

鼎力支持，杨洁篪部长亲笔题字

每每目光触及“上海公共外交协会”这几个大字，总会回想起创办之初的一段故事。我在上海公共外交协会的筹办阶段负责各方协调、推进落实。协会筹备到一定阶段，准备挂牌时，我便想到了杨洁篪部长。许多人一提到杨部长，便会想到 2021 年 3 月，他在阿拉斯加所说的“美国没有资格居高临下同中国说话，中国人不吃这一套。与中国打交道，就要在相互尊重的基础上进行”一席话震动世界。杨部长是上海人，众人皆知杨部长字写得好，但他为人低调，很少题字。在筹办上海公共外交协会前，我在上海市外办工作，曾担任过上海市外办正局级副主任。因为接待国宾、党宾及国际友好城市等工作的需要，有幸认识了工作严谨、平易近人的外交部杨部长。

于是在国庆节前，我打电话拜托友人，得知杨部长刚结束访美返回国内，他听说上海要办公共外交协会，便一口答应了这件事情，我甚是感动。

国庆假期杨部长顾不得休息，给我们协会连写了三张书法，他还请友人一起寄给我们，由我们挑一张喜欢的。笔酣墨饱，字字端楷，当我们打开散发着淡淡的、儒雅的香味的墨宝，大家都十分喜欢和兴奋。杨部长没有题自己的名字，他的书法，一如他的人品一样，谦逊，低调，字里行间，充分体现了杨部长对上海公共外交工作的支持。

友好城市，公共外交新风劲吹

上海公共外交协会成立于 2011 年 2 月。但成立协会的故事可以追溯到世博会开展之前——2009 年。2009 年 5 月，时任上海市政协主席冯国勤率上海市政协代表团访问土耳其等国家，我在市外办负责分管国际友好城市等工作，随同领导一起出访。友好城市是世界各有关城市之间开展友好交流和合作的平台，当时上海共有 70 多个国际友好城市。迪拜是上海国际友好城市之一，为了加强国际交流，他们还建了座国际友好城市公园。冯国勤主席也代表上海向迪拜的这座公园赠送了一座纪念雕像——“魅力上海”。

活动期间，我向冯主席谈起了上海要建立友好城市联合会的想法。冯主席当即对我说：“最近，全国政协建议各地建立公共外交协会，要交给你一个任务，去组织一班人，把上海的公共外交协会搞起来，我全力支持你们。”说实话，我们即使从事外事工作几十年，对国家外交、城市外交、地方民间外交还算比较熟悉，但在公共外交领域，却犹如一张白纸。冯主席强调了这份工作的特殊性和重要性，嘱托我们要全力以赴，将公共外交工作抓起来，争取在全国率先成立公共外交协会。回上海后，我们就马不停蹄地干了起来。

白手起家，八方支援绘就蓝图

我们率先成立了公共外交协会，上海也是全国第一座拥有公共外交协会的城市。

创办初期可谓困难重重。我们当时缺人才、缺资金、缺办公场地，也十分缺乏可以借鉴的经验。怎么办？冯主席说，我们要群策群力，千方百计把事情做成功，作为上海公共外交协会的创建人，他每件事都亲力亲为，我在其中负责牵头协调和具体项目的推动落实，和政协外委会的几个同志一起紧锣密鼓，“撸起袖子加油干”，大家相信，办法总比困难多，只要有光亮，总会有希望。

从办公用房说起，我们先后搬了三个地方。协会现在坐落于娄山关路上的商务楼里，有一整层楼面。但刚开始的时候是市政协给我们的一间办公室。为了更好地开展工作，冯主席出面与绿地集团联系，绿地集团向我们支持了海外滩绿地大厦中的几间房，办公室、会议室等都有了。几年后，随着协会工作的发展，办公室的空间也日渐不足。冯主席又帮我们协调，争取到虹桥开发集团更大的一个空间作为协会的新办公室。

创办初期，经费也是一个未竟之问。开办之初，我们依靠的是每年市政协划拨的运营费。但若要举办大型活动，经费往往捉襟见肘。正当我们困难时，上海由由集团、上海电气集团、上海国盛集团、上海绿地集团、上海经纬集团、上汽集团等伸出了援手，它们都十分支持协会开展工作，并给予了无私的支持。由由集团表示，如果协会需要召开大会、论坛，他们提供免费会场；上汽集团还支持了协会两辆工作车，便于开展工作。

成立初期，我们紧紧依靠市政协外委会、外事处的丁欢欢、王军玮处长等和市外办搞友城工作的颜艳秋、张梅珍处长等同志集思广益开展工作，后来又邀请了市外办原主任助理孙为民参与其中。缺乏经验，我就带领团队去市华侨基金会取经，学习他们的各项办公制度，例如政治学习、办公会、财务制度等。

上海公共外交协会，受到了来自四面八方的支持，我们从无到有，从有到优，如中流击水、砥砺向前。

理念为先，赵启正主任步步启蒙

物质条件决定协会成型，而理念是决定协会运转的核心，它潜移默化地引导着整个协会的发展方向，决定着我们的高度和未来。在理念这方面，时任全国政协外事委员会主任赵启正是我们的启蒙老师，也是我们的高级顾问。赵启正主任在担任上海市副市长时就分管过外事工作，后来还担任过国务院新闻办公室主任和新闻发言人，他拥有丰富的外交工作经验，还曾专门著书《公共外交与跨文化交流》等，对公共外交进行了详细论述。

当时，我们对公共外交所知甚少。赵主任逢会必讲，在协会办公会上讲，在政协大会上讲，在协会全体会上讲，他以自身极其丰富的外交经验和生动翔实的外交故事，不厌其烦地反复演讲，讲公共外交的理论和实践，讲协会的方法和艺术，使我们对公共外交有了一个全新的认识，从而激发了搞公共外交的积极性，增强了搞好协会工作的信心。

创建品牌，上海公共外交事业欣欣向荣

如何搞好公共外交，将本国的文化内涵向外“延伸”，讲好中国故事、讲好上海故事？我们协会首先要创立品牌。对于创什么品牌、如何创品牌，我召集大家开展讨论，“脑洞大开”，进行一轮又一轮的头脑风暴。我建议创办“大使对话会”，因我在市外办工作多年，和驻外大使来往较为密切。无论是在职的还是退休的大使，他们以自己的人脉、专业，成为沟通国家与国家、国家与公众的桥梁，也是促进全世界共识和交流的人才宝库。

2012 年 2 月 15 日，第一届“大使系列对话会”活动举行。当日盛况空前，部分我国前资深驻外大使应邀与沪上 100 多名企业家代表、政协委员、协会会员等汇聚一堂，大家就“‘走出去’与转型发展”专题交流探讨。大

▲ 2012 年 2 月 15 日，第一届“大使系列对话会”活动“‘走出去’与转型发展”在上海举行

使们在会上提供了许多信息和建议，比如，“走出去”的机会还多吗？当地有没有投资和盈利潜力？如何趋利避害？企业会面临着哪些治安和非传统方面的安全风险？“大使对话会”的主题都紧紧围绕中国外交，紧紧围绕企业“走出去”。当时，企业“走出去”是扩大对外开放的重大战略，是上海推进创新驱动、转型发展的重要动力。随着世界经济形势发展变化，“走出去”面临诸多挑战。如何把握机遇、规避风险、促进合作、共同发展，需要集思广益，而驻外多年的大使们有着十分宝贵的切身经验、人脉资源，使大家获益良多。

印象比较深刻的一次对话会是大使和企业沟通的专场，我们请来周文重等驻欧美及非洲有关国家的前大使。有很多企业董事长参与交流，有来自国企的，也有来自民营企业的。他们交流得十分热烈。企业到非洲投资，初来乍到，对当地吸引投资的政策、注意事项等都不太了解。首位中国政府非洲事务特别代表刘贵今大使就提出了切实而中肯的建议，让他们先和当地民众搞好关系，关心教育等社会公益事业，让他们从心底里认可中国朋友的热心帮助，从而慢慢接受中国企业。

“大使对话会”连续开了十届，保持了年年不断，名气越来越响，随着形势发展，“大使对话会”逐步演变成为“公共外交对话会”。由此，上海公共外交协会也被上海市社团管理局评为上海市品牌社会组织。

除了“大使系列对话会”，我们协会和上海市新闻办携手合作，创建了第二个品牌——“城市形象片海外互换播映”项目，也起到了很好的宣传推广作用。2013 年 3 月 21 日上午，上海代表团在美国芝加哥文化中心同芝加哥市政府签署了“交换播映城市形象片”的备忘录。我和时任市政协主席冯国勤、芝加哥市副市长安吉尔森、驻芝加哥总领事杨国强等一起见证了这一时刻。上海的城市形象片即日起在休斯敦的电子大屏幕、城市公共电视台和主流网站上播映，而休斯敦的城市形象片即日起也在上海市中心的户外大屏幕、上海广播电视台外语频道和上海东方网、上海市政府新闻办公室官网上播映。在当时，“城市形象片海外互换播映”开创了国际城市间合作交流的新模式。

▲ 上海城市形象片在休斯敦的超市屏幕上播放

我仍记得休斯敦民众看完形象片后由衷感叹：“上海，这个姚明生活的城市，竟然那么美好！”参加活动的中国驻休斯敦总领事许尔文更表示愿意将这一公共外交的新模式推广到美国其他一些城市，向我们传递了品牌推广的积极信号，也让我们看到了上海城市形象片极佳的宣传效果。为了推进公共外交工作，扩大公共外交的影响，我们还聘请著名篮球明星姚明为协会的荣誉大使，充分发挥了名人效应。

要传播公共外交知识，经验和资料的积累也必然少不了。我们协会连续出了三本书籍——《魅力上海》《活力上海》《动力上海》，这可以说是我们的第三个品牌。政协的平台上，精英荟萃，人才济济，有各方面专家、学者，他们都在各自的领域开展着公共外交。他们努力探索、有效实践，取得了成绩、积累了经验。我们发动政协委员和上海公共外交协会会员，包括区县社会各界人士撰写文章，展现他们在公共外交方面的风采。这三本书，记录了他们开展公共外交的宝贵经验，对未来工作的展开具有重要意义和指导作用。

我也撰写了一篇关于如何通过友好城市渠道、做好城市外交的文章。当时我们与友好城市开展了许多双向互动的项目，如“上海—汉堡欧亚新丝路自驾探险”活动，全程 16 000 公里，途经 10 多个国家、60 多个城市，最后抵达汉堡。一路上传播、宣传上海，传播友谊，让世界听到真实的中国声音。在这一程“友谊之旅”中，我们用这种生动的方式，让上海走向世界，让世界走近上海。

现在，我离开公共外交协会已经多年，但仍一直关注着上海公共外交事业的发展。这些年来，上海公共外交协会立足于自身特点，服务国家整体外交大局和上海经济社会发展，延续和拓展上海世博会的对外交往成果，传播和推动公共外交，增进中国人民与世界人民的理解和合作，为更好地向世界传播真实的中国和上海的形象，为中国和上海的发展争取良好的国际环境，贡献了积极的力量。我为此而感到无比欣喜。一方面，我很高兴能够看到协会工作欣欣向荣、一片向好；同时作为一名初期创业者，能见证上海公共外交事业的诞生、发展、繁荣，我倍感荣幸和自豪。衷心祝愿上海公共外交协会越办越好，上海的公共外交故事能够越“说”越精彩。

（整理者：卓　滢）

吴金兰，曾任上海市人民政府外事办公室正局级副主任，第十一届上海市政协常委，上海市政协对外友好委员会主任，上海公共外交协会副会长兼秘书长。

马耳他的“中国之夜”和毛里求斯的“上海之夜”

道书明

如何在世界的舞台上讲好中国故事？

作为服务国家总体外交的一部分，上海公共外交协会自2011年成立以来，始终聚焦积极探索开展各种形式的公共外交活动，以及民间交往等多种形式，助力营造有利于改革开放和现代化建设的良好外部环境。

我作为第十二届市政协对外友好委员会主任，曾经分管过上海公共外交协会的工作。之后，我又作为协会的副会长（曾兼任秘书长和法人代表），主持了协会第一、第二届理事会的日常工作。

协会的工作形式多样，其中，通过积极开展民间交往的方式，将“请进来”与“走出去”两者结合起来，充分发挥民间的作用，靠民间力量去推进公共外交，讲中国故事。回想这些年来，我们成功组织了“走出去”的民间人文交流活动，推进与各外国友好团体、个人的合作，精彩瞬间依然历历在目。在协会多彩的民间交往活动中，我最难忘的还是马耳他的“中国之夜”和毛里求斯的“上海之夜”。

“地中海心脏”马耳他的“中国之夜”

马耳他共和国是位于地中海中心的英联邦岛国，欧盟成员，人口50万。旅游业是其传统的支柱产业和外汇主要来源，被誉为“欧洲的后花园”。中马1972年建交以来，一直保持友好合作关系。

2013 年，马耳他政府准备翻修位于其首都瓦莱塔的古老的总统夏宫音乐大厅，由于该国物质条件相对匮乏，时任总统乔治·阿贝拉通过我驻马耳他大使蔡金彪，提出希望中国为音乐厅的维修提供相应支持。蔡金彪大使把这一消息转告给了正在马耳他访问的时任市政协主席冯国勤。

得此消息，冯主席回国后即交代我们协会，希望协会借此契机，提供支持，并相机做好实质性友好交流。我马上联系有关人员了解马耳他政府的具体需求，协调了协会的常务理事、上海月星集团董事长丁佐宏先生。丁董事长当即表示，愿意向马耳他政府捐赠，为国家外交工作作出企业应有的贡献。在很短的时间里，月星集团就做好了音乐厅更新所需的 250 把精美座椅。

阿贝拉总统非常高兴，他友好地邀请上海为音乐厅开张策划一场音乐会。

这正是发出中国声音的好机会，协会毫不犹豫地接受了马耳他总统府的邀请，一场马耳他“中国之夜”专场音乐会由此开始酝酿。我马上联系了时任上海音乐学院钢琴系主任、国际钢琴大师李坚先生，他当时刚好在法国休假，答应可以直接去马耳他参加演出。

终于，马耳他“中国之夜”的专场音乐会，由中国驻马耳他大使馆与马耳他总统府于 2014 年 2 月 18 日晚在总统夏宫音乐厅联合举办。

当晚，驻马耳他大使蔡金彪夫妇、马耳他总统乔治·阿贝拉、鲍尼奇前总统夫妇、阿达米前总统，以及法国、意大利、希腊等多国驻马使节、马各界友好人士、旅马华侨、留学生代表等出席了音乐会。

音乐会上，李坚先生演奏了三首曲子，分别是钢琴协奏曲《黄河颂》、肖邦钢琴曲和马耳他钢琴曲。李坚的精湛表演征服了台下的听众，赢得了经久不息的热烈掌声，音乐会大获成功。

音乐会上，阿贝拉总统表示，今晚是“中国之夜”，音乐厅的椅子是中国的，钢琴家也是来自中国的，音乐会主题也是中国的。他在致辞中高度评价两国关系的发展现状，对中国使馆长期以来的不懈努力和大力支持表示衷心感谢，表示马方愿进一步扩大与中方在文化领域各种形式的交流与合作，加深两国人民友谊和相互了解。音乐会结束后，马耳他总统意犹未尽，临时决定举办一场鸡尾酒会，与中国朋友一起，共道马中友好。

月星集团董事长丁佐宏也随上海代表团来到“中国之夜”现场，阿贝拉总统握着他的手说，马耳他音乐厅成了名副其实的“中国宫”，这是两国友谊合作的见证。

第二天，当地媒体对这个“中国之夜”进行了铺天盖地的报道，中国钢琴家、中国座椅，以及中国人民的友谊，在当地刮起了一股“中国旋风”。上海代表团还被请到总统府办公室进行交流，钢琴家李坚再次演奏助兴。

访问期间，我们代表团还进行了一系列交流活动，并在中国文化中心举办了“人文上海”图片展等，积极探讨加强上海与马耳他的双边务实交流与合作。

驻马耳他大使蔡金彪为此还写了一个专题报告给外交部，夸赞“中国之夜”做得好，值得总结。

“印度洋明珠”毛里求斯的“上海之夜”

位于西南印度洋的毛里求斯是印度洋的要冲、非洲的金融中心，人口120万，也是多民族国家，华人很多。我的朋友林海岩是毛国首都路易港小有名气的第四代华裔，他的家族对华友好，本人长期从事毛里求斯和中国的友好交流活动。一来二往，协会也与其所在社团毛里求斯中华文化艺术委员会建立了合作关系。

经过多次沟通，时机成熟，我们双方敲定了“纪念孙中山先生诞辰150周年”图片展活动的计划。在这一计划中，毛里求斯“上海之夜”也将同步呈现。

2016年11月，由上海市政协对外友好委员会、上海孙中山宋庆龄文物管理委员会、上海公共外交协会共同举办的“纪念孙中山先生诞辰150周年”图片展在毛里求斯路易港市政厅开幕。当晚，由毛里求斯中华文化艺术委员会支持的“上海之夜”文化交流活动也在喜来登酒店隆重启动。

活动现场，铺着白色桌布的桌上，点缀着代表中国传统文化艺术的扎染布和木雕。每个座席面前都摆放着一个装饰着旗袍织品的小花瓶。此外，还有设计灵感来自上海城隍庙茶楼和九曲桥的中式园林摆件，营造出一派浓郁的中国江南水乡文化氛围。

在“上海之夜”文化展示活动上，开场播放了介绍上海城市形象的宣传片，向来宾们展示上海改革开放以来城市日新月异发展的新面貌，获得全场的阵阵掌声。活动期间，大家品尝的是中国菜肴，欣赏的是中国表演。来自上海的5位演员，组成了一支文艺小分队，表演唱歌、舞蹈、杂技，共同献

▲ 2016年11月，毛里求斯共和国总统阿梅娜·古里布-法吉姆在毛里求斯总统府会见上海市政协和上海公共外交协会代表团

上了一台精彩纷呈的演出。

当晚，毛里求斯各界人士、华人社团慕名应邀而来，毛里求斯副总理和6位部长也来到了现场，看到气氛踊跃、激情澎湃的“上海之夜”，原本并没有准备讲话的副总理也感动了，不仅在活动中高度赞扬毛中两国友谊，还津津有味地全程参与。

第二天，当地媒体纷纷以头版头条，大篇幅报道了“上海之夜”的盛况。受上海城市形象片的启发，副总理事后还邀请了上海的摄制组，为毛里求斯拍摄了宣传片。

毛里求斯共和国总统阿梅娜·古里布-法吉姆在总统府会见了上海代表团。代表团还与毛里求斯各界广泛进行交流，与当地华人经贸协会举行了会谈。协会也积极参与了其中各项活动。

如何讲好中国故事，我的体会是，要对交流对象的文化进行了解，加强彼此的亲近感、认同感，抓住机遇，赋予共通的文化内涵，不失时机地展示自身形象，以对方能够接受和喜欢的语言以及方式来讲好中国故事，才可以收到事半功倍的效果。所谓润物无声，甚至无声胜有声。

（整理者：徐　颖）

道书明，曾任上海市旅游局局长，第十二届上海市政协常委，上海市政协对外友好委员会主任，上海公共外交协会副会长兼秘书长。

骑行上海，阅读建筑

李文辉

2021年上海市“两会”期间，我遇到了市政协体育界委员、上海电视台五星体育频道的负责人李培红女士，我们聊到了通过体育运动的方式开展公共外交的可能性。

我一直认为，体育作为促进不同人群和文明之间对话及理解的有效途径，应该在新时期的公共外交中扮演更重要的角色。在向李培红委员介绍了公共外交理念和之前上海公共外交协会所举办的活动后，我们一拍即合，当下即达成了合作举办活动的意向。

体育无国界，体育运动交流障碍少，以体育为媒介的对外交往活动往往是公共外交中极具活力、魅力和吸引力的内容，但是单纯地开展一次体育活动，可能留给参与者的印象没有那么独特和深刻。而城市形象与公共外交的深层共性是文化性。文化是密切两者关系的“黏合剂”。如果我们能在体育活动中融入文化元素，通过体育与文化两个主题的相互呼应，采用沉浸式体验、柔性传播的新模式，那么传播效果就有可能会放大。

再看，建筑是文化的沉淀。上海汇集了近代以来不同时期、不同风格的建筑，海派文化、红色文化与江南文化等众多元素融合衍生形成了独一无二的“上海建筑文化”，如果将体育运动和阅读建筑相结合，不失为一个很好的想法，而骑行这种方式在各国尤其欧美人中较为流行，于是我们最终把活动名称定为“骑行上海　阅读建筑”在沪外国友人端午体验活动，结合中国共产党成立100周年的重要时间节点和端午佳节的民俗，在骑行路线选择、活动内容中又分别加上了中共一大会址纪念馆和学包粽子相关内容。周汉民会长选择确定了骑行路线。

当天，包括上海海港足球队主教练、克罗地亚人莱科，上海申花足球队队员、“白玉兰纪念奖”获得者哥伦比亚人莫雷诺在内的沪上知名外籍体育明星，以及来自丹麦、瑞典、德国、法国、马来西亚、菲律宾、尼日利亚等国家和地区的友人参加了活动。

6 月 14 日，正是端午佳节，外籍友人们首先来到位于虹口的上海犹太难民纪念馆，了解“上海方舟”的来历和上海文化“海纳百川”的国际主义传统。面对一张张历史照片和一个个历史故事，我记得瑞典人、璞玉投资咨询（上海）有限公司创始人孔翔飞有感而发：“上海永远是一座友好之城。”他看到当时的犹太难民，在限定居住区内贫病交加，但这些难民的邻居、那些生活本不轻松的中国人却屡次向他们伸出友谊的双手，与他们共渡难关，不禁感叹：“是中国人的热心和善良点亮了犹太难民的希望。”

途经北外滩骑行至四行仓库抗战纪念馆，外籍友人们又听取专业人士讲述“八百壮士”的战斗故事以及中国人民面对侵略的不屈抗争史。此时，正

▲ 2021 年 6 月 14 日，“骑行上海　阅读建筑”在沪外国人端午节体验活动在上海犹太难民纪念馆开幕

处黄梅雨季的申城，突然降下一阵瓢泼大雨。雨水让现场更为肃穆，或许这正是“泪飞顿作倾盆雨”。用骑行队伍中的上海海港足球队主教练、克罗地亚人莱科的话来说：“我了解这段历史，但今天来到现场，又有很不一样的感受。”

在雨中，骑行队伍再度启程，骑行至思南公馆。在这处“潮流”与“红色”兼容的申城新地标，外国友人们停下骑行的脚步，细细探究思南公馆和周公馆的历史。我们邀请来了杏花楼食品有限公司食品厂厂长、广式点心第五代非遗传承人、首席点心师沈全华为大家介绍端午民俗文化，教授包粽子技艺，展示端午文化。活动现场不少人都表现出对中国节日文化的浓厚兴趣。对于马来西亚人、北京崔克自行车经销有限公司总经理许伟端来说，活动当天绝对是一个值得纪念的日子。他的名字中有个“端午”的“端”字，因为他恰好出生在“端午节”，马来西亚也过“端午”，所以他奶奶就给他取了这个名字。同时，他又是一位疯狂的骑行爱好者，我想今天这场活动一定

▲ 骑行队伍骑至四行仓库抗战纪念馆

能在他心中留下深刻的记忆。大家一面听，一面努力卷起粽叶，塞入糯米和赤豆，再用一根白线有模有样地捆扎起来。稍显陌生的历史名词，丝毫没有阻碍外籍友人感受浓缩在粽子中的爱国情怀。丹麦人、雅可丽玫（上海）商务信息咨询有限公司总监安小菲感叹道："原来小小的粽子背后，竟有这么动人的故事！"

骑行参与者、上海久事体育赛事运营管理有限公司国际区域美国籍执行总监吕华勇也说："这绝对是一次深度学习之旅。"从 1997 年定居上海开始，吕华勇先生在上海生活了 20 多年，一直致力于上海体育赛事行业的发展，并于 2005 年和 2015 年分别获得上海市"白玉兰纪念奖""白玉兰荣誉奖"。吕华勇的女儿阿莎也参加了当天的活动，自称"青浦人"的阿莎能说一口流利的普通话，阿莎说："从小就知道端午节，也喜欢吃粽子，但包粽子还是头一回，能参加这样的活动感到非常兴奋。"

当骑行者聚集到中共一大纪念馆、感受上海的百年变化时，原本我们预想，他们可能对代表红色文化的一大纪念馆不"感冒"，但是活动当天，外籍友人在纪念馆内却参观停留了很长时间。就像彼时效力于上海申花队的哥伦比亚外援莫雷诺所说："到上海很多年了，我目睹了上海的变化，通过这次参观，更深切地感受到这种变化是怎么发生的，很高兴和这座城市共同成长。"我想这就是我们举办活动的效果所在，不在于推销自己的理念，而是让外籍朋友们去切身感受和体验。

我认为，通过公共外交更好地向世界讲好中国故事、上海故事，培育知华友华、知沪友沪力量，说明中国和上海的真实情况，在当下这个时间节点尤为重要。而在公共外交中，我们不能过分强调自己的文化优势，也不能强行推销自己的文化影响力，这样就会在吸引一部分人的同时疏远了另一批人。类似这样的沉浸式体验活动，进行柔性对外宣传，让外籍友人通过这样的互动体验感受中国和上海的文化，也许更能让效果见地。

一场精心策划的公共外交活动取得积极效果，这次活动通过媒体的广泛报道叠加外籍体育明星们自身的流量效应在社会上形成了广泛的反响，远超我们事先预想。其中，上海电视台五星体育频道、上海凤凰企业（集团）股份有限公司等提供了大力的支持和帮助。

就如周汉民会长所言，公共外交在“大变局”中大有可为，在外交领域具有不可替代的作用，可以更大程度地凝聚人心和汇聚力量。“骑行上海　阅读建筑”活动给了我们很好的经验启示，就是要顺应新形势、开辟新渠道、挖掘新潜力，整合各方资源，发挥公共外交多元性、广泛性、丰富性和灵活性的特点，最大限度发挥公共外交的潜能。

（整理者：蔡瀛霄）

李文辉，海峡两岸关系协会副会长。曾任第十三届上海市政协常委，上海市政协对外友好委员会主任。

唯实惟先　善作善成

——“沪江公共外交论坛”的探索与实践

祝伟敏

第十一届全国政协发言人赵启正说：“中国已进入公共外交时代。”今日之中国，经济迅速发展，国力不断增强，国际影响日益扩大。然而，世界上对中国的发展怀有疑虑的国家和人群不仅仍然存在，并且常常由于受舆论的误导而产生敌意。特别是近年，美西方国家利用新冠肺炎疫情，对中国共产党和社会主义制度进行各种造谣、诽谤、诋毁，导致中国在发达国家民众中的负面印象急剧上升。

中国的发展仍然需要冷静地面对疑虑和化解敌意，妥善地应对由于无知和偏见产生的歪曲和恶意，这需要我们花大力气加强公共外交，尤其对我们这些从事公共外交工作的人员，更需加倍努力。为充分发挥上海公共外交协会的专业和人脉优势，以及本市高校在教学、科研和人员方面的资源优势，我们积极探索创建本市专门的公共外交研究机构和实践平台，唯实惟先，善作善成，努力为上海的公共外交发展提供支撑和服务。“沪江公共外交论坛”正是在这一背景下，应运而生。我作为上海公共外交协会的副会长和公共外交研究院的理事，有幸见证和参与了论坛的筹建和发展。

“沪江公共外交论坛”顺势而出

在寻找合作的过程中，上海公共外交协会和上海理工大学可谓一拍即合。上海理工大学的前身之一是沪江大学，这是一所由美国教会在上海创办的学校，以政治和历史学科见长，并以“西学东渐”作为办学风格。近年来，上海理工大学积极开展国际交流，是国内最早开展国际合作办学的高校之一，目前在校留学生近千人，与美国、英国、德国、加拿大、日本、澳大利亚、爱尔兰等 30 多个国家和地区的 170 余所高等院校建立了合作关系，并建有中英国际学院和中德国际学院两个中外合作办学机构。因此，与上海公共外交协会合作，开展公共外交的研究和实践，具有良好的基础，也有助于学校的国际化发展。

在时任上海市政协副主席、上海公共外交协会会长周汉民和上海理工大学党委书记吴坚勇、校长丁晓东等领导的积极推动下，上海公共外交协会和上海理工大学于 2020 年 9 月 7 日揭牌成立了上海公共外交研究院，由周汉民任理事会理事长，吴坚勇任研究院院长。同时明确，除了学术研讨外，研究院还将举办专家报告会，承担专业书籍翻译等工作，并每年组织一次公共外交论坛，鉴于上海理工大学的历史渊源，取名为“沪江公共外交论坛”。自创办以来，迄今已先后举办了两次论坛。

首届沪江公共外交论坛大咖云集

首届沪江公共外交论坛于 2021 年 4 月 21 日在上海理工大学举行，由吴坚勇院长主持论坛，市教委王平主任和丁晓东校长分别致辞。周汉民副主席为论坛作了总结。

论坛上，沪江大学英语系毕业生、中国常驻联合国前代表和驻美国前大使、中国外交最高奖“外交工作杰出贡献者”国家荣誉称号获得者李道豫，作了视频致辞；国务院新闻办公室原主任赵启正、北京大学燕京学堂名誉院长袁明，分别作了题为《高校公共外交的使命》和《公共外交与人文交流》的演讲。

李道豫表示，站在两个百年奋斗目标的交汇点，也面临着百年未有之大变局，做好公共外交既是一项任务也是一种挑战。赵启正说道，高校作为公共外交的重要主体之一，要以各种方式系统提高师生的公共外交素养，用身边的中国故事向更多的外国公众讲述真实的中国；要通过研究公共外交的课题，为更广泛的公共外交实践提供理论支持。袁明谈到，国家间关系的发展既需要政府间的友好合作，也需要人民之间的友好交流；要达到公共外交实践“润物细无声”的境界，必须发挥优秀青年的智慧和能力。

周汉民在作总结发言时，通过3个故事，阐述了公共外交要致力于凝聚共识，要做到久久为功，要围绕立言、立德、立行开展公共外交，胸怀中华民族伟大复兴的战略全局和世界百年未有之大变局，为人民至上的理念而奋斗。

我荣幸主持了论坛的专家对话活动，对话的主题是“中国与世界同行”。参加对话的专家有：华东师范大学俄罗斯研究中心主任冯绍雷、复旦大学国际问题研究院院长吴心伯、上海日本学会名誉会长吴寄南、文化部原正局级文化参赞和德国柏林中国文化中心原主任贾建新，以及香港中国学术研究院常务副院长黄平（线上）等，这些专家分别在中美关系、中俄关系、中日关系和中欧关系等方面有着长期的研究和实践，在业内有着很高的威望。

对话一开始，为使大家畅所欲言，我请各位专家根据自己熟悉的研究领域，就百年未有之大变局中中国将面临的机遇与挑战各抒己见。为使大家有话可说，我就美国哈佛大学皮尤研究中心调查报告显示的“主要发达国家民众对中国的负面印象创历史新高”这一情况，请专家们谈谈公共外交的重要性，以及如何进一步做好公共外交工作。

专家们有的从案例出发，有的从理论着手，不约而同地提到，“中国与世界同行”教育肩负着重要使命，要培养有学问、有见解并积极参与公共外交实践的新时代青年，为推动公共外交事业贡献有生力量。

论坛期间，上海公共外交研究院还举行了研究院专家咨询委员会成立和首批专家聘任仪式。周汉民副主席向到场的专家颁发了聘任铭牌和证书。专家委员会可谓阵容强大，除了赵启正担任主席、李道豫任特别顾问外，还有

▲ 李道豫在首届沪江公共外交论坛上作视频致辞

参加论坛对话会的专家冯绍雷、吴心伯、吴寄南、袁明、贾建新、黄平，以及浙江师范大学非洲研究院创始院长刘鸿武等。

让人欣喜的是，上海理工大学外语学院 1996 级本科生、上海水成环保科技股份有限公司董事长李少华，向上海公共外交研究院慷慨捐赠了 115 万元。这也是上海理工大学建校 115 周年收到的第一笔大额捐赠。

第二届“沪江公共外交论坛”一波三折

第二届“沪江公共外交论坛”原计划于 2022 年 4 月举办，因受上海新冠肺炎疫情影响，最后推迟到了 2022 年 11 月 3 日在上海理工大学举行。按照当时的防疫要求，论坛现场人员控制在 50 人以下，更多的观众只能通过线上的方式参加。论坛当天，由于市里召开紧急重要会议，论坛的议程和与会领导也临时进行了调整，可谓一波三折。幸好在各方努力和支持下，论坛如期举行，并且，鉴于首届论坛取得的成功，本届论坛还被列为 2022 年

周汉民在第二届沪江公共外交论坛上作主旨演讲

“世界城市日”全球主场活动的分论坛。

在当天的论坛上，周汉民副主席作了主旨演讲，市政协外委会主任李文辉致辞，上海理工大学副校长、公共外交研究院理事蔡永莲主持论坛。

周汉民副主席的演讲，从习近平总书记在第十九届中央委员会报告中的一段讲话引出，结合他在申博办博中的所见所闻，分享了世博会留下的思考，并对展望未来提出建言。周汉民副主席用五个关键词，对实现第二个百年奋斗目标进行了深刻解读；分享了世博会留下的“以人为本、科技创新、文化多元、合作共赢、共创未来”五大思考，并就上海公共外交未来发展提出三点建言。李文辉主任在致辞中表示，目前“世界又一次站在历史的十字路口”，处于体系加速调整的关键时期。要继续以核心城市为载体，促进中国公共外交参与全球发展倡议，讲好中国故事。

我有幸再次主持了论坛中的专家对话。此次对话的主题是“公共外交，沟通世界”，参加对话的专家有：上海外国语大学美国与太平洋地区研究所所长黄靖教授；上海对外经贸大学日本经济研究中心主任陈子雷教授；复旦大学中欧人文交流研究中心主任丁纯教授和上海社会科学院国际问题研究所副所长李开盛研究员。他们都是上海著名的地缘政治和国际问题专家。

为提高对话效果，我们对相关环节也进行了设计。世界很大，要沟通的国家和地区很多，但时间有限，为聚焦重点，我们讨论的重点主要放在美国、欧洲、东南亚和日本等国家和地区。同时，由于公共外交是主权外交的延伸，是为主权外交服务的，没有主权外交，公共外交就是无源之水、无本之木，所以讨论是从主权外交开始，我请专家和我们分享其关注和研究的国家或地区最近与中国双边关系的背景情况，尤其是疫情暴发和俄乌冲突发生之后的情况。紧接着，再请专家给我们分析，在诸多对双边关系的影响因素中，哪些是最主要的因素、我们面临的机遇和挑战等。最后，让专家谈谈对"公共外交"重要性的认识，以及如何通过"公共外交"促进中国同相关国家或地区关系的健康发展。

对话取得了很好的效果。一个多小时的讨论，节奏很快，交流非常坦率务实，专家们的发言非常精彩，逻辑严密，有理有据，与我们分享了一些他们的亲身经历和重要预判，让大家不仅对双边关系有了更深入的认识，对当前错综复杂、深刻变化的国际形势有了更深的感悟，更对如何开展好公共外交、促进中国和世界各国关系健康发展有了新的认识。

上海公共外交研究院成立至今已经两年多了，各方面工作都取得了长足的进步，"沪江公共外交论坛"也已成为研究院每年一次的品牌活动。这首先得益于各级领导的高度重视、亲历亲为的支持，也得益于各方面专家的积极参与和高质量的贡献，更得益于上理工师生的精心安排和无私奉献。

"路漫漫其修远兮"，让我们共同努力，将"沪江公共外交论坛"办得更好，为提高上海公共外交的整体水平、为讲好中国故事贡献我们一份微薄之力。

祝伟敏，上海公共外交协会副会长。曾任中国驻泰国清迈总领事，上海市政府外事办公室正局级副主任，第十三届上海市政协常委，上海市政协对外友好委员会常务副主任。

“友艺之家”，有一股暖流

闵师林

2022 年，是新冠肺炎疫情第三年，是令人难忘的一年，也是我任公共外交协会副会长第一个完整年，更是公共外交协会积极进取、努力多作奉献的工作之年。这一年，筹划多时的“友艺之家”文化沙龙正式成立，并抓住时机，见缝插针似地成功举办了三次。

“友艺之家”文化沙龙，是协会的一个创新项目，旨在搭建一个平台，充分展示中国文化的基本元素和情怀，加强中外人士的交流，增加互相理解，促进情感交融。我始终认为，人与人之间的交流，最根植于人心的，是人文的交流。民间外交的最擅长也最有效的途径，也应该是人文的交流。上海公共外交协会推出“友艺之家”文化沙龙，我以为是必须的，是应运而生，也是颇具意义的。

结合中国传统的二十四个节气，适时举办沙龙活动，也是很好的切入点。活动在市政协副主席、上海公共外交协会会长周汉民的关心和决策下，在市政协对外友好委李文辉等支持协调下，在协会道书明、孙为民、张瑛以及杨凡、查蔚等共同努力下，得以顺利举办，并取得了良好的反响，我觉得是值得一记的。

文化沙龙成立暨迎春民俗文化主题活动

2022 年 2 月 24 日是正月二十四，已过了春节，也过了元宵，但还在正月。不能因错过了太阳，而再错过了月亮。疫情能锁住人的脚步，却锁不住春天。下午，在娄山关路 83 号 36 楼的一间百十平方米的小会议室里，“友

▲ 2022年2月24日，“友艺之家”文化沙龙成立暨迎春民俗文化主题活动

艺之家”文化沙龙正式成立，同时迎春民俗文化主题活动鲜花盛开。

与会者是协会同志发动组织，精心挑选，逐一联系，认真落实的。

泰国的总领事，菲律宾、意大利、韩国和新加坡等国家驻上海总领事馆的官员，以及瑞士、丹麦、法国、日本、以色列等国家在沪企业的代表和他们的家人，数十人齐聚一堂，气氛融融。周汉民会长在致辞时，特意提到了“地方虽小，却是春意盎然”。的确，小小的会议室里，有别一样的春天。

“友艺之家”的牌匾终于被揭幕了。周汉民先生与上海书画院院长李俊共同揭的幕，后者书写的牌匾，已有时日。掌声响起。客人们有的是文质彬彬，似乎出于礼节，有的是面带微笑，充满好奇和期待。我注意到协会的几位同志，是热烈鼓掌的。我也用劲鼓掌，把手掌都拍红了。我知道，这是发自内心的，一个在疫情当下，能够聚集了不同国籍的这数十人的活动，是如何地不易，而这“友艺之家”文化沙龙平台的推出，又是何等地重要。

复旦大学的教授讲述了春节、元宵节等传统的中国节日和中国民俗文化。时间似乎冗长了些，我在心里不无小小地担忧，担心座上有许多“中国通”，他们对中国春节太过了解。但见客人们都饶有兴致地聆听着，那神情是与讲述者互动着的。时不时还见老朋友，丹麦特雷通公司的西蒙（Simon Li），还与挨着他坐的一位女士，轻声交流着什么。后来知道，那女士是他的太太，中国人。我听说过他们的故事。他能说一口流利的中国话，对中国文化相当喜欢和熟谙。我常笑说，你这位中国女婿，有一位中国好太太，好幸福吧。他就说是是是，幸福并快乐着，说罢，脸上漾出灿烂的笑容。我相信他的笑容是发自内心的。这些年来，他的事业蒸蒸日上，就能说明这一点。今天，他偕夫人出席。夫人温文尔雅，言行得体，也足以佐证我的判断。

之后，上海书画院、上海民间文艺家协会几位艺术家分别现场表演书法、绘画、泥塑、剪纸等，吸引了来宾，也引来阵阵掌声、笑声。艺术家们不仅自己表演，还与来宾互动，甚至手把手地指导体验。我在一旁观看。发现周汉民会长也极其认真，坐在客人中，学捏泥塑，按部就班，一丝不苟，还不时与艺术家和宾客们欢快地交流，如同家人一般亲切自然。外国朋友们在全新的体验中，感受到中国节日的喜庆，也感悟到了中国传统文化艺术的魅力。我在他们的脸上读到了人文交流的一种平和、宁静和愉悦。

活动是在依恋不舍中结束的。

中秋赏月暨中国画交流主题活动

第二次活动，跨越了大半年的时光，才如愿以偿地举办。这一次是在“悦星6号”黄浦江游船上。时间是在9月8日晚上，过两天就是“海上生明月，天涯共此时”的中秋佳节了，这一次，就定名为“中秋赏月暨中国画交流主题活动”。

黄浦江上赏月吟风。各国朋友们，这里包括驻沪各领事馆的朋友，有土耳其、泰国、菲律宾、韩国、柬埔寨、新加坡等，还有不少外国企业家朋友，日本、韩国、泰国、丹麦、意大利等国商会代表，友城驻沪代表处官员以及在沪外国友人等。市政协对外友好委的一些委员也应邀参加了。

活动备了上海有名的月饼。兼任上海公共外交协会副会长的玉佛寺住持觉醒大和尚，也送来了他们寺庙的净素月饼。来宾们聚集在月光下，吃月饼，望明月，品香茶，赏江景，轻松交谈，纷纷合影留念。之前，周汉民会长致辞，介绍了中秋佳节。《上海日报》原总编辑解读了中国画的由来、传承、特点及其文化内涵。著名的二胡演奏家所演奏的美妙音乐《春江花月夜》《花好月圆》，还在耳边萦绕，夜光似水，轻轻飘漾。在船甲板上，与月光如此亲近，与自然如此亲近，与共同怀有世界和平、人间平安美好愿望的人们如此亲近，月朗江阔，人心相通，心情也美好起来。时光如逝，大家不由得流连忘返。

周汉民会长和李文辉、祝伟敏、道书明等，都在与外宾热烈交谈。我也和许多新老外宾朋友时不时地交谈、留影。江风徐徐，灯火阑珊。

当大家互相告别时，我确信，大家不仅记住了这美好的景色，也一定记住了这美好的节日，拥有了美丽的心情和殷殷的期盼。

中医文化迎春主题活动

2023 年 2 月 21 日。二月二，龙抬头。因疫情推迟了两次之后，“友艺之家”文化沙龙第三次活动在娄山关路 83 号 36 楼协会办公所在地成功地举办了。周汉民会长早早到场，在门口迎宾，还作了热情洋溢的致辞。

还是那间百十平方米的会议室，作为主场地。

来自古巴的总领事，还有匈牙利、智利、英国、巴亚等国领事馆，还有公共外交协会部分会员，数十人参加。主场地座无虚席。副会长祝伟敏主持，我全程参加。

以春季养生为主题。

朱鼎成，我熟识的一位推拿大师。好几年前，我的腰扭伤，朋友推荐了他，一次推拿让我对他刮目相看。他把《黄帝内经》诠释得很有味，让我在短时间内对中医及推拿，有了更深的了解。我即在《新民晚报》副刊发了一篇文章，推介他的共享推拿。

这次他受邀主讲，将中药学的“气”高度概括，也讲得容易理解。特别是将中医学体现的中国“天人合一”的思想讲得自然透彻，我听了之后，环视会场，甚感古老悠久的中华文明，是有巨大魅力的，每一位来宾都在认真倾听。他的女儿特邀翻译。中药学有的过于专业，他的女儿翻译自如。他讲得轻松随意，像与家人交谈，会场不时笑声四起。

另一位受邀的中医专家，是静安中医院原院长陈旦平教授。他风趣地说，刚才他大师兄朱教授讲了中药学的“气”，讲了中药的高境界的内容，就等于在这36层楼。他要讲的，是回到一层楼，接地气的内容。他将PPT打开，原来他讲的是中医食疗与养生，确实与朱教授相呼应，引起了来宾很大的兴趣。

结合滋阴温阳，他推荐了几个食谱，食材很普通，在国内菜场上都很容易买到。

朱鼎成给外国友人问诊▶

特别是将此次活动协会赠送给大家的梨膏糖诠释到位，说这既是上海特色点心，又针对“阳康”之后较多咳嗽症状，是一份中药类的好食物。他说，这也告诉各位，中药有苦的，也有甜的。许多来宾发出了会心的笑声。

两位教授的介绍，加上翻译，仅仅一个多小时，就把中药讲得如此通俗能懂，连公共外交协会周汉民会长也赞道：“很不容易！”

以色列一位专家提问道：“中药可治人，可否治动物？”两位教授先后作了回答。

一个说，用鸡精治疗动物的肠胃滞涨，常有这种做法。另一个说历史上还有发生鸡瘟时，用黄芪治疗的事例，佐证中药的使用广泛。

集中活动后，分成三个区域，接受问诊互动和体验。

外国朋友都饶有兴致地参与。

好多朋友还排着队，等候两位教授搭脉咨询。

韩国一位年纪较轻的帅哥，说他压力大，老睡不好觉，还有新冠后遗症。马来西亚的一位女同胞，说她胆固醇高。头常有点晕，不知如何食补……

两位教授一一作答，推荐食谱或中药名，包括如何自我按摩、适当锻炼，等等。

好些来宾，还跟着学习了八段锦，那姿势让他们放松许多，展颜欢笑。

给来宾赠送的中药香袋，清香扑鼻，温软小巧，在这二月早春，有一种沁人心脾的气息。

在这温暖的气氛中，中外朋友的心贴得很近。

有人还用上海话说：“今天的活动，蛮灵额！”

讲好中国故事、中国文化，需要的是平常自然的心，需要的是真诚随性之意，更需要用人们乐见的各种方式，去实践，去实现，

“友艺之家”文化沙龙，就是一种好的途经，好的尝试。

在“友艺之家”，我感受到的是一股暖流的涌动。

但愿，这一方式，作为上海公共外交协会的一个品牌活动，能够持续下去，不断完善，发扬光大，作用在潜移默化中，发芽，开花，结果。

闵师林，上海公共外交协会副会长。曾任上海虹桥商务区党组书记、常务副主任，第十三届上海市政协委员，上海市政协对外友好委员会常务副主任。

发挥体育软实力
打造公共外交大舞台

姚　明

算起来，在上海公共外交协会任职已 12 年。但对于公共外交这个庞大的命题，我仍然在不断探索和实践中。从我的经历来看，我认为体育运动在加强交往方面有着天然优势，是公共外交的一个重要平台。尽管各国文化有差异，但各国人民都热爱体育，通过爱好能够更好地连接起人与人、国与国的关系。从 20 世纪 70 年代的乒乓外交，到 2022 年北京冬奥会的成功举办，这些活动都起到了这样的作用。人们通过体育赛事，能够发掘美好、取得共识，彼此增加了解、增进感情。而由体育延伸出的"触角"，又将涉及经济、文化各个领域，让一个个看似平行的领域也能交融相会。

如果中美关系不好，我也不会来美国打球

2002 年，我被休斯敦火箭队选中，前往美国打球。记得刚到休斯敦时，我参加了一场领事馆举办的晚宴，一名美国记者就问我怎么看待中美关系。我说，国际关系我不太懂，但我想，如果中美关系不好，我也不会来美国打球。事实上，对于当时只有 22 岁的我来说，很多事我只能从自己熟悉的领域，从篮球、从体育的角度去思考。到美国打球，我的目标只有一个——把球打好！就这么简单。对我来说这既是全新的环境，也是熟悉的环境。因为，无论语言、文化等有着多么大的差异，竞技体育背后的逻辑是相通的。

在美国的 8 个赛季，我能看到，观众席上很多女生开始穿旗袍，很多男

生也选择了我的球衣。每个赛季会有很多来自中国的体育记者到休斯敦跟随火箭队采访报道。他们不仅报道篮球比赛，也会报道美国的生活，写美国年轻人如何看待和思考比赛。通过记者手中的镜头和笔，这些一线见闻被传回中国，让国内观众、读者看到了美国的日常。2007 年和 2010 年，我还参与了两场国际慈善篮球赛，得到了中国国家队和美国一些篮球明星的大力支持，并由比赛、慈善等元素衍生出真挚的友谊。

我想，这都是通过篮球推动公共外交的例子。应该说，我运气非常好，选择了篮球作为职业。篮球在中美都有着巨大影响力，我也见证了基于篮球的文化交流让中美双方的了解从平面发展到更立体。

换位思考，发挥体育的“软实力”

在赴火箭队之前，我对休斯敦并不熟悉。但这个城市给我的第一印象，是热情、温暖、友善。这源于两件“小事”。

一次是我到球队报到时，大家领我去房间，那里被装修得非常“中国”。后来我才知道，在我去之前，队里听说休斯敦大学有一位华人教授，便专程去拜访，并根据其介绍的中国习俗和生活习惯，特地布置了我的寓所。还有一次，也是在初到休斯敦时，我和朋友去餐馆吃饭，一位素不相识的美国老太太提前帮我们结了账。老太太对我说，她和丈夫都是火箭队的球迷，她丈夫对我的到来很期待，希望我能给他钟爱的球队再带来一座总冠军奖杯。但是，这位老先生不久前去世了。她说，她对我说这些，不是要给我压力，而是想表达对一位初来乍到者的支持。我听了很感动，我告诉她，我一定会尽力的。

我想，公共外交正是通过这样的点滴小事来体现价值的。公共外交是不同国别间人与人的沟通交流，也是在彼此尊重基础上的真情流露。就像火箭队和这位老太太，他们对我的方式，都像对待“家人”一样，很快就让我们变得亲近，彼此信任，愿意为对方付出。在这个过程中，使用对方习惯的话语体系，更能体现诚意，也容易起到事半功倍的作用。我在去美国之前也做了一些准备，包括练习口语，从书籍中了解他们的文化和公序良俗、他们的思维逻辑，等等。尽管当时的想法很单纯，就是希望通过这些能更好地融入球队。但后来，我发现“换位思考”后的表达方式，更容易让人理解并接受我的想法。国与国也好，人与人也罢，其实无论是什么模式的交流，最重要的，是先让别人把话听进去。

公共外交带人们领略多元文化的魅力

2011 年，我正式退役，当选为上海公共外交协会副会长和荣誉大使。正如我当时接受采访时讲的，如果说我在体育界还有一定的知名度和影响力的话，我十分愿意利用个人的影响参与到公共外交实践中。上海是我的家乡，也是一座国际化大都市，是展现国家形象、促进对外交流的窗口。我愿意以

▲ 上海公共外交协会第一届理事会二次会议上，冯国勤为姚明颁发荣誉大使证书

我的努力，把中国、把上海的变化和发展介绍给世界上更多人，为加强中国国际交往作出积极探索和贡献。

在我看来，体育赛事就是一座桥梁。既然是桥梁，上面走的就有人、有车，偶尔出现一些冲撞，都很正常，这些都可以靠时间来处理来解决。但是，让这座桥梁在那里很重要。公共外交是帮助一个国家扩大影响力很有效的途径，但它不应该仅仅是手段，而是要通过公共外交加强与其他国家在文化、价值观方面的交流，最终让我们领略多元文化的魅力。我还记得第一次参加国际赛事时，接触到驻地说着各种语言的运动员与他们所代表的文化，极大地刺激了我的好奇心，迫不及待地想去了解这背后的故事。我相信在好奇心的驱使下，每一个积极参与国际交流的人士，都会伸出手去拥抱不同的文化，最终将促成世界的和谐与共。我时常想，桥梁也在不断发展和演进，在当代社会，桥梁不再是单层的，也不再仅是双向的，这就是立交桥，目的是增进沟通与理解。回首往事，即使在 20 世纪 70 年代初期，我们的前辈都可以凭借高超的政治智慧和强大的包容心，使得“乒乓外交”成为可能。在今天这个开放的时代，我们有理由做得更多，做得更好。

（整理者：单颖文）

姚明，中国篮球协会主席。曾任上海公共外交协会副会长。

亦官亦民　彰显公共外交魅力

孙小双

上海，历来是一个东方大码头。改革开放以来，这座国际大都市日益显现它的蓬勃生机和活力。如今，上海已经设有超过 70 家的外国驻沪总领馆，是全国设置驻华领事机构最多的城市，这是上海公共外交的资源优势之一。

从驻沪女总领事走进政协，到领馆官员参加首届进博会专题座谈，到拉美领馆官员赴国家会展中心考察，再到领馆官员夫人团参观第十届花博会，我在组织和参与诸多上海公共外交协会与驻沪总领馆互动的活动中充分体会到，展现国家形象，讲好真实的中国故事、上海故事，要由点及面、丰富抓手；突出特色、彰显友好；以不同方式和途径，多维度开展公共外交。

驻沪女总领事走进政协

借纪念国际劳动妇女节 105 周年到来之际，我们协会把目光瞄准了驻沪女总领事，尝试通过相互沟通了解，增进友谊，开展交流合作。协会安排我策划联合市政协外委会、市妇联，在市政府外办的支持下，组织一场驻沪女总领事走进政协的主题交流活动。

我觉得，对于这些女总领事来说，市政协机关是一个相对比较神秘的地方，除了偶尔有机会来这里出席会议参加活动外，她们对于市政协在国家社会治理中的作用、职能等只是朦朦胧胧、一知半解。

进入市政协大门，我们先安排女总领事们参观市政协主席会议厅、常委会议厅，以及一些重要的日常议事场所，让她们观察和亲身体验市政协开展履职工作的全过程，对政协有一个熟悉和感性的认识。

在此基础上，我们以政协委员的介绍和与部分女政协委员交流座谈的方式，让女总领事们有机会进一步了解中国的政治协商制度，以及各党派、社会各界、各阶层、社会知名人士代表参政议政方式，以及这种民主协商制度在中国社会存在的必要性和意义。我们还特别安排女政协委员向来宾介绍如何在市政协这个平台上，发挥她们在政治、经济贸易、社会、文化旅游、生态建设以及城市发展中的作用，让委员们与女总领事们充分进行沟通、交流。

公共外交也是女总领事走进政协活动的热门话题。时任市政协外委会常务副主任汪小澍全面介绍了市政协与协会合作的“中国企业‘走出去’”系列研讨会、公共外交国际论坛、“世界城市日”庆典活动、在沪外交官赴金山考察活动等。

市政协外委会主任道书明则就更好推进民间外交、城市外交、公共外交谈了自己的理解，他对女总领事们说道，“民间外交”主体上有别于官方的对外交往；“城市外交”是以城市为载体的对外交往；而“公共外交”更多

▲ 驻沪女总领事走进政协

的是亦官亦民的对外交往。从意义上讲，民间外交、城市外交、公共外交是互通的，相辅相成的。政协委员对外联系广泛，他们承担着为政府工作出谋划策的责任和义务，也要主动与各国领馆官员加强交流，保持畅通的沟通渠道，汇聚社会各界包括在沪外籍人士的意见建议，关注外籍人士普遍关心的问题，为上海这座特大型国际大都市建设共同出力。

驻沪总领馆官员参加进博会专题座谈

进博会是全球首个以进口为主题的国家级博览会，是中国向世界贡献的国际公共产品。中国着眼于推动新一轮高水平对外开放作出决策，举办中国国际进口博览会，这是中国主动向世界开放市场的重大举措。

在首届中国国际进口博览会即将于上海举行之际，上海对标国际最高标准、最好水平，如何办好首届中国国际进口博览会，建设卓越的全球城市，成为了协会和市政协外委会、经济委共同召开的驻沪总领馆官员专题座谈会主题。

当时，被邀请与会的大部分总领馆所属国家都已确认参展。意大利、瑞士、希腊、巴西、新西兰、加拿大、印度尼西亚、菲律宾等是较早确认参会的国家，总共有 37 家驻沪总领馆，以及部分外国商社、代表处、外资企业等踊跃参加了座谈会。

座谈会在热烈而持续不断的发言声中进行。

澳大利亚是确认参展的国家之一，澳领馆官员发言时提及了双边贸易、留学、旅游等与中国密切相关的产业。白俄罗斯表示，“派最优秀的企业”参加进口博览会，将以白俄罗斯制造、白俄罗斯工业园和旅游年作为三大主题。智利表示将有官员和最优秀的企业参加进口博览会，并确认要布置一个“200 平方米的国家馆”。荷兰、奥地利领馆当场表示将有高级别官员参会，奥地利总统、经济部长，荷兰外交部长都将出席进博会。“这是一个具有深远政治意义的盛会，是中国改革开放非常重要的一个契机，”希腊驻上海总领事瓦西里欧斯说。

由于是首届进博会，与会者也纷纷提出自己的建议，建言献策，推动进博会能够成功举办。不少驻沪领馆官员均有同样感受，他们希望获取关于博览会更多具体信息和细节，包括博览会交通、住宿、食品、安保等安排；博览会议题、议程、相关论坛和研讨会情况；论坛拟邀请谁出席、谁发言等，以帮助来沪参展的政府部门、布展机构以及政要参加活动，并向企业推介这个博览会。

除了国家参展外，企业也可作为参展主体。不少领馆官员认为，企业是逐利的，需要让它们看到参展的“价值”。印度尼西亚驻上海总领事宁乔恩说：“我们希望博览会期间举行怎样进入中国市场的研讨会，能讨论如何获得中国市场准入，中国有哪些政策和激励措施吸引外资，因为很多印度尼西亚企业不知道怎么打开中国市场，它们对中国市场非常感兴趣。”土耳其驻沪总领事安铜说，土耳其很多企业对参展方式并不太了解，它们想知道如何利用这个机会接触到中国潜在的消费者和合作伙伴，希望主办方在此方面能提供更详细的信息。

此外，物流也是不少领馆官员关注的问题。哥伦比亚驻沪总领事露丝·海伦娜·艾彻维丽说，哥伦比亚将展示当地的咖啡、花卉等，物流是很现实的问题，这关系到届时能否用哥伦比亚玫瑰装饰国家展区。瑞士驻沪总领馆经济处主任聂利群说，注意到阿里巴巴等电子商务平台已经成为进口博览会合作伙伴，实现跨境电子商务平台和进口博览会强强联手，是很有意义的举措。

与会专家建议，进口博览局要发挥好积极作用，借鉴上海成功举办世博会的经验，定期召开意见建议征询会，及时听取驻沪总领馆和参展企业的意见建议。要积极通过各种渠道收集各方呼声，通力合作，力争办好成功圆满的进博会。

市政协副主席金兴明表示，与会嘉宾们都是中国展会的尊贵客人，也是对中国和上海的开放发展有深切感受、最能提出宝贵意见的重要主体，诚恳地希望大家能对中国如何办好首次进口博览会提出宝贵意见，同时也希望大家对上海如何借助这一国家开放新平台，打造 6+365 天“全天候博览会”。进博会是中国坚持改革开放的窗口，是中国向世界传递互利共赢合作的善意与正能量。进博会不仅是中国的大舞台，也是世界精彩的大汇聚，推动中国与世界各国机遇共享、进步共赏、企业相聚、市场相遇、产业相融、创意互促、规则互鉴和人文交流的国际大平台。为着力于呈现全球创新创意、集纳各国精品精彩、展现人类进步智慧，进博会体现的是共建包容、开放、合作、共赢美好世界的价值理念。

拉美领事团官员赴国家会展中心考察

“关于进博会，我们还有许多细节需要了解。”拉美领事团团长、委内瑞拉总领事莱斯贝特·贝里奥斯（Leisbeth Berríos）的话，引起了阿根廷、哥伦比亚、古巴、巴拿马、秘鲁、乌拉圭等领馆官员的共鸣。这也是上海办好首届中国国际进口博览会，对标国际最高标准、最好水平、建设卓越的全球城市专题座谈会上，驻沪总领馆官员、在沪外国商会、参展企业代表等“需要更全面、确切信息”的期待。

为了打消顾虑，首届进博会前，我们协会又会同市政协外委会组织拉美领事团部分官员赴国家会展中心考察。

烈日下，在国家会展中心南广场导览指示牌前，领馆官员们向市商务委、进博局等单位相关人员询问情况，“展馆具体分布情况如何”“布展时间何时开始”“车辆如何直达展馆”……穿越会展大道和部分展馆时，领馆官员们的步子或紧或慢，甚至停下脚步，“国家贸易投资综合展区与企业商业展区之间的往来是否便捷”“导向标识语言包括哪几种”“有多少服务人员和志愿者可以用参展国的语言在现场提供服务”……领馆官员们驻足于用于举办中小展示“秀”的虹馆，“我们的不少参展商企业规模不大，也许可以集中搞一场联合展示推介”“是否有对参展商品的最新限制要求”“听说目前所余展位已不多，如何满足后续报名的参展商”……问题真的不少，现场引领领馆官员们走访考察的进博局副局长钟晓敏当即决定，召集相关部门处室人员，增开座谈会，“解答提问、梳理问题”。

座谈会上，市商务委、进博局、国家会展中心等向拉美领事团官员介绍了相关情况，首届中国国际进口博览会，其国家贸易投资综合展主要展示贸易投资领域有关情况，只展示不成交，已有60多个国家正式确认参展，包括货物贸易和服务贸易两大板块的企业商业展，签约的参展企业数已逾1 300家，来自120多个国家和地区。招商工作已全面启动，由商务部牵头拟定了精准化采购商邀请方案。

展会期间，一场开幕式和三场平行论坛组成的首届“虹桥国际经贸论坛”也同步召开，在“激发全球贸易新活力，共创开放共赢新格局”的共同主题下，分别聚焦“贸易与开放”“贸易与创新”“贸易与投资”等议题，重点就推进贸易投资自由化便利化、构建开放型世界经济、推动贸易创新增长以及促进贸易投资可持续发展等内容进行讨论。届时，论坛筹备工作正在稳步有序开展，各国政要、国际组织负责人、中外企业界代表邀请工作和观众组织已经全面启动。

拉美领事团官员详细询问了参展和参加论坛的报名注册流程、相关事项对接部门，当得知为办好首届中国国际进口博览会，服务保障进口博览会顺利进行，海关总署已经制定发布了《2018年首届中国国际进口博览会检验检疫禁止清单》和《2018年首届中国国际进口博览会检验检疫限制清单》时，拉美领事团官员纷纷提笔记下。“这个很重要，必须第一时间知会我们国家的参展企业，”乌拉圭总领事莱昂纳多·奥利维拉（Leonardo Olivera D’Andrea）如是说。

"请大家留下联系方式，并记下我们有关部门的联系方式，以保持有效沟通，今天大家提出的问题，我们会及时回应，有一些必须通过国家商务部等层面确定的方案，一旦有了结果，我们也会知会大家。"进博局相关负责人表示。拉美领事团表示，将在讨论基础上形成一份问题清单，继续与进博局等进行沟通。"首届中国国际进口博览会，对各国来说都是一次贸易盛会，我们必须充分了解相关事项，服务于本国参展商。所以，特别感谢上海市帮助我们与进博局建立了直接的联系。"阿根廷代总领事埃斯特万·普罗纳托（Esteban Pronato）说。

驻沪总领事夫人团参观第十届花博会

2021 年夏，位于崇明区的东平国家森林公园，代表我国花卉园艺领域规模最大、规格最高、影响最广的综合性花事盛会，第十届中国花卉博览会在这里隆重举办。寓意好事成双，十全十美的吉祥物"圆圆"和"梦梦"笑容灿烂，饱含热情活力，在崇明岛生态绿色、碧水蓝天的背景下，正在张开双臂，欢迎嘉宾们到来。

宛如巨蝶振翅的世纪馆、充满异域风情的热带雨林展馆、复兴馆的室内盆景、用牛奶盒做成的长椅……正生动演绎着花开盛世、多元文化和谐共融的美好画卷。

趁此美好时辰，上海公共外交协会会同上海海派旗袍文化促进会，联袂打造"旗韵芳华，蝶变花岛"花博会主题活动，同时得到了市政协外委会、市妇联、市文旅局的呼应。来自 13 个国家 15 位驻沪总领事、领事夫人代表踊跃报名参加，一次美美与共的美丽之行就此成行。

这是首次在岛屿上、乡村中、森林里举办的花博盛会。包括我在内，所有参加者都是兴奋无比。在光明花博小镇停留时，大家观看了《共享花博会，家庭文明行》宣传片，在镜头中领略了花博会整体美景后，已经按捺不住急切的心情，期待着与美丽握手。

首先来到的是花博会复兴馆，令大家惊讶的是，主舞台上，上海海派旗袍文化促进会的姐妹们正在上演精彩的旗袍花艺秀、旗袍闪秀。以中国传统文化为底蕴，又时尚感十足的改良时装旗袍、绣花旗袍、印花旗袍等翩翩起舞，闪亮登场，让人目不暇接。紧接着，充满浓郁“上海腔”的沪语《茉莉花》《栀子花开》仿佛从石库门弄堂传来，唤起人们记忆中的上海情怀。这场旗袍秀、旗袍舞蹈在展现新时代都市女性魅力的同时，也为大家带来了江南女子的温婉优雅。

伴随着花博会主题音乐《牡丹颂》《花开中国梦》委婉动听的乐曲，国际友人们与身着旗袍的上海姐妹一起，沿着花博会中轴线，漫步至世纪馆，登上空中花园，俯瞰整个花博园，共享声光电高科技互动体验，感受由花卉构成的别样魅力。大家沿途漫游国际及企业展区、花协展区，国内展区中台湾园、上海园、北京园、云南园等，欣赏千万余株精品花卉，一起观赏崇明当地特色和繁花盛开之景，诠释花博会的核心精神。

市妇联副主席翁文磊说，主题活动融合了带动美丽经济、健康经济和体验经济的元素，是积极推动生活品质提升、经济发展及乡村振兴的重要方面。与国际友人共享“海派文化、江南文化、红色文化”的魅力，引领“优雅、健康、自信、有品位”的生活方式，充分展示国际风范、东方神韵，彰显了上海城市的软实力。

驻沪总领事配偶团团长曾飞飞女士说，驻沪总领事配偶团共有来自世界34个国家的56位会员，一直致力于推动驻沪外交官配偶和女外交官积极参加本地的各类文化和社会活动。虽然我们远离故国，远离故土的亲朋好友，但在上海，作为一个母亲，看到我的孩子们每天正常地上学读书，感到非常开心和感激，希望驻沪总领事配偶团成员们能将各国人民的友谊和温暖带给大家。

此次参观花博会活动，使驻沪总领事、领事夫人获得了又一次了解中国、了解上海的机会。中国具有如此的经济实力和国际影响力，是基于中国共产党的领导和中国人民为世界共同发展作出的贡献。

精彩纷呈的世界花园，美丽优雅的中国旗袍成为链接友谊的桥梁，一起感受花开中国的美景，与世界对话交流，人们在这里度过了精彩、美好、难忘的一天。

（整理者：崔　立）

孙小双，曾任上海市政协对外友好委员会专职副主任，上海公共外交协会副会长。

佛缘平等交情厚　兰舟广行谐友朋

觉　醒

我自 1985 年在上海玉佛禅寺出家，有幸成为这所海上禅林对外友好交往的见证者和亲历者。

几十年来，我以宗教界人士的身份参与过很多公共外交活动，最深切的感受是，宗教界应该主动走出国门，阐扬中国佛教，传播中华文化，讲好中国故事。通过平等交往、积极共建，不仅能够使古老的佛教文化更好地与社会主义社会相适应，也能使其在公共外交领域发挥更大作用，有助于中国佛教坚定文化自信，提升国际竞争力与影响力。

▲ 2018 年 5 月 14 日，觉醒法师与茶道里千家第十五代家元千玄室大宗匠在玉佛禅寺大雄宝殿供茶

佛缘道通：愿为和平长信使

2018年5月14日上午10时，为了纪念《中日和平友好条约》缔结四十周年，一场特殊的献茶仪式在上海玉佛禅寺大雄宝殿中举行。当天，我陪同日本茶道里千家第十五代家元、九十五岁高龄的千玄室大宗匠共同在佛前拈香礼拜，然后由大宗匠亲自打好浓茶和薄茶各一碗，交由我供奉在大殿佛像前：一碗供奉佛陀，一碗献给众生。

整个献茶仪式庄严肃穆，当我从大宗匠手中依次接过打好的两碗茶时，感受到的不仅是一位宗师毕生茶艺的精髓，更是千玄室大宗匠一直以来所倡导的“一碗茶中出和平”的理念。同年7月，我应邀访问日本，特别将一幅“禅茶一味”的书法赠予大宗匠，希望通过这次佛前献茶仪式所缔结的缘分，将两国之间平等合作、世代友好的和平祈盼不断传递下去。

其实，在中日关系正常化的过程中，上海玉佛禅寺曾经多次参与到有代表性的公共外交活动中，无论是随团出访、参与接待，还是组织学术、文化交流活动，历任方丈、常住都将和平理念贯彻到丰富的民间外交活动中，作出了很多创举，为拓展公共外交内涵和民间外交渠道贡献力量。

在我的记忆中，另一件印象深刻的事莫过于建设中日韩三国佛教“黄金纽带”关系这段教界佳话。

1993年5月，日本大型佛教访华团300人在团长山田惠谛（日本天台宗座主兼全日本佛教会会长）、副团长庭野日敬（日本立正佼成会创始人）和田泽康三郎（日本宗教团体联合会会长）的率领下，应中国佛教协会及赵朴初会长的邀请访问中国。5月21日下午，玉佛寺为三位长老的寿日举行延生普佛法会，真禅法师在般若丈室会见访华团成员。当天晚上，中国佛教协会、上海市佛教协会和浙江省佛教协会联合为三位老人举行盛大的祝寿大会，庆祝山田惠谛长老“白寿”（九十九岁），庭野日敬先生“米寿”（八十八岁），田泽康三郎先生“伞寿”（八十岁），真禅法师代表上海市佛教协会和玉佛寺向三位寿星赠送祝寿礼品。

中国佛教界的热情款待令日本朋友深受感动，当年9月28日，日本佛教各宗派负责人350余人云集京都，举行“日中佛教友好交流纪念大会”暨“庆祝中国佛教协会成立四十周年”纪念活动，邀请赵朴老以及韩国佛教宗团协议会会长徐义玄长老、田云德长老参与，赵朴老在活动中正式提出建设中日韩三国佛教“黄金纽带”关系的构想，得到了在场韩国和日本朋友的赞同与共鸣。

我自1996年3月率上海青年僧侣代表团赴韩国弘法以来，曾有幸多次带领中国佛教团体赴日韩参加会议，为稳固三国佛教“黄金纽带”进一步努力。2005年8月，我率中国佛教代表团一行6人赴日本京都访问，参加了日本佛教界举行的盛大的盂兰盆会。2006年11月，我率中国佛教代表团赴日出席日本立正佼成会创始人庭野日敬诞辰100周年纪念庆典，并接受立正佼成会英文会刊 *Dharma World* 的采访。在采访中，我不仅从自身经验谈到宗教修行中“自省”的重要性，也特别回忆了多年来教界前辈大德为推动中日和平交往、巩固三国“黄金纽带”所作的种种努力，希望这样的和平信念能够不断被年轻一代的教职人员延续下去。

2018年11月，我代表中国佛教协会率中国佛教代表团一行12人出席在日本成田召开的第29届世界佛教徒联谊会。在发言中，我分享“慈悲是佛道之根本”，当今世界，和平与发展仍然是人类共同的时代主题，我们不仅需要一个和平平等、相互尊重的国际环境，更需要人人怀有一颗博大的慈爱同情之心。希望各国佛教界携手合作，和衷共济，化慈悲心愿为实践动力，不断增进各国人民的相互了解和信任，推动不同文明的交流互鉴，为促进世界持久和平与共同繁荣，为增进全人类的福祉，作出新的更大贡献。

佛缘艺成：文化为媒弘法音

多年来，玉佛禅寺秉持平等、尊重、慈悲的佛教精神，不仅通过团体间的互访加强与各国宗教界的友谊，同时还借助传统法会、学术交流、文艺演出、艺术展览等形式进一步拓展民间外交渠道，续写对外文化交流的友好篇章。

说起玉佛禅寺与新加坡佛教界的交往，可以追溯到真禅法师和演培法师跨越半个多世纪的深厚法谊。1988 年 3 月，真禅法师应新加坡佛教总会主席宏船法师的邀请，率领上海佛教协会代表团前往新加坡参访。这是真禅法师第一次访问新加坡，也是他和演培法师自玉佛寺上海佛学院一别后，时隔 40 余年的重逢。见面时，真禅法师还特地向演培法师介绍了国内的宗教政策以及寺院近况，并向演培法师发出回国探访的邀请，而演培法师欣然应允。如今玉佛禅寺卧佛殿中最大的一尊卧佛，便是 1989 年 7 月真禅法师亲赴新加坡请得，并于次年佛诞在新加坡及中国香港和台湾等地、海内诸山、信徒近千人见证下举行了开光大典。真禅法师通过迎请玉佛的举动，有力打消了当时海内外对于中国宗教政策变化的疑虑，是一次非常成功的公共外交活动。

1994 年 3 月，普觉寺万佛宝塔修建落成。演培法师以光明山普觉寺寺主的身份，邀请真禅法师前来主持宝塔落成开幕典礼及佛像开光仪式。我陪同真禅法师前往新加坡，当时真禅法师与演培法师亲切交谈，新加坡的两位部长庄日昆、何家良便一起动手为僧人们搬行李。这显示出他们对于佛教非常虔诚，并且非常敬重来自中国的僧人。

进入 21 世纪后，上海玉佛禅寺秉持“文化建寺、教育兴寺、觉悟群生、奉献社会”的理念，在对外交往中主动打出过好几张“文化牌”，让世界认识和了解中国的都市佛教文化。

首先是以梵乐团为主的音声弘法巡演。玉佛禅寺的梵呗是上海非物质文化遗产，也是上海特色都市佛教文化建设的重要成果之一。上海玉佛禅寺梵乐团曾先后 8 次到新加坡、马来西亚、印度尼西亚以及我国香港、台湾地区弘法。其中最重要的一次是 2007 年 11 月 18 日至 28 日，梵乐团一行 150 人，在马来西亚、新加坡、印度尼西亚举行了 7 场名为“玉佛・吉祥颂”的梵乐巡回演出。这是上海佛教史上第一次在国外举行的大规模佛教音乐演出活动，也是我国大陆佛教界首创以一个寺院之力，在国外进行的以展示佛教瑰丽多姿艺术为主旨的梵乐演出活动，生动展现了中国宗教教职人员的精神风貌、文化涵养，反映了中国宗教信仰自由、宗教徒信仰生活健康活泼的现实。各国内阁官员和我国驻三国的大使或代表亲临观摩了梵乐团演出，其中印度尼西亚雅加达的当地电视台还对演出进行了实况转播，团员所到之处，受到了当地民众热情的欢迎。

其次，通过积极参与海内外学术活动，使中国佛学走向世界。进入 21 世纪后，玉佛禅寺几乎每年都会举办大型学术研讨会，也鼓励僧人职工积极参与国际学术交流活动。比如 2010 年 10 月，我率领中国佛教代表团一行 6 人，赴日本京都出席了第 13 次中日佛教学术交流会议，并作主旨发言。创办于 1986 年的中日佛教学术交流会议，是中日两国佛学交流的坚实平台，也是“黄金纽带”的重要一环。2011 年 9 月 8 日，为增进中日学术交流和两国临济宗法谊，玉佛禅寺承办了题为“禅学・社会・人生”的第二届中日临济禅学术研讨会。在研讨会开幕式上，日本妙心寺灵云院住持则竹秀南法师和我共同主持了“祈祷世界和平及为临济禅师颂经”祈福法会，增进了两国临济同宗的法谊。此外，2016 年我们与华东师范大学联合举办“佛教文化与 21 世纪海上丝绸之路”国际学术研讨会，2020 年还与上海大学联合举办了国家社科基金重大项目“‘一带一路’佛教交流史论坛”，力求进一步拓展佛教公共外交的理论与实践。

2016 年，寺院成立了上海觉群书画院，书画院的艺术创作也在对外友好交流史里留下一笔。2019 年 7 月，应温哥华国际书画艺术研究中心邀请，上海玉佛禅寺觉群书画院在加拿大举行“天竺写生巡回展温哥华展”，一共展出觉群书画院14位书画家的51幅作品，将中国传统书画艺术带出了国门，在当地信众和民众中取得良好反响。

2019年6月6日，日本池坊花道第45世家元池坊专永宗匠一行参访玉佛禅寺，并举行了佛前供花仪式。以此为契机，玉佛禅寺逐渐成为佛前供花文化交流和展示的平台、并与池坊、小原流等诸多流派进行合作。从2019年起，寺院每年秋季举办花道展览，使观众们近距离体会“郁郁黄花，无非般若；青青翠竹，尽是法身”的佛教艺术文化。

习近平总书记曾经说过：“介绍中国，既要介绍特色的中国，也要介绍全面的中国；既要介绍古老的中国，也要介绍当代的中国；既要介绍中国的经济社会发展，也要介绍中国的人和文化。”佛教界应该积极探索建立和完善中国佛教“走出去”战略，通过以茶会友、以花结缘，音声弘法、坐而论道等多种形式，借助文化巡演、合作研讨、艺术交流等不同途径，展示中国佛教文化超凡的魅力，让世界人民了解完整全面、内容丰富、形式多样的中国传统文化。

佛缘德普：绿水青山共护生

当今世界，气候与环保正在成为大众日益关注的焦点，“绿水青山就是金山银山”的理念深入人心。佛教主张“大地众生，皆有佛性”，人与自然一体不二，共荣共存，所以在公共外交领域，中国佛教也是环保事业的有力参与者。

2009年11月，我应邀代表上海佛教界赴伦敦参加温莎盛典，这是世界宗教界有史以来最隆重的一次环境保护大会。大会由世界宗教与环境保护基金会（ARC）和联合国开发计划署（UNDP）联合举办，以“天堂众多、地球唯一——宗教信仰承诺保护地球”为主题，共邀请来自全世界九大宗教（巴哈伊教、佛教、基督教、道教、印度教、伊斯兰教、犹太教、神道教、

2009 年 11 月，觉醒法师应邀代表上海佛教界赴伦敦参加“天堂众多、地球唯一——宗教信仰承诺保护地球”温莎盛典，并与菲利普亲王、时任联合国秘书长潘基文交流环保话题

锡克教）的代表以及世界重要环保机构的负责人等 200 名代表共同出席。

世界宗教与环境保护基金会创始人、英国已故的菲利普亲王亲自主持了大会。菲利普亲王一生致力于环境保护和慈善志愿活动，他在会上倡导通过宗教间对话来促进环保的理念，受到了与会代表的一致赞同。时任联合国秘书长潘基文也在会上发表了重要讲话，并与菲利普亲王一起向九大宗教的 30 多个宗教社团颁发证书，表彰其制订了保护地球的长远规划。

我在这次会议上提交了《上海佛教界八年环保规划》，并向来自世界各地的宗教界人士宣讲了中国佛教对于环保的理念与措施，受到与会者一致好评。为了把这份“八年环保规划”落到实处，2010 年 4 月 15 日，上海玉佛禅寺举行了“上海佛教界迎世博环保论坛”，世界宗教与环保基金会秘书长彭马田先生、荷兰生态管理基金会创始人阿拉德·斯提克博士等海内外学者纷纷建言献策，集众人之智慧，拟定相关实施步骤，实践佛教与大地众生共存共荣的理念。

佛缘人圆：山川异域月同天

在南亚和东南亚地区的国家，如斯里兰卡、泰国、缅甸、柬埔寨、老挝、尼泊尔等都崇信佛教。周恩来总理曾经指出，宗教在对外友好交往中起着重要的作用，特别是跟这些国家的交往中，佛教的作用无可替代。

自 1952 年起，玉佛寺开始接待国际友好访问团以及各国政要，成为上海对外交往的一张城市名片。1963 年 1 月 8 日，周恩来总理陪同来中国访问的锡兰（今斯里兰卡）总理班达拉奈克夫人，到上海玉佛寺拜谒。班达拉奈克夫人是世界上第一位女总理，在她访华期间，正逢她丈夫、已故前总理班达拉奈克先生诞辰 64 周年纪念，于是夫人特意延请玉佛寺的 64 名僧人举行法会，为其诵经超荐。这件事成为中斯交往史上的一段佳话，也是上海对外友好交往史中值得纪念的一天。

在我亲身参与的接待与出访中，也曾发生过许多印象深刻的故事。

2004 年 11 月，应尼泊尔政府邀请，在中国佛教协会和有关部门的安排下，我有幸率中国佛教赴尼泊尔访问代表团出席了在蓝毗尼召开的第二届世界佛教大会。在大会开幕式上，我代表中国佛教协会向尼泊尔国王和王后敬赠了一尊精美庄严的琉璃佛像，并邀请与会代表到中国参加即将举行的首届世界佛教论坛，为世界佛教事业的发展，为人类心灵的和谐安宁，为世界的永久和平，献大智慧、作大贡献。

2007 年 1 月，应印度文化关系委员会邀请，我率“天竺 · 心之旅——上海佛教界赴印度圣迹参访团”赴印度参访。这个参访团共有 126 名成员，分别来自上海佛教界、学术界，以及市宗教局等相关部门。无论从参访人数、参访时间和地点以及参访内容来看，在上海近代以来佛教对外交往史上、在中印文化交往史和佛教交往史上，都堪称盛举。短短 8 天里，参访团足迹遍及红堡、贾玛清真寺、古德高塔、圣雄甘地墓、鹿野苑、菩提迦耶、那烂陀、王舍城等各处，进一步加深了上海各界对印度文化的认识和了解。

2011 年，我参与护送中国佛牙舍利到缅甸供奉巡礼。当时，缅甸政府特意在机场举行了隆重而盛大的欢迎仪式。在缅甸首都内比都，时任缅甸总统登盛在一个大会堂内接见了来自中国的护送团，并和其他缅甸官员们虔诚地叩跪在佛牙之前。

在外交形式日益多元化的今天，“第二轨”外交的重要任务是将中国的文化与价值观传递到世界，让整个世界通过“公共外交”的影响力来认识中国，使中国精神和价值观为世界所认识和接受。对于佛教界而言，慈悲的精神和力量本身就是超越国界的。在对外交往中，除了主动展示中国佛教文化，还可以在海外积极展开公益慈善方面的友好交流和援助行动。

以我们与佛陀故里尼泊尔的友好交流为例：2015 年 4 月，尼泊尔遭遇 8.1 级大地震，震后第一时间，上海玉佛禅寺立即举行祈福法会，并向震区捐款。2015 年 9 月，上海玉佛禅寺的法师跟随中国佛教协会代表团赴尼泊尔，受到了尼泊尔总统拉姆·亚达夫的接见。玉佛禅寺还资助 100 名地震孤儿完成学业。2015 年 12 月 1 日，玉佛禅寺向上海市慈善基金会捐款，专项用于尼泊尔一家肾脏医院购买三台肾透析仪器，帮助器官衰竭的病人，并号召更多爱心人士关注尼泊尔的严峻现状，弘扬慈悲济世的佛教精神。

2021 年 4 月，新冠肺炎疫情在佛陀故乡南亚大陆又一次暴发，在各方爱心人士的帮助下，上海玉佛禅寺集结了包括 500 台制氧机（8F-5A）在内的各类当地医疗机构急需的物资，全部捐赠给尼泊尔政府，供加德满都大学附属杜利凯尔医院、蓝毗尼省立医院、基尔蒂布尔医院、博克拉热带传染病医院等 4 家医院使用。

在全世界广交朋友的同时，上海佛教与全世界佛教建立了深厚的法谊。我们不断接待老朋友，越走越亲，加深友谊。同时我们还要不断结交新朋友，交在平时，这样关键时刻他们才会挺身而出。相比于国家层面的大外交，民间的对外友好交往是国家外交大局的重要补充组成部分，而海上佛缘也一直持续着这样的友好交往故事，为国家外交大局贡献一份力量。

觉醒，中国佛教协会副会长，上海市第十六届人大常委会委员，上海玉佛寺方丈，上海公共外交协会副会长。

好友，白爱琳女士

孙为民

一头棕色齐肩的短发、一张永远微笑的脸庞、一口流利的普通话，这是保加利亚驻上海总领事白爱琳女士给人的第一印象。

我和白总领事认识，是在一次上海市外办举办的迎春招待会上。此时我正无所事事地端着一杯饮料东张西望，一位优雅的西方女士，一边双手向我递上了她的名片，一边做着自我介绍。我惊叹她纯正的汉语表达能力，又为她的热情有礼所感动。我想，相比那些不爱说话、不爱打交道、不爱结交朋友、不爱敞开心怀的人来说，白总领事显然非常适合她的职业外交官岗位。事实上，她有非常非常多的中国朋友、上海朋友。

那天，白总领事邀请我去参加总领馆在沪举办的保加利亚文化节，地点在静安区的静安公园。很远就能听到悠扬的保加利亚民族音乐，走近一看，一身民族服装打扮的白爱琳女士，正在和一群漂亮的保加利亚俊男美女翩翩起舞，一边跳着还一边邀请我加入。我自知是一个笨手笨脚的人，只能在一旁傻笑。音乐一停，总领事立即走过来向我一一介绍：这是世界上最好的保加利亚酸奶、这是世界上最优质的玫瑰精油、这是世界上最漂亮的保加利亚美女，等等。俨然，她是一位非常称职的保加利亚推销员。其实，总领事平时和我聊天，谈的也多是保加利亚的历史、文化、传统，诸如：索菲亚的故事、普罗夫迪夫古城、里拉修道院……，每每娓娓道来、如数家珍。看得出，她对自己的祖国有多么热爱。

想干事、爱干事，事情也就多。白爱林女士在驻沪外交机构任职的10多位女总领事中也可以算得上是一位积极的“出头鸟”。经常是由她倡议、带领、组织或参加各种各样有益于了解上海、增加友谊、与市民互动的活

白爱琳在政协

动，比如，女总领事金山区“上海印象”文化交流、女总领事走进上海政协，等等，几乎在所有的外事场合，总是少不了她的身影。

一个周末的傍晚，总领事打电话给我，说是保加利亚国民议会副议长海托夫来华出席会议后短暂途经上海，建议我们协会和副议长见面聊聊。在请示有关部门后，我在协会见了海托夫先生，总领事也一起来了，几句客套话之后就进入了正题。我们聊了上海的发展，聊了上海在对外交往和公共外交方面所做的工作，双方相谈甚欢，意犹未尽。我邀请海托夫先生和白爱琳女士一起共进晚餐，他们欣然答应了，借此机会，我们一起在虹桥开发区散步，观赏园区内挺拔高耸的现代化建筑，一路上，白总领事主动向副议长介绍了虹桥开发区的过往和未来，看她那个热心的劲头，似乎她也是这里的主人。

到后来，经白爱琳总领事牵线，市政协代表团去保加利亚访问，有机会再次见到海托夫先生时，他已经称我为“老朋友”了。海托夫副议长说，他去过几次香港，当时他认为，香港应该是中国最好的城市，可是到了上海之后，他的看法被改变了。他特别喜欢上海，特别热爱上海。他想将自己的女儿送到上海去学习。他还说到，保加利亚国民议会已经成立了议会对外友好小组，由议会中的各党派代表组成。其中，中国友好小组是议会对外友好小组中最大的一个组织。保加利亚是“一带一路”的重要门户之一，保加利亚看好中国的发展，愿意同中国积极开展友好交流活动。海托夫副议长还多次表示：“上海在我的心中。”在保加利亚，有这么一个身居高位的好朋友，我们真的是要十分感谢白总领事。

白爱琳女士的先生白克礼也是一位汉学家，保加利亚外交部向驻上海总领馆派遣的外交官只有白爱琳一人，而她的先生就是领馆的译员，可见领馆工作效率之高。我亲眼之所见，白总领事事无巨细、亲力亲为，既当总领事，又干工作人员的活。这夫妻搭档，工作真是越干越欢。白总领事在保加利亚国内拥有广泛的人脉关系，不论是在索菲亚，还是在她的家乡普罗夫迪夫，很多人都认识白爱琳，甚至在当地电视上，还时常出现白总领事在上海工作的镜头。在白总领事的努力下，上海公共外交协会与保加利亚外交部外交学院签署了合作交流协议，推动双方的交流在公共外交层面展开。

2015 年 8 月，白爱琳任期届满离开上海。在那次离任聚会上，我送给她一瓶国酒和一只徽式笔筒以作纪念，同时也问她，如果有机会你愿不愿意再来上海工作，她不假思索地回答，当然愿意。事后，我也知道，白爱琳夫妇的身影依然不时在国内各地出现，她那颗驿动的心，仍然在为保中友好的事业不停地跳动。我的微信，时时收到她深情的中国节日中文祝福语。我心中默默地祈祷：爱保加利亚、爱中国，愿您成为一座美丽的桥梁。

从白爱琳的身上，我看见了：热爱祖国、敬业肯干；善于交友、开朗阳光；牵线搭桥、合作双赢。尽管和所有人一样，在她的身上还有这样那样的不足，但仍然掩盖不住一位职业外交官与生俱来的素质。

孙为民，曾任上海市人民政府外事办公室副局级巡视员、主任助理，上海公共外交协会副秘书长。

亲历欧亚新丝路自驾友谊之旅

孙为民

当一支挂着汉字当头的蓝色牌照的车队，踏着尘烟在广袤的欧亚大陆呼啸而过时，可以想象，人们的好奇之心已经上升为对它刮目相看了。

这支车队来自中国上海。这是由德国中国之旅公司和上海兆歌文化传播公司组织的、冠名为上海—汉堡欧亚新丝路自驾探险友谊之旅其中的一个场景。上海市政协、上海公共外交协会、上海市新闻办、上海市旅游局、上海世博发展集团、德国汉堡驻中国联络处共同打造了这个令人瞩目的活动。

整个车队将划过中原大漠、探访中亚细亚、穿越黑海和地中海、驰骋于亚平宁半岛，来到欧罗巴的深处，目的地为上海在德国的友好城市汉堡，全

▲ 2013 年上海—汉堡欧亚新丝路自驾探险友谊之旅出发仪式

程 16 000 公里，耗时 56 天。

车手们就是国内的市民百姓，他们将践行人生中的一次壮举，畅行于神秘的古代丝绸之路，展示中华多元文化的风采，观摩缤纷壮丽的大千世界，结交沿途与中国友好的善良人们，去收获探索的喜悦。

车队启程的地点是位于上海保屯路原世博园区的“汉堡之家”，终点是德国的豫园茶楼。似乎是角色互换，又恰在情理之中。其时适逢中德建交 40 周年，组织者将此次活动看作一次民间的公共外交实践活动的尝试。出发时，每一位车手都带上了制作精良的海报、光盘、《上海概览》等介绍上海、具有中国特色的小纪念品，在这 50 多天的行程里伴随着他们，他们将要和沿途的各国老百姓们共同体验不同民族、不同国度、不同文化的亲密接触。

特拉布宗，一座濒临黑海的古老城市，它属于亚欧之交的土耳其，以修建于半山腰的苏美拉东正教古修道院闻名遐迩。特拉布宗位于古丝绸之路上，几个世纪内都是一座贸易中心和文化熔炉之城。但倘若不是上海汉堡欧亚新丝路自驾之旅的车队从俄罗斯索契穿越黑海南下途经这里，恐怕我们中的很多人对它仍然是陌生的。

为体验欧亚新丝路自驾友谊之旅，德中交流协会会长刘国胜极力推荐我参与土耳其这段行程，我成为这支车队中的一员，出发点就是特拉布宗。

刘会长认为，土耳其在“一带一路”中的地理位置非常特殊。向西拥有明显的西方和欧洲特点，东则面向中东和伊斯兰国度，是一个多元文化交汇的国家，使其成为东西合璧、南北荟萃之地。土耳其显著的地理亮点，是其他周边国家在“一带一路”倡议实施上无可比拟甚至是不可忽视的。土耳其的历史文化在古代就与丝绸之路密切相关，古代丝绸之路在促进土耳其经济发展的同时，留下了丝绸之路的文化印记。凭借其在中亚地区密切的历史文化联系，在欧亚大陆心脏架起了不同文化对话和互动的桥梁。

那天，听说有中国的车队从俄罗斯过来，特拉布宗口岸的土耳其官员十分兴奋，早早地就守候在关口等待。中午时分，当车队从渡轮上驶出，缓缓地登上土耳其领土时，他们和我们一起鼓掌欢迎，向车上的五星红旗挥手致意。我是车队出发时在上海和车友们相遇的，此时此地相逢上海老乡，甚是激动。车友们介绍说，一路上，各国人民非常友好。在乌兹别克斯坦境内，一个普通的集贸市场，车队排队等候交费时，一位守卫模样的人认出了车上贴有的五星红旗，高喊道：中国人，你好！并立即免费放行。一个加油站，车友们想洗手找不到水源时，一位中亚老汉拿出自家的铜壶，为大家冲刷。大家深深地被当地民众的质朴与真诚所感动，车手们更加感到，国家强大了，作为中国人非常自豪和光荣。

我们的车也加入了车队，最终目的地是土耳其第一大城市伊斯坦布尔，全程近 3 000 公里。5 天时间里，在车队长的带领下，15 辆各式小车组成的中国车队，井然有序地飞驰在城镇、乡间的公路上。眼前，昔日奥斯曼帝国的辉煌一闪而过。异域的别样风光消除了所有驾车者的疲劳，不知不觉中便来到了世界上唯一的欧亚城市伊斯坦布尔。

行程中，车队遇到了当地民众的友好围观，学会了不同语言的“我爱你”；在老百姓家受到高规格的礼遇；也有外国警察的盘问和护送；与路人攀谈，被陌生人搭救，坎坷和奇遇编织了美好的回忆。

著名摄影家尔冬强说到，西域南海，丝绸之路，中国人走向世界，我们有这个历史传统，张骞、法显、玄奘……今天，随着中国经济的发展，我们民间可以自组车队穿越欧亚，用车轮和双腿去丈量丝绸之路的每一寸土地，亲手触摸人类的四大文明，这确实是一件值得骄傲的事情。

此次欧亚间的穿越，尔冬强不仅走访拍摄了沿途十多个国家的历史人文、自然风貌，更重要的是为中国的西域史学者找回了珍贵的秘档。在中亚和欧洲的一些旧书店，尔冬强找到了一批珍贵的丝绸之路研究文本和文献，其中就有《李希霍芬男爵书信集》和《中国——亲身旅行和据此研究的成果》。尔冬强表示，古丝绸之路是中西交流的重要通道，在丝路上可以看到大量的历史文化遗存，通过自驾可以更加接近和触摸这些伟大的历史遗存。

车队中有一位车手是一名德国老汉，他是上海德国大众公司的一名员工，开着一辆老牌的上海生产的桑塔纳轿车，走完了全程。他深有感慨：一路相伴，从友好的中国人那里学到了很多。

在结束了土耳其的自驾行程后，我来到了德国汉堡，等候风尘仆仆的中国车队到来。设在德国汉堡市的豫园茶楼，是此次欧亚新丝路自驾友谊之旅的终点站。这座茶楼是上海和汉堡两个友好城市之间友谊的结晶。当年，经两市政府友好商议，在汉堡市中心按照上海豫园茶楼一比一设计建造一座古典江南园林建筑，为汉堡市增添一处中国传统文化样式的地标。多年来，茶楼一直作为汉堡市的中国上海旅游文化中心为两地的友好往来牵线搭桥。

今天，茶楼外的场地上装点了象征终点的色彩缤纷的门楼，许多得到消息的汉堡市民和旅德侨民手持德中两国国旗，早早在此等候。一些德国老爷车爱好者，还将他们古董级的老爷车在道路两旁一字排开，列队致礼。不远

▲ 车队抵达汉堡迎接仪式

处，车辆的马达声渐渐传来，车队在人们的欢呼声和鲜花、旗帜的簇拥下缓缓驶入门楼。

来自中国的车手们受到了高规格的欢迎。中国驻汉堡总领事、汉堡市议会议长，以及上海市政协、上海公共外交协会的领导分别到场祝贺，中央和上海的媒体、德国当地媒体做了大量报道。汉堡市议会议长当场邀请全体车手，赴汉堡市政府宴会厅为他们庆功洗尘。

最令人激动的是，车手们不远万里，一路颠簸带到汉堡市的上海城市形象片光盘，由车队长亲手交到了汉堡市政府营销局官员的手中，作为回应，汉堡市政府营销局官员也将汉堡的城市形象片交给了上海市政协代表团领导的手中。两地之间“城市形象片互换播映”项目正式启动。

上海—汉堡新丝路欧亚自驾友谊之旅的活动已经连续举办了多年，有很多普通的市民老百姓、自驾爱好者参与其中，他们自觉不自觉地承担了公共外交的义务，在向世界学习、了解和拓展丝绸之路知识的同时，也向域外社会展示了中国人勇敢、坚毅、刻苦耐劳和热情友好的形象。这样的民间交流活动，体现了公共外交的活力，也得到了国务院领导的肯定和赞赏。

2020年初，突如其来的新冠肺炎疫情，阻断了上海—汉堡欧亚新丝路自驾友谊之旅的活动。然而，我们坚信，待到雨过天晴，充满阳光的美好明天一定会来临。那一天，满载着中国老百姓友好情谊的车队，还将满血复活，启程向远方，广交天下朋友，踏上探索世界文明之路。

孙为民，曾任上海市人民政府外事办公室副局级巡视员、主任助理，上海公共外交协会副秘书长。

以史为鉴，携手向未来

孙为民

十月的晚风吹拂在黄浦江面上，微微掀起阵阵涟漪。两岸灯火璀璨，绚丽无比。东方明珠电视塔、上海中心、金茂大厦组成的浦东陆家嘴铁三角地标建筑，在夜色中更显壮观美丽。

一艘经过精心装点的上海“悦星6号”浦江游船，此刻正在安静地等待着一群特殊的客人。游船上，即将举行第四届“中韩青春远征队”探访长三角地区启动仪式。

“中韩青春远征队”计划，是一项深受两国青年学生喜爱的国际交流活动，由大韩民国驻上海总领事馆和上海公共外交协会合作于2017年首创的。近年来，“中韩青春远征队”计划为学习韩国语的中国学生和在沪学习汉语的韩国留学生之间搭建了一个沟通了解的平台。从更深层次的角度去看，这也为两国青年造就了一次以史为鉴的爱国主义教育、汲取营养的两国文化知识学习和面向未来的两地人民友谊牵手的难得机遇。

2021年，新冠肺炎疫情仍然正在全球肆虐，远未到结束的时辰。处在严格防控状态下的中国，却取得了抗击疫情的阶段性胜利，人们可以自由来往，跨地域行动，这就使得第四届“中韩青春远征队”探访长三角地区的计划能够得以顺利成行。

来自上海外国语大学、上海海洋大学、上海商学院、浙江大学、苏州大学的20多名中韩两国学生此时已经鱼贯而入，来到游船上，他们兴奋激动，那股高兴劲儿就甭提了。初相识，互相间似乎有着说不完的话语。

上海公共外交协会副会长闵师林、道书明来了，长三角公共外交协会联系机制轮值主席、扬州公共外交协会会长张跃进来了，大韩民国驻上海总领馆总领事金胜镐也来了，他们将共同为中韩青年远征队学生们的探访之旅出征送行。

金胜镐总领事刚上任不久，第一次来到上海，他特别喜欢中国，能说流利的汉语。疫情期间，他还是一位足迹踏过大半个中国的单身背包客。金胜镐先生热爱中国传统文化，热衷于中国书法，对中国古诗词也颇有研究。他曾经表示，退休以后，他还要想办法来中国、来上海，潜心研究和学习中国书法。

正是因为这样的背景，金胜镐总领事在启动仪式上深情说道，韩中两国是近邻，希望韩中青年能够深刻领悟两国友好相处的智慧，通过访问两国祖先们互相帮助、互相关怀、曾经战斗过的历史旧址，更好体会深入加强两国关系和增进两国友谊的历史必要。金总领事鼓励学生们相互用心学习和借鉴，共同为韩中友好作出应有的贡献。

按照计划，在为期 3 天的时间里，远征队将实地走访上海、扬州、南京

▲ 2023 年中韩青春远征队参观中共一大会址

等长三角地区的近代历史纪念馆、博物馆和历史旧址，瞻仰和参观中共一大会址、上海韩国临时政府遗址、崔致远纪念馆、南京金九寓所等，并邀请中韩两国学者为远征队员讲解历史事实。

闇奎是中韩青春远征队探访长三角地区活动中的一员。“你为什么想要来中国?”听到这个提问，正在中国留学的韩国学生闇奎说，她在高三时第一次看了中国的电视剧，对剧情、场景和里面的演员都产生了浓厚的兴趣，自上大学开始，便一直有想来中国看一看的想法。这是自己来到中国两个月后第一次离开上海，非常兴奋，也十分期待。

有许多像她一样对中国颇感兴趣的韩国学生参加了这个有意义的活动。他们或是喜爱中国文化，或是因父母的工作调动而来中国求学，抑或是想要挑战自己，只身一人来到了异国他乡。在这支队伍中，也有正在学习韩语的中国学生，他们因种种原因与韩国结缘，每个人都能够说一口流利的韩语。

“中韩青春远征队”活动，真正诠释了国之交在于民相亲、民相亲在于心相通。青年是中韩关系健康发展的未来。中韩友好关系需要两国青年共同来呵护、传承。

回望沉重的历史

学生们参观了位于上海鲁迅公园内的梅轩纪念馆，共同缅怀韩国独立运动家尹奉吉义士，也在扬州崔致远博物馆中倾听了韩国汉文学开山鼻祖崔致远的故事。他们在南京大屠杀遇难同胞纪念馆集会广场上致献花圈，悼念南京大屠杀和日本侵华战争期间的死难者，也穿梭于上海韩国临时政府遗址的红墙木门之间，回顾朝鲜半岛流亡海外的爱国志士的抗日复国运动。

利济巷慰安所旧址是南京大屠杀遇难同胞纪念馆的分馆，也是亚洲地区最大、保存最完整的一处日军慰安所旧址，更是中国大陆第一座经在世“慰安妇”亲自指认的以“慰安妇”为主题的纪念馆。

2021 年中韩青春远征队参观侵华日军南京大屠杀遇难同胞纪念馆

在踏入利济巷慰安所旧址时，面对场馆外墙立面上覆盖着的黑白肖像照片，学生们纷纷陷入沉默，将双手合于身前肃立，静静倾听工作人员讲述这段沉痛的故事。

在馆内，学生们沿着狭窄的走廊，走向那些曾经使多国妇女受到生理和心理的双重迫害和摧残的房间，面对眼前的历史照片、视频及实物真实再现的一段段惨痛历史，他们也紧锁眉头，留下一声声叹息。

中国学生李艳红说："之前对这段历史了解过一些，实际看到更是无法形容自己的心情，非常心痛。"另一名中国学生任汉淳表示，"回顾这段历史，这或许就是勿忘历史、牢记使命这句话的意义。"

激荡心灵的共通

"行程之初，我仅是为能看到扬州等地的传统文化而感到兴奋。但从鲁迅公园开始，到南京大屠杀遇难同胞纪念馆为止，我也产生了很多想法，"闇奎说。以前提到中国，会有一种"与自己历史不同、文化不同"的印象。但通过考察，原来韩中两国曾经共同抗击日本帝国主义侵略的历史，两国也曾有过"相似的苦痛"。

“我看到了同行的中国朋友对韩国历史的关心，同时也对于中国曾经历过这样的惨痛历史而感到心痛，此次活动意义非凡且深刻。”

HERO历史研究所李明弼表示，百年前，韩中两国曾共同抗击日军侵略，百年后，韩中年轻人也要手牵手，一同面向未来。的确，韩国和中国是拥有密切关系的近邻，在数千年的交往史中互学互鉴，形成了深厚的历史文化纽带。两国青年既是传承友好的桥梁，也是开创两国美好未来的希望。

曾多次参加中韩青年交流活动的韩国学生权兵昱说：“我们各自的生活都是固定的，每天没有什么特别大的区别。做着一样的事情，很难找新的缘分、新的动力。”但这次，他感受到了学生们的热情。“我马上就要毕业，无论我目前有没有确定自己未来的路线，但能肯定的是，性别不一样、年龄不一样、国籍不一样、性格不一样，跟中国朋友们在一起去旅行的机会是在新的地方遇到了新的缘分，这样的经历弥足珍贵。”

珍惜近邻的友好

中韩交往历史悠久，100多年前，中国和韩国曾经守望相助，谱写了一段中韩友好的近代史。正在中国上海留学的韩国学生柳荷娜感叹道：“真的想不到中国和韩国早在百年前，就有着相似的谋求民族独立的历史。”柳荷娜指出，自己通过这次文化交流项目，了解到了很多以往并不知道的韩中两国近代史，这使她感到韩中不仅是近邻，还曾经是志同道合的朋友。

在首批“远征队”活动时，时任韩国驻上海总领事崔泳杉就说道：“韩中两国是近邻，韩中两国之间互相帮助的历史值得纪念。两国政府在一百年前就互相帮助，放眼于未来，两国也应该建立更好的关系。”

韩国临时政府1919年在当时的上海法租界成立。现如今，在上海马当路依旧保存了被称为“韩国民族独立运动的圣殿”的建筑。此处也成为了来上海的韩国人几乎都会前往瞻仰的地方。

崔泳杉表示，位于上海马当路的韩国临时政府旧址，已经成了韩中两国人民友谊的象征，虽然两国关系有时会遇到障碍，但是近邻之间的摩擦很正常，相信未来韩中关系一定会健康向前发展。

学生们不仅走访了各地的韩国独立运动旧址，也瞻仰了中共一大会址、南湖红船等中国革命圣地，以此增进对两国民族独立历史的了解，增进彼此间的认同和共识，坚定和平发展的信心。

“韩国的独立运动史与中国有着很大的联系，韩中两国青年共同回顾历史，加强理解一起携手共进。”上海韩国外籍人员子女学校12年级的韩国留学生朴贤恕这样说道。

期待友谊的延续

“青春远征队”，不仅涵盖了中韩两国青年对历史的认识，也包含了他们对未来友好关系发展的期许。

在一次自制韩国纸灯的活动中，一位中国学生制作了一个红、黄、蓝相间的作品。当被问及创作灵感时，她表示：“中国的五星红旗上有红色和黄色，韩国的太极旗中则有红色和蓝色。我将它们一起贴在了纸灯的每一面，预示着中韩友谊长存。”

韩国学生也有同样的想法。在上海求学的沈基麟曾在活动中演唱周华健的《朋友》，歌曲结束后，他对着同行的友人们说道：“韩国和中国是好朋友。”沈同学表示：“演唱中文歌很难，那是我仅会的几首中文歌……我想把这首歌唱给所有韩国和中国朋友们听。”

上海复旦大学韩国语语言文学专业的孙武川说道：“活动给了所有参加者一个很好的契机，我不仅更全面地了解了韩国独立运动发展史，同时也广交韩国留学生朋友，努力向他们介绍中国历史和文化。”华东师范大学的韩国留学生河在根则表示：“希望这样的活动可以一直举办下去。”活动使他对韩国独立运动历史有了更直观的感受，尤其是中国和中国人民在近代史上对韩国独立运动和独立运动家的仗义相助让他印象深刻。

历史告诉我们从哪里来、到哪里去，忘记历史的民族不会拥有未来。历史上，中韩两国有着千丝万缕的联系，如今两国更应该共同携手展望明天，以史为鉴，携手向未来。这就是“中韩青春远征队”的远大目标。

孙为民，曾任上海市人民政府外事办公室副局级巡视员、主任助理，上海公共外交协会副秘书长。

我眼中的菲律宾总领事库玉甘

——记库玉甘先生中国情结二三事

张　瑛

菲律宾驻沪总领事库玉甘，个头不高，脸上一直挂着自信的微笑，给人一种憨厚慈祥的印象。每次见到他，总能看见他一直不变地穿着那套独特挺括的菲律宾国服——用菠萝纤维制作的巴隆他加禄。

库玉甘总领事是一位资深职业外交官，曾先后在菲律宾驻越南、罗马尼亚、俄罗斯、伊朗、巴基斯坦、伊拉克、叙利亚等国家大使馆任职，2014年起担任菲律宾驻上海总领事，直至2020年底退休离任。

我是在市外办工作期间与库玉甘总领事结识的，也是有缘吧，我们有着共同的喜好，彼此间留下了较好的印象。总领事每每见到我，有一句话总是少不了：Madam张，是你改变了我对上海的看法。之前，总领事没有来过上海，对中国存有一定偏见和误解，短短几年间，他亲眼所见欣欣向荣的中国，亲身体验上海的发展和活力，总领事俨然已经成为了我们眼中知华、友华、爱华的菲律宾友人了。

2017年，我到协会工作，我和库玉甘总领事的友谊也自然而然地延伸到了协会。一来二去，总领事和协会副会长道书明、副秘书长孙为民等领导也渐渐成了亲密的好朋友。隔三岔五，他有什么好的想法，有什么新的点子，总是会带上他的同事们第一时间兴冲冲地来到协会听听意见，谈谈合作，聊聊家常。

库玉甘总领事是一位热爱自己祖国的菲律宾政府官员，同时，他也十分喜爱中国、喜爱上海。总领事经常对我们说起，在菲律宾的历史上，曾先后受到西班牙、英国、美国和日本的侵略，菲律宾独立后，仍然受到这些国家的影响。自从杜特尔特先生担任菲律宾总统后，强调国家的独立外交，他支持总统对华友好的立场，菲律宾是中国的近邻，菲中友好交往对菲律宾的发展是不可或缺的。他认为，从历史发展的渊源和菲律宾的主流民意来看，即便是杜特尔特之后，菲律宾一定还会坚持与中国睦邻友好的政策。在总领事的积极推动下，这些年来，协会和菲律宾的互动友好合作十分频繁，总领事多次表示，要利用在上海任职的机会，主动多做推动菲律宾与上海友好合作交流的事情。

邀请菲律宾国父大学学生来沪实地探访

一次，总领事在和协会领导会面时谈到，西方国家对菲律宾下一代的争夺很厉害，在菲律宾国父大学有许多贫困生，他们很优秀，是国家今后潜在的栋梁，但由于他们家庭出身贫困，没有条件走出国门，这些同学对中国的印象都是来自西方媒体的片面报道，他们看不到中国，体会不到中国的发展，这对于菲中两国关系的前程是非常不利的。总领事认为，要给这些年轻人机会，让他们来上海，亲眼目睹、亲耳所闻中国如何跨越历史、改革开放、创建繁荣富强的崭新国家。在他的积极促成下，2019 年 6 月，菲律宾国父大学“学生文化探访活动”代表团一行成功访问上海。

代表团由 10 名家境贫困的高中学生和 2 名教师组成，主要意图是通过该项访问，使这些经济上无力而学业上拥有发展前途的贫困学生，能够亲身感受上海城市快速发展的魅力，同时着眼未来中菲青年友好交流，加强友好合作。

短短一天时间里，在协会副会长道书明等多位领导的陪同下，代表团在上海世博博物馆参观座谈，走访了中共一大会址纪念馆、上海博物馆、东方明珠电视塔，观赏了黄浦江两岸的城市夜景。丰富的内容和活动，使学生们兴致勃勃，感慨万分，收获满满。

在上海世博博物馆，协会副会长陈海刚向学生们介绍了上海近年来经济社会发展情况，并就学生们关心的上海如何保持河道的清洁和美丽、上海如何成为世界卓越城市、上海未来 10 年发展计划以及上海和菲律宾可以开展哪些合作项目等进行了互动交流。上海世博博物馆馆长刘绣华介绍了 2010 年上海世博会情况，当学生们获悉它是世界上第一座也是目前唯一的世界专题博物馆时，不禁由衷感叹。在参观过程中，大家一边听讲解，一边对馆内琳琅满目的展品目不暇接，对上海举行如此盛况空前的盛会感到惊讶和赞赏。

在中共一大会址纪念馆，尽管学生们对中国共产党的历史不太了解，但还是听得津津有味。带队老师说，菲律宾华人血统占总人口的百分之二十，他祖父就是福建人，从小常听祖父和爸爸说起，中国的崛起，是在中国共产党的英明领导下实现的，所以他很敬佩，一定要来看看了解一下。因为参观上海博物馆时间较短，学生们抱着好奇心选择了具有中国传统文化的明清家具馆和少数民族工艺馆，希望多多了解中国民俗风情和传统文化。登上东方明珠电视塔，学生们个个兴奋不已，感受它的壮观宏伟，在玻璃平台一层不停地摆

▲ 菲律宾国父大学“学生文化探访活动”代表团参观中共一大会址

开各种姿态拍照留影，大家说要把自己最美最动人的姿势和表情与上海最美的景色连在一起。夜游黄浦江是一天行程的最后一个节目，也是当天活动的高潮，看到夜色降临，浦江两岸灯光璀璨，外滩建筑披上了夜色的盛装，学生们高度兴奋，纷纷在船尾甲板欣赏夜景，抓紧拍照，感到意犹未尽。最后，学生们用行前学到的中国歌曲《感恩的心》即兴演唱，表达对接待方的感谢。

代表团在上海期间，参观了菲律宾在沪企业，与在沪菲侨座谈了解他们在上海工作学习的情况，还游览了江南古镇朱家角。学生们回去后，向学校师生介绍了上海之行的所见所闻，每位学生的体会文章刊登在学校期刊上，让更多菲律宾学生分享他们上海之行的感受。

事后，总领事说，菲律宾国父大学学生访问上海，反响很好，受到菲律宾外交部的肯定。这个活动不仅改变了这些学生本人对中国对上海的看法，还通过他们的演讲宣传，在学校引起了大家对中国对上海的关注，总领事希望疫情过后，能够再次组织学生来上海访问，让菲中友好世代相传。

促成菲律宾国家芭蕾舞团在沪演出

2018年，根据中菲两国政府文化合作协定，为进一步促进两国文化交流和合作，应中华人民共和国旅游和文化部的邀请，菲律宾芭蕾舞团将来中国北京演出。在得知这一消息后，总领事为表达菲中友好，通过其外交部，极力争取菲律宾芭蕾舞团经停上海，向上海人民呈现菲律宾国家级的优秀文化大餐，在上海加演一场菲律宾芭蕾舞剧。协会欣然接受了菲律宾总领馆的邀请，共同成为此次演出的合作方。

7月19日晚，菲律宾国家芭蕾舞团在上海国际舞蹈中心舞台上，倾情演绎经典的，展现吕宋风情的芭蕾“巅峰之作”。别具风格的演出赢得全场观众的阵阵掌声，演出真正达到了展示菲律宾的文化，倡导中菲友谊，将丰富多彩、独具特色的菲律宾芭蕾舞蹈艺术和菲律宾文化带给上海的观众，进一步增进两国人民之间的信任和了解，巩固两国民间友谊的目的。

总领事在演出开始时的致辞中激情洋溢地说，2019 年是菲律宾国家芭蕾舞团的黄金之年，舞团作为菲律宾的文化使者来到上海，与中国人民共续友谊，展示菲律宾文化遗产，以及国际级的菲式才华。菲律宾国家芭蕾舞团的访问演出，见证了菲中两国的文化合作正在不断地壮大。总领事用一句中国古诗“海内存知己，天涯若比邻”来表达他此时此刻的感受。

离任前选择向上海福利院孩子们告别

2020 年底，库玉甘总领事接国内通知，任期届满，离任回国。如何告别他怀有深厚感情的上海，总领事选择了一个独特的方式。

那天，他和总领馆的同事们带了许多小礼物来到上海福利院和孩子们道别，这是他第二次来院看望这里的儿童。

之前的一次，也很特别，总领事把庆祝菲律宾国庆的活动与关爱上海孤残儿童结合起来。当看到福利院孩子们脸上挂满了微笑时，他感到无比欣慰。总领事认为，孩子们应该不断地发现快乐的源泉，即便是在最简单、最普通的事情上，也要有快乐。

离任前库玉甘总领事看望上海福利院的孩子们

他对孩子们说，几千年前，中国人就来到了菲律宾经商，后来定居下来。他们是菲律宾华人的祖先，也是菲律宾人的共同祖先。为什么菲律宾跟中国一样，是一个美丽、友好、幸福的国度？如果追根溯源，就会发现菲律宾人和中国人是亲戚，这也一点都不奇怪。希望孩子们始终保有自己的梦想，一个憧憬未来的美好梦想。你们生活在一个美好的国度，不久的将来，你们也能找到适合自己所在的位置。总领事还说，我希望未来有一天，你们能够前往菲律宾旅游，遇见你们长久失联的叔叔、阿姨、表兄妹，跟你们一样，幸福、欢乐，并且也有着美好的梦想。

库玉甘总领事在上海任职的 6 年 7 个月，是中菲关系积极向好的时期，他秉持杜特尔特总统的理念，为菲中关系的发展竭尽自己所有的努力。他不遗余力地推动上海有关单位与菲律宾的特长项目如厨艺、家政等进行对接；他在中菲两国民众前双向积极推荐两地的优势和正面形象；他想方设法筹资并亲自陪同协会会员代表团访问菲律宾洽谈合作。

在离开上海的前几天，库玉甘总领事再次来到协会和我们这些老朋友相聚，他说，刚来上海时，肩负着助推菲中关系发展的重任，是带着努力工作的心情来的，其间得到了上海政府各部门、上海市民，也包括上海公共外交协会的积极支持和合作，他在任内的工作有了一定的成绩，这是他本人外交生涯中最值得留恋的经历。现在要离开上海，感情上依依不舍，感觉还有很多工作没有完成。回国后，虽然退休了，但依然要继续关心中国、关心上海，做菲中友好的民间使者。库玉甘总领事和我们相约，待到新冠疫情过去，他在家乡等着我们，带我们去马尼拉、去巴拉望、去长滩、去达沃，欣赏他祖国的大好河山，熟悉与中国人一样勤劳勇敢的国民，祈祷菲中友谊源远流长。

张瑛，上海公共外交协会副秘书长。曾任上海市人民政府外事办公室领事处处长。

文化为纽带　同心共携手

——与韩国驻沪总领馆合作点滴

张　瑛

习近平总书记在中韩建交30周年致韩国总统贺函中指出，中韩是隔海相望的永久邻居，两国人民友好交往源远流长。

在上海，韩国驻沪总领馆就在我们上海公共外交协会办公地点的附近，近在咫尺，隔楼相望，因此双方也成了好邻居、好伙伴。

协会一直和韩国驻沪总领馆有着良好的合作关系，双方友好交流持续不断。我们一起共同举办过“中韩伉俪论坛”“中韩未来论坛和中韩媒体人士座谈会”“中韩文化交流上海论坛”，等等，每年还坚持举办以在青年中加强

▲ 2015年上海中韩未来论坛暨媒体界人士座谈会

历史教育，传承中韩文化为主题的“中韩青春远征队”活动，为增进两国青年之间的相互了解和友谊，起到了积极的作用。

2022 年 8 月是中韩建交 30 周年，2021 年和 2022 年又是中韩两国领导人确定的中韩文化交流年。为此，协会和韩国领馆合作举办了“中韩音乐交流之夜”交响音乐会、“中韩美术交流展”暨“中韩文化体验活动”。

在这里，我与大家分享亲历的这两件事。

“中韩音乐交流之夜”交响音乐会

7 月的上海，依然热浪滚滚。此时，位于上海复兴中路 1380 号上海交响乐团音乐厅内，人头攒动、热气腾腾。2021 年“中韩音乐交流之夜”交响音乐会，正在这座由世界级大师矶崎新和丰田泰久领衔设计的音乐大厅举行。这次音乐会是迎接中韩建交三十周年和中韩文化年的重要活动之一，由协会和韩国领馆合作共同举办。协会部分理事、会员，在沪韩国侨民等，超过 700 名观众出席活动。

当时，上海正是疫情防控期间，市里对一些文化娱乐场所疫情防控有一定的要求，不时传来哪个活动准备好了却因疫情关系被临时取消等消息。音乐会演出的那天，我们和韩国领馆工作人员一边做各项准备，一边也是胆战心惊，生怕出现类似情况，前功尽弃。经过数周的准备，包括场地安排、演出团队和演出节目的落实、观众的邀请以及需要办的一切报批手续等一一尘埃落定，没有出现意外，大家深深吐了口气，祝愿活动如期举行。

不料，演出当天，又出了意外。确定参加开幕式的周汉民会长，下午乘飞机从北京赶回，此时，上海气象台预报虹桥机场区域有雷暴雨。周会长乘坐的航班会不会受影响？领导能不能准时到达参加开幕式？大家的心一下子又悬了起来。到下午开幕前收到短信，周会长乘坐的航班已准时降落虹桥机场，这时，大家悬着的心才放了下来。

音乐会开始之前，准时赶到的周汉民会长会见了韩国驻上海总领事金胜镐，双方分别在演出前致辞。周汉民会长在致辞中说，中韩两国毗邻而居，中韩人缘相亲、文脉相通，开展人文交流具有得天独厚的优势。如果说双方经济、经贸合作是推动两国关系发展的压舱石，那么文化交流则是促进两国关系发展、加强民间交流沟通的助推器。“中韩音乐交流之夜”音乐会，既是中韩文化交流之夜，也是见证中韩两国人民友好的友谊之夜。

为了表达对上海观众的热情，金胜镐总领事用不太流利的汉语致辞，他说，韩中两国要真正拉近国与国之间的关系，关键在于“民心相通”，希望用音乐使韩中两国人民心与心相连，手与手相牵，成为携手向前的亲密伙伴。

《月亮代表我的心》《良宵》《故乡之春》《美丽的国家》等一首首耳熟能详的中韩曲子，使大家在美妙的旋律声中度过了难忘的夜晚。

中韩美术交流和中韩文化体验

2022年8月24日，中韩美术交流展暨中韩文化体验活动分别在宝龙美术馆和万象城广场先后拉开帷幕。

这次中韩美术交流展参展作品100多幅，有韩国旅华水墨画大师闵庚灿的50幅作品，还有由中韩书法家、美术家创作的53幅作品，其中有大韩民国第五代国玺印文制作人权昌伦先生的《风雨同舟》、大韩民国非物质文化遗产第141号金景浩写经匠的《莲花朝夕图》、电影《美人图》的主演金奎吏的《缘分》等。中国作品有：上海书法家协会主席丁申阳的《壬寅春日抗疫有感》、汤兆基的《瑞旭图》、冯祥云的《灵山多秀色》、洪健的《周公馆》等。展品内涵丰富、内容积极向上，既有对中韩历史文化的传承，又有客观反映时代特征和对社会生活的美好向往。很多作品凸显了作者深厚的文化底蕴、对艺术的理解和造诣，其纯熟的艺术手法非一日之功力。

▲ 周汉民会长与金胜镐总领事为“2022 中韩文化体验活动”剪彩

活动当天，老天非常帮忙，上海正好告别连续多日的高温，为参加活动的人员带来了丝丝凉意和舒适。市政协副主席、协会会长周汉民，市政协外委会主任李文辉，协会副会长闵师林、道书明，韩国驻沪总领事金胜镐等为两场活动分别剪彩。开幕式上，中韩双方艺术家们表演了传统特色的舞蹈、演奏、旗袍秀等精彩节目，仪式结束后，嘉宾们在宝龙美术馆参观了中韩美术交流展。

在万象城广场举行的中韩文化体验活动上，周汉民会长和金胜镐总领事驻足每个摊位，仔细参观和体验中韩不同的文化项目。文化引客来，5 天活动期间，万象城广场人声鼎沸，热闹非凡，出现了疫情过后久违的热闹景象，日平均访客 15—20 万人次，前来参与体验的人数达 2 万人次，不少人冒着酷暑从其他区赶来，大家亲身体验到了韩纸灯制作、扇面手写韩文、打画片、掷柶游戏、韩服试穿、焦糖饼试做等多彩多样的韩国文化，还体验了剪纸、泥塑、香囊等中国传统民俗文化。活动深受广大市民和在沪韩国侨民的欢迎，通过两国国民相互体验彼此的文化，进一步增进两国之间的友好感情。

周汉民表示，中韩山水相连、唇齿相依，是离不开的近邻，分不开的伙伴。两国有着休戚与共的安全环境，有着相互融合的产业循环，更有着日益紧密的文化联系。用中韩文化展示来寄予对中韩关系未来发展的期待，以文化人、和美与共，是一次十分有意义的活动。

金胜镐在致辞中也表示，韩中两国隔海相望，一衣带水，有着数千年文化交流历史，韩中两国是“搬不走的永久近邻”。两国关系要更加稳固、更加长久，就要努力做到民相亲、心相通，文化交流是促成民心相通的真正利器。无论国际形势、经济环境发生多么剧烈的变化，只有真正立足于人文交流，两国关系才能做到互通有无、情真意切。

张瑛，上海公共外交协会副秘书长。曾任上海市人民政府外事办公室领事处处长。

坦诚守信是成功合作的基石

管维镛

我在担任市政协副秘书长时，接触了公共外交。现在，我在上海工业经济联合会担任会长，怎么做好经济交流中的公共外交，我在对过往改革开放后的经济实践思考时有一些体会，在此和读者分享。

那是上世纪90年代初，上海迎来新一轮改革开放的高潮，外商纷至沓来。他们对中国市场和产业发展前景寄予厚望，期待在中国市场获得利益的同时，又担心法治不全、政策多变会对企业带来损失，当时我正在国企担任厂长，为结合企业产业结构调整和产业链拓展招商引资。在创办合资企业的过程中，我深切感受到与外商坦诚交流、寻找共识、互惠守信是合作成功的基石。

坦诚互信孕育合资新项目

当年，我与比利时优美科集团洽谈合资建厂事宜，优美科是世界五百强企业，又是一家历史悠久的全球材料科技企业。与这样的老牌高科技企业洽谈合作，可以说既是一件兴奋的事，也是一件艰难的事。虽然之前我也成功地创办了几家合资企业，但与优美科的交流合作过程中，感悟最深。在确定与我厂合作前，他们首先在中国市场收集了63件我们的钴产品的样品，以确认我们在这一产品上的最优供应商地位。同期，他们提前安排人员前往复旦大学学习中文。可以说，优美科集团为与我厂进行合资，进而进入中国市场是做了充分准备的。在双方的共同努力下，合资建厂事宜顺利推进，但在合资文本条款谈判的过程中出现了波折，分歧的解决时至今日仍让我记忆犹新。

优美科集团当时委托了中国香港地区的律师与比利时总部技术专家共同起草了合资文本，在与我方律师经过多轮协商后，文本最后一条即合资公司仲裁地确认上，双方始终无法达成一致。外方坚持将仲裁地放在瑞典斯德哥尔摩，我方根据前几次与外商合资的经验和惯例，坚持上海为仲裁地。他们认为，成立的合资公司将是中国法人，并受中国法律管辖，如仲裁地也放在中国，对他们来说有失公平。我在仔细研究了合资文本的条款后，也向外方指出，既然文本规定了中英文同等有效，而斯德哥尔摩不能接受中文文本，那显然对我们中方也是不公平的。外方虽然接受了我的质疑，但也始终不让步仲裁地放在中国境内的各项提议，眼看合作可能中止。

但这是一个完全有益于双方的合作项目，我们看到，在反复的磋商、交流过程中，大家都抱着最大的合作诚意，在满足各自诉求的前提下，以彼此间的互谅互信寻找共识，最后达成了一致。双方同意将合资公司仲裁地放在新加坡。实际上双方合作至今，合资企业已经成立28年，从未发生一起仲裁事件。

合资企业成立后的第一个新年恰逢中国农历鼠年，比利时方面知道中国

中方授予比方▶
总经理荣誉职工仪式

的农历生肖习俗后，特意用该国闻名世界的水晶工艺制作了中国鼠年工艺品，将它有“比利时名片”之称的巧克力作为新春礼物赠送给各方嘉宾。中方则授予了合资企业外方总经理为上海九凌公司的荣誉职工。这既是双方互信，也是中外文化交融的生动体现。

后来，随着合作的进一步深入，外方负责人还向我透露，其实优美科集团计划在上海投资兴办企业时，集团内部也有不同意见，害怕中国的对外开放政策和营商环境未来是否会有变化而使企业受到损失。为规避上述风险，集团还特意在美国为合资企业购买了一份数额不菲的投资保险。十多年后，我已在市政协工作，优美科集团董事长来市政协看望我时说：“管先生，看到现在我们合作如此愉快、企业效益良好，看来我们到上海与你们合作兴办企业的决策是正确的。”我不禁感慨，有时外商对于我们国家的观瞻和信心也许就源于和他接触、合作的中国企业甚至是个人的举措。我也强烈地感悟到，公共外交在于每一家企业、每一个个人，虽然中外文化迥异，政治制度、经济发展情况也不尽相同，但大家只要以务实的态度坦诚交流，定能找到最大的公约数，找到合作共赢的基点。

严谨守信谋得发展持续性

我们和优美科集团合作的第二个项目是生产无汞电池的锌粉。这项技术在中国是空白，而国际上已规定到 21 世纪初，将在全世界禁止含汞电池的生产、销售。中国作为世界上电池最大生产国和出口国，亟待解决这一技术难题。

第一个项目合作良好，外方也看好中国的市场前景，他们表示可以无偿提供技术，不收取专利使用费，但必须先签署保密协议，我欣然接受了外方的要求，在保密协议上签了字。不久，外方反馈，保密协议不能仅在文本最后签字，必须逐页签署，并强调优美科集团董事长也是逐页签字。最

锌粉项目奠基仪式 ▶

后，我接受了外方意见，在厚厚的保密协议上郑重地逐页签字。这虽然是一个细节，但也能见微知著地反映出外方的严谨态度和信守承诺的契约精神的看重。

外方的严谨还体现在其他方面。让我印象尤深的是，制造无汞电池根据需要须将锌锭熔化，工艺上规定是将锌锭整体熔化，而购入的锌锭重达 100 公斤，工人操作起来费力又不方便。中方技术人员建议将锌锭切割成几段后投入炉中，但外方坚持认为工艺规定无法改变。我们经分析后认为，切割后熔化对产品质量没有影响。为避免无谓争论，我建议启动工会组织从劳动保护角度提出建议程序，在当年董事会召开前，我请工会主席来报告上述事项。按规定，外方对工会提出的建议必须给出回复，他们也的确非常重视工会提出的建议，经过论证后，最终外方更改了工艺流程，降低了劳动强度，提高了工作效率，这一问题也在双方约定的框架内得到了圆满解决。

还有一件事也能充分显示出外方的严谨。合资公司成立后，优美科集团请来专业公司对工厂的土地进行取样、检测、封存，以备将来可能面临的有关土地污染的纠纷。我认为这些事例放在当下对我们国家“走出去”的企业也有很强的借鉴意义，像优美科集团这样世界知名的跨国企业对于制度的遵守、环保的重视和完善的自我保护措施都是点点滴滴落在实处的，许多经验是值得我们中国企业学习的。

28年过去了，中方始终恪守着当年签署保密协议时的承诺，没有将技术外泄，目前仍正常运营的工厂还一直保持着“上海市高新技术企业”和“上海市外商投资先进技术企业”的称号。双方严格按规则办事，这无疑就为双方长期、健康的合作奠定了坚实基础。

时过境迁，如今中国和世界都发生着深刻的变化。当年我在企业负责与外商进行合资合作时秉承的“坦诚守信”的原则，我想，在今天中国步入新时代、正在推进高水平对外开放的新征程上依然是有借鉴意义的。

“坦诚守信”不仅是为商之道，也是全人类都认可的一种价值理念。

管维镛，上海工业经济联合会会长，上海公共外交协会会员。曾任上海市政协副秘书长兼办公厅主任，上海市虹口区政协主席。

迎接挑战，坚持“一带一路”

童继生

在大变局下如何坚持不懈走“一带一路”？我觉得要回答这个题目，在实践中要认清两个挑战。

第一个挑战，就是来自外部的挑战。比如说，中国提出“一带一路”倡议，这个倡议从政治、经济、社会、民生来看，都是正面的。但是国际社会认知一分为三,一部分认识是正确的；第二部分是误解；第三部分险恶、歪曲、抵制。如果我们企业在走出去过程当中，对来自外部的挑战分析不足，就一拍胸脯一闭眼睛走出去，肯定“死”定了。因为对“一带一路”国家不同的认知，做法是不一样的。

▲ 在中国企业走进“一带一路”研讨会上发言

第二个挑战，是来自自身的。我们国内企业长期以来习惯本地作战、自力更生、自我成长，而不习惯于走出去。在“一带一路”上发展自己，我们企业的发展习惯于把自己的利润积攒下来，利润的一部分拿出来再发展，我们不善于并购兼并。我们很多企业，不管民企还是国企，只习惯于生产经营一条腿走路，而不习惯于生产经营＋资本经营两条腿走路。这有两个方面：一个是怕输，我是地方民营企业或是国有企业，没有出去过；第二个就是出去以后人生地不熟，不知道怎么做。

面对这两个挑战，如果你事先不谋定、不策划好，走出去肯定是失败的；如果不分析清楚，而只是盲目地拍脑袋，做敢死队，相信政府是不需要你这样的敢死队去无谓牺牲的。

我觉得，要在坚持不懈“一带一路”的实践中有所作为，必须要认识三个阶段，或者说是三个步骤。

第一，就是要从心理上、思想上认识“一带一路”对中国企业是一个极大的发展机遇。“一带一路”沿线有65个国家，人口占世界60%，GDP占世界30%。也就是说，这个市场有40多亿人。我是做纺织的，我跟“三枪”说，“三枪”在中国境内的竞争对象有日本的优衣库，还有其他一大堆同类产品品牌，“三枪”在中国市场20多年销量占到15%左右，已经很不错了，但发展碰到瓶颈。那为什么不把“三枪”的内衣（上海人说棉毛衫、棉毛裤；北京人说秋衣、秋裤）拿到亚非拉那边去呢？那边没有那么多空调，如果40亿人中的10%买“三枪”，销量就比国内翻两番了。

企业在思想上心理上要有认知，“一带一路”是企业发展的广阔天地。不要怕，只要研究得深一点，操作性强一点，就不用怕。我们“三枪”跨境电商，销往全世界26个国家和地区。谁买我们的产品最多？美国人买的最多。

2020年开始，因为疫情没有办法线下做生意，只能线上去做，做跨境电商。到2021年，“三枪”内衣跨境销售达到了2 000多万，而线下大卖场和门店销售“三枪”，一个月卖10万都算是多的，不少还亏损。世界这么大的天地，我认为必须走出去。中国企业要生存发展，要高质量发展，必须学会真正地在国际大市场平台上打比赛，老在自己的圈子里面兜兜转转肯定不行。

解决了心理障碍之后，第二个认知就是怎么样起步。在“一带一路”国家进口什么东西、出口什么东西要想想清楚。到外面是做贸易，还是做投资，还是综合联动，或者说是内外贸联动、进出口联动，外经外贸联动，都要做好万全的准备。

比如，我们上海最大的外贸公司——东方国际集团，我们集团没有飞机，也没有集装箱船，不具备跨国运输的能力，就动脑筋尝试搞了中欧班列。有关领导找到我，鼓励我们运作中欧班列，希望在当年进博会一个月前开始，进博会召开时要开回来。领导还交代，上海搞中欧班列必须走市场经济，没有补贴。我当时想，全国23个省市搞中欧班列都有补贴，我们连班列的火车头、车皮、火车集装箱在哪里，铁路站场、信号等全要素在哪里都不知道。但是，我们在极短的时间里发扬拼搏精神，40天搞定，还创造了全国中欧班列的第一：走市场化不依靠政府补贴并盈利的先例，第一个实现当月开出去、当月开回来。

其实，我们都经过了仔细的测算。中欧班列自开行以来，没有一分钱政府补贴，千方百计一个月开10次班列，不仅做得声名鹊起，还实现了盈利，上交上千万的税收。班列运费是船运的2/3，时间是船运的1/2，成本上具有竞争优势。我算过一笔大账，整个中国一年外贸进出口额30万亿，70%是航运、海运，10%是空运，剩下的20%就是铁路运输。所以铁路运输发展空间是非常大的。我们测算，如果中欧班列年开行达10 000列，将直接带动贸易增长2 000亿元人民币。

所以，企业怎么出去怎么进来，到底是做贸易还是搞投资，要综合思考。

第三，既然走出去了，怎样可持续发展，不能光打游击战，要打好阵地战、持久战。必须搞清楚，我们面临的全球性挑战有三种：一是到了友好国家，可以大刀阔斧、大胆进入；二是到了对我们有误解的国家，要通过你的行动、投资、为人，让他消除误解，欢迎你和支持你；三是到了歪曲抵制的不友好国家，要跟他斗智斗勇，分化瓦解，为我所用。

坚持不懈，全面推进“一带一路”倡议落地，对我们这样的企业，路是走不完的，天地非常宽广，收获不断丰硕。

童继生，东方国际（集团）有限公司党委书记、董事长，上海市政协常委。曾任上海公共外交协会理事。

在联合国的舞台上

滕俊杰

5 月的维也纳，春光明媚，雀鸣树长。

此刻，我正从庄重和欣喜中走出，回到下榻的酒店。多瑙河在左侧舒展地流淌，我的双眼，静静地目视着马路对面的联合国维也纳总部，复盘着刚刚过去的那些场景以及缘由相连的时间纵贯线。

2019 年 5 月 6 日 11 时，对我来说是人生中一个新的重要时刻，在意义特殊的联合国维也纳总部，我正式接受了联合国中文日首位“文化大使”的证书和铜牌。在授证现场，有中国常驻联合国维也纳总部特命全权大使王群先生、联合国新闻署主任马丁·内西尔基先生，以及联合国中文会会长、奥中文化交流协会会长等。我的几位正在维也纳艺术交流的好朋友廖昌永、李军先生共同见证了这一时刻。

2019 年 5 月，中国驻维也纳总部大使王群先生（右）、联合国工业和发展组织总干事李勇先生为滕俊杰颁发联合国中文日“文化大使”证书

对我来说，领受这份命名，是个颇为特别的殊荣，它是我人生中第一个正式的“大使”称号，而且还与联合国有关联。而这一切，源自于1年前，联合国维也纳总部中国外交使团和联合国中文会赋予我的一份重托的实现。

2017年底，我正带队在隆冬的上海远郊车墩影视基地搭建电影《贞观盛事》外景时，被电话催告有一封发自奥地利首都维也纳联合国总部中国外交使团和联合国中文会的专函，急急返回70多公里外的上海广播电视台办公室拆函细看，其主旨内容是正式邀请我担任半年后举办的第八届联合国中文日项目总导演。几乎同时，上海市外办也收到了同样的专函，给予了高度的重视和支持。面对这份实在遥远但又咫尺般清晰的信任和托付，自己既感慨，又觉得有些沉甸甸。

成立于第二次世界大战后的联合国，除纽约总部之外，在世界上还有另外三个规模庞大的官方标志性驻地，即以联合国工业发展组织、国际原子能机构、全面禁止核试验委员会等近20个机构为主的联合国维也纳总部；以负责全球裁军事务等多个机构为主的联合国日内瓦总部；以联合国人居署、环境规划署等多个机构为主的联合国内罗毕总部。十分凑巧，在我影视导演、记者的职业生涯中，都曾在前三个联合国的机构或采访或短期工作过。

2005年初，在联合国筹备成立60周年重大庆典之际，我被选为联合国五个常任理事国的五位导演之一，专赴大雪纷飞的联合国纽约总部工作一周，参与“联合国60年”大型纪录片的任务。为此项目，我有幸在纽约总部里三层、外三层几乎走了个遍，接触到了大量联合国的文案、视频档案，还专门研究、整理了中国著名建筑师梁思成核心参与的联合国纽约总部大楼主体设计的会议纪要、设计稿和大量照片。当时我正就读于复旦大学管理学院EMBA班，在年度大会上，我还被陆雄文院长请上台，专门介绍了这个项目的概况。

或许是自己担纲了上海世博会开、闭幕式总导演之后，联合国有关部门对我有了进一步的关注、了解，这也构成了这次信任和邀约的前提。

联合国中文日，自己多年前已有所闻。它创始于2010年，旨在弘扬世界上多种语言的运用和文化多样性，促进中文、英文、法文、俄文、西班牙文和阿拉伯文六种联合国正式官方语言之间的交流与平等使用。联合国规定这六种官方语言每年都有其纪念日，为期一周。每年一度的中文日时间通常定在中国农历二十四节气中的谷雨前后举行，以纪念“中华文字始祖”仓颉造字的伟大贡献。

联合国中文日的来龙去脉，让我对这一托付多了一份神圣感。无疑，自己目前的职业有一项核心使命，就是“中国故事的主讲者，中国文化的传播者、中国创新的实践者”。在这样一个有着120多个国家大使、4 000多名各国外交官和工作人员的联合国维也纳总部，策划、导演好年度中文日这一重大项目，正是在世界的中心舞台集中讲述中国故事、传播中国文化、将中国文化“走出去”真正成为走进主流人群、主流场所、主流媒体的极佳契机。

只是，这个总导演具体如何担当？如何用远见超越未见？如何将中国故事这个最大的文化变量化作向世界表达中国的最大文化增量，从而打动那些智商高、见多识广的各国外交官？如何针对语言、文字、宗教、思维方式、意识形态等不同而秉持真诚、富有弹性的创新筹划？如何从文明互鉴的角度，与各种文化美美与共地交流？总之，如何运筹帷幄、决胜于千里之外，在异质空间的特定性文化传播中，精准析条、细分张弛、跃层提升？一系列实实在在的问号，令我难以淡定。

一月的冬季连降几次冷空气，但一人独处、冥思苦想的我，常常被一个个蹦出来的创意火花激发得热血沸腾，在一次次“热运转”的长考中，不时自我设问、举一反三、求得感念。我逐一把自己30多年来在巴黎、纽约、洛杉矶、伦敦、悉尼、多伦多、温哥华、东京、大阪、汉堡、约翰内斯堡、布达佩斯、日内瓦、开罗做过的系列国家外交、外宣项目统统列出，端详一番，随后，全部先放置一边，力求从一个个单体项目中跳出，触类旁通至新的创意顿悟的灵光乍现。我也详细研究了前七届中文日的内容和表现方式，深知要有“质的突破”很难，但“我的出现不就是为了冲开以往定势”的吗？如此思忖，我的创新神经愈发强悍、愈发执念，潜意识中对在联合国维也纳总部这个重要舞台上的创意表达和美学追求，渐渐有了底。我默默地写下了四个“以”字，即以中华文化立体展示为主干，以中国改革开放40年和平发展成就为硬核，以今天中国人崭新的精神容颜为图谱，以东方美学、和谐互动为姿态。五千年文明与当代中国有机链接，经典精品与多元时尚效应对接，真实视听与体验互动无缝衔接，最终形成了由数个精选项目集聚赋能的三个字：“组合拳”。

在我写定的这套策划方案中，“组合拳”共分三大类、十个项目，经导演组和有关专家精细化推演、论证后“横空出世”，立即赢得了中国外交使团、联合国新闻署、联合国中文会及联合国其他关联机构的一致同意。

这套以“文化自信”为底色的“组合拳”共分三大类，可概括为源头、重头、拳头。

第一大类：中国传统文化四大代表类

作为史学界、文化界的共识，上溯中华文化历史长河，从源头而言，有以下五类为典型代表，即汉字、武术、中医药、戏曲、中华饮食。作为联合国中文日的本原诉求，我关注初心源头，聚焦了前四项内容为第一大类。具体构划为：中国书法、美术大展；“中华武魂”展示、展演；国剧最新3D全景声电影展影；中医药大师、大作纪录片展播。

汉字，被誉为中华文化的鼻祖，仓颉造字、谷雨、联合国中文日的时间选定，均与此有关。因此开宗明义，以汉字为表现形式的中国书法展览是不可或缺的。我和专家们决定选取中华书法艺术最高奖“兰亭奖”获奖者、98岁高龄的著名书法家高式雄先生的书法作品前往展览。作为一代大师，高老先生闻之，甚为欣喜，还让我们带去了他的新作赠予联合国和中国大使馆。

各国外交官们通过目录介绍了解了高老先生执着艺术的一生，在气息清峻、力透纸背的汉字书法中，见字如面，感受到了中国汉字一字见心的共情力、生命力；在墨韵四溢的观览中，想象着“98高人”挥墨收放之间的顺适坦荡、行云流水、苍劲魂魄。

中华创世神话是一个伟大的宝藏，是中国人的精神图腾，勘与古希腊神话相媲美。由此，我选定了中华艺术宫的《中华创世神话美术作品展》。它是上海近年来分量很重，开创性、艺术性、学术性俱佳的一项文化成果。

具体负责此项目的是上海市文联主席、中国美术家协会副主席、著名画家施大畏先生。一个个令人起敬的神话故事，一幅幅银钩铁锋、细腻冷拔的画作，展出效果十分喜人，引出的讨论话题更出乎意料的好，它从感性和理性双维度，拓展了世界对中国文化泉脉根源的了解，进而深思、理悟。

以中国功夫为标志的“中华武魂”展示、展演，是专为SMG广播中心特设的。此次，站在联合国维也纳总部的中心舞台上，那些“世界之最”的金奖运动员们可谓风光无限，举手投足间，经典诠释着中国武术“手、眼、身、法、步”，“精、神、气、力、功”，时而似雄浑苍劲的边塞诗内劲厚重，时而又似情韧柔软的唐诗宋词中人间四月天般的绵长飘逸，在各国外交官的无数次注目中，他们呵护吐纳、风生水起、气贯周身地表达着延绵千年的文化蕴涵。观众席上兴趣十足的男女外交官以及在欧洲系统学习中华武术的外国小伙、姑娘数十人轮番上台学招、授课、献技，凸显了中华武术在欧洲传扬的真实一面。

中华戏曲素有中国文化“活字典”之称。以国剧京剧为代表，近年来“国家京剧电影工程”成为中国文化“走出去”的一张新名片。我们做了一个叠加，将最新出品、拍摄，在国内外屡屡获奖的3D全景声京剧电影《霸王别姬》《萧何月下追韩信》的放映与中国京剧一线主演尚长荣、陈少云、史依弘现场实体表演相联袂，“两门抱”的精心推出，将一个个中国国粹文化的完整“苹果”直接交给受众“品尝”，原味浓度的“维生素C”也就全

◀2018 年 5 月，滕俊杰导演的 3D 全景声京剧电影《霸王别姬》《萧何月下追韩信》在奥地利首都维也纳联合国总部举行隆重的首映仪式

在其中了。

源自中国 2 000 多年前战国至秦汉时期的《黄帝内经》《神农本草经》等中医学理论和一代代人的实践，构建了中华医学的伟大宝库，也理所当然进入我的视线，成为本次中文日又一个浓墨重彩的项目。

各国外交官中，不少人对中医、中药充满着好奇和探究欲。中国著名科学家屠呦呦大夫获诺贝尔医学奖后，国际社会的关注度更是递增。还有的外交官则直接寄希望于中医、中药能养生或治愈其疾，心情虔诚。这次，我们以当代著名中医大师、原上海中医药大学校长、上海市中医药研究院院长严世芸教授的《医道 · 严世芸》《本草中药》等大型纪录片作定时重点介绍、播放，展示当代中医中药领军代表、最新科研和临床成果，观看者无数，备受追捧。

第二大类：当代中国文化表达类

这是创意策划的主体诉求，是我的“重头”。我们充分运用在联合国维也纳总部中央大厅的一周时间，设计、搭建了一个超大超高清大屏幕，每天上午 9 点到傍晚 17 点有节奏地播放中国改革开放 40 年大型系列纪录片、共建“人类命运共同体”为主题的“一带一路”“海上丝绸之路”系列专题片、《航拍中国》、《航拍上海》、中国第一部 8K 城市形象片《YES，上海》、上海浦东最新形象片，以及迎接第一届中国上海进口博览会形象片等信息量丰富、殷实的内容。

我们按照一个电视台的专业编播要求，由东方卫视、技术中心和广电制作中心等专业团队系统排片、精准播放，直观的信息、优质的影像、真实的视听，当代的节奏和多语种表达，让数千名各国外交官以及几十批次多国参会代表团每天进出的这条主干道及放射状通向各幢大楼的中央大厅，变成了一个“天天相遇”的夺人眼球的巨型空间。很多外交官在大屏幕前驻足观看。他们直接看到了中国的博大精深，感知到了中国人民的勤奋好客，目睹了中国改革开放 40 年的客观成就，触摸到了今天中国为“共建人类命运共同体”的真诚付出和贡献，也一次次发现了精良、精彩的上海城市景观和品质。许多外交官即兴在现场跟我们交谈感受，并直接咨询去中国度假旅游的最佳时间表和线路图。不少人用手机对着大屏幕内容录制一段又一段喜欢的视频。

紧挨着屏幕，设计安排一个大幅摄影作品展区，不少人会在动静调节的自然需求下近距离观察、安静端详。为此，我们顺势开辟了“魅力上海”大型当代摄影展。展出由上海市政府新闻办公室指导、支持的 35 幅超大型摄影佳作，将一个拥有巨大创造能量和勃勃生机的最新上海袒露无遗，让刚刚从动态十足的大屏幕上收回视线的一双双眼睛又先后静静地定格在一幅幅凝固的光影瞬间中，让了解或不太了解上海的各国外交官久久驻足。有的对着心仪的画面一一翻拍，说是要做成手机、电脑的屏保，或者上网传播。

与此同时，我们运用大屏幕不断预告：一号楼七楼联合国新闻署多功能厅每天中午排片播放《我们诞生在中国》等中外合拍影片，匆匆用完午餐的部分外交官们，结伴到来欣赏，对大熊猫、金丝猴、藏羚羊、雪豹等中国独有的珍稀动物深深着迷，流连忘返。

在未来已来的今天，我还对现代科技成色格外敏感，请技术中心专门从上海带了 10 套最新的 VR 设备，供外交官观看由 SMG 幻维数码公司等制作的中国第一部城市 VR-MV《我们的上海》和《星空》等多部作品。对新兴科技如 VR、AR 技术，大多数外交官只闻其声，却并未谋面。因此，用 VR 看今天的上海、今天的中国成了新鲜、时髦的事儿。每天的 VR 专区成了最热闹的“打卡地”之一，观者犹如一下子扑入了 720 度的实景中，上下左右前后不停地观赏着、寻找着、发现着，在一阵阵惊讶声中，洋溢出独特的满足感。有一天中午，现场来了 30 多位各国外交官的孩子们，充满好奇心和娴熟 3D 游戏的小朋友们在 VR 专区如鱼得水，前前后后足足体验了一个多小时。我想，这样的文化传播方式值得回味，这些 VR 中的中国和上海，全方位直观、时尚、浸润式的 VR 效果感知，带给孩子们的印记难以磨灭。

第三大类：经典仪式、艺术表演、大型讲座类

我做完整体策划方案后，曾率队考察了联合国维也纳总部现场。因为对其中几个重中之重的核心场地心中还没数，需眼见为实，也便于夯实前期准备。场地选择的宗旨是突出联合国总部所在地。

对于开幕式暨庆典演出，在反复比较了中央大厅和报告厅后，我从视听效果等多种因素考虑，选择了前者。由于专场音乐会追求超高的音效，我查看了维也纳世界博物馆这座始建于 1275 年的巴洛克式建筑后也同意了。

关于大型文化讲座，我觉得中文日要有深层次拓展，用生动、准确的演讲以及互动演示赋能中国故事、中国艺术入脑入心是必须做的。记得当时让我考察了好几个楼层的多个会议室，都不满意。联合国的陪同人员问我在找什么，我说要找一个最典型、最重要的会议室。我的理由很充分：只要与重大国际会议不冲突，联合国会议室是中国国粹京剧大型讲座首选之地，尚

长荣、陈少云、史依弘这些中国之最的大艺术家配得上这个格；中国当代服饰的杰出代表之一——上海海派旗袍的文化价值也同理。最终，我的这一设想被联合国方面正式批准。有人说："以前我们不敢这样想，您一来，怎么越搞越大，而且都搞定了。"我马上纠正："非我本事，是中文日的重要性使然，是真正的中国文化经典价值所致。"

据我所知，每年的联合国中文日开幕式是毋容置疑的重中之重，因为除了庄重的国际多边外交场合所特有的浓浓仪式感、云集的各国大使和外交官最多等因素之外，它还是联合国内外各大媒体竞相报道最集中的场景。它是考验创意、文化品性、传播效果的试金石。

创意策划时，我从中华文化符号的特征性、视听形象的独特性和意蕴表达的深刻性等多重因素中获得顿悟，在上海精心创意、设计并制作了一个长1.2米、象征中华民族吉祥意寓的"如意"发光装置，千里迢迢、完好无损地带到了维也纳。这样，开幕式现场出现了一款高贵而神圣的大型中国"如意"，它在全场的倒计时声中被瞬间点亮，赢得满堂喝彩。不少外交官们打探、解读其内涵的寓意、津津乐道。

开幕式演出参演的全是世界金奖、中国之冠的艺术家代表，节目层层递进的表现方式，恰似展开的一幅华夏大地从古至今特别是改革开放40年来日新月异的"中国美丽江山图"，它将我们要说的、要显现的真情实感和超高的艺术水准都表达出来了。几位结伴而来的英国外交官感言："这个开幕式演出的水准之高，怎么评价都不过分。"丹麦驻联合国大使莉丝特罗女士说："整个中文日的开幕式和演出的整体构成给我留下了深刻的印象，内容之丰富，水平之高，体现了中国文化的迷人之处。"俄罗斯驻联合国大使米哈伊尔先生也热情表达道："大屏幕上播放的关于中国、关于上海的电视片，让人印象深刻，所有的中国艺术家和演员都展现了卓越的才华，作为俄罗斯人、外交官，我祝贺中文日的成功，祝福中国人民越来越好。"

有着"音乐之都"美称的维也纳是全球顶尖音乐家、音乐团体聚集的地方之一，这里的观众也是世界上水平最高、又最挑剔的之一。如何赢得他们，我清楚：一靠真正的艺术实力，二靠创新的出其不意，三靠天衣无缝的执行力。

音乐会排出了堪称一流的拔尖阵容。廖昌永、黄英的独唱、两重唱，孙韵迪的钢琴独奏，尚长荣、陈少云大师巅峰对决的联袂演唱，史依弘的《梨花颂》，马晓辉的二胡独奏，中国太极金奖姐妹花等，这一切都让满场贵宾充满期待、陶醉，而穿插其中的上海海派旗袍表演队，在音乐声中从观众席婀娜上场的款款风姿，“让充满古典主义风格的欧式宫殿融进了东方的浪漫和时尚气息，美不胜收”。

我曾写下一个关键词：“让平行时空的艺术经典交融。”除了东方太极、东方服饰与西方古典建筑相融之外，我还埋下了一个“梗”，用音乐的方式创新表达中国外交的一个崭新主张：共建新时期“一带一路”。我想到了被誉为中国歌剧的京剧艺术，又想到了意大利的歌剧艺术，我仿佛看到了从古丝绸之路的起点中国到终点意大利之间一根绵长、飘逸的七彩丝带飞过欧亚大陆，越过千山万水，在浩瀚的时空中柔韧不断地优雅舞动。

此节目作为压轴上场了，先是京剧名家史依弘韵味十足地唱起了梅派京剧的代表作《梨花颂》，深谐含蓄、空灵之美的第一段唱完，还在惊艳全场的热烈掌声中，突然，著名男中音歌唱家廖昌永破天荒地开口接唱起京剧《梨花颂》的第二段，紧接着，著名女高音歌唱家黄英也平生第一次以京剧接唱了《梨花颂》的第三段。这独特反串、字正腔圆的中和之美，极速叠加、升值了国剧的视听冲击力和圈粉数，两位美声歌唱家对京韵京腔的拿捏恰到好处，一下子惊到了在场的各国外交官和奥地利的宾客，掌声如雷般滚动。现场创意还在继续，紧接着廖昌永和黄英唱起了意大利名曲《今夜无人入眠》，梅派大青衣史依弘则进一步反串意大利美声唱法，优雅地加入其中，著名的两重唱变成了三重唱，这是现场所有来宾从未看到、听到过的演唱场景，三位中国顶尖艺术家立体交叉、双重反串、高水准反转献唱，这种中西方艺术的倾情交互和激荡，既经典又通融，让宾客们一下子明白了“一带一路”这个情理之中的创作喻意，对这个表演难度和艺术跨度、音域动态幅度都非常大的创新举措给予了“疯狂的认可”，掌声爆棚。此节目不日上了互联网热搜，被喜爱的网民们几何级转发，转发量迅速窜上了 10 万 +，一跃成为网红。

我始终认为，中国文化的国际传播，是一个追求对方需求认同，为对方解疑释惑，形成彼此内心认可、愉悦，进而产生情感共振的行为过程，使不同文化、语言、宗教等背景的人们，产生内生的探求欲望和兴趣，从而愿意走近你、亲近你。

作为一种赞许，联合国维也纳总部正式答复同意在其大型国际会议厅举办中国文化讲座，主讲中国京剧艺术、中国上海海派旗袍文化。这几天众多的外交官对中国京剧艺术和上海旗袍着迷，我们打破单一演出的惯例思路，趁热打铁，生动普及主题 ABC，近距离教学、互动，美美与共。

这两个下午，我是忙碌的，因为这项令人瞩目的、独特的讲座已成为总导演工作的“压舱石”。上海京剧院时任院长单跃进的京剧概论，尚长荣、陈少云、史依弘三位堪称京剧“天团”艺术家组合的主讲、示范带教，还有上海京剧院优秀青年演员田慧、杨东虎全套行头的京剧折子表演，中国国剧的魅力、中国人的精神家园，在两个小时的演讲和问答中充分展开，惟妙惟肖。近两百位听众中，有联合国高官及夫人，有不同肤色的各国年轻外交官，有前几天上舞台大胆学戏拜师的“老外”朋友，还有从邻国捷克赶来的“京剧迷”。现场的高级翻译累得不行，阵阵掌声给了她极大的鼓励。两位坐在后排的巴西、阿根廷青年外交官，原先只是路过会议厅门口，被阵阵东方音韵所吸引，一坐下来就听到了结束。

我也担纲了一个版块的讲座课程，作了《京剧为本、电影为用主旨下的蒙太奇艺术再造》演讲。以“尊古不泥古、创新不失宗”为钥匙，尝试开启当代京剧电影创作之门，精心释放为国粹京剧电影《臻秘至香》而做的一些努力。那些刚看过 3D 全景声京剧电影的台下嘉宾听来兴趣盎然。

讲座最后，在有备而来的上海京剧院乐队的伴奏下，外交官们和特约嘉宾纷纷上台，向各位京剧名家学演唱、学身段，将致敬、学习中国京剧的“一堂好课”，推向了我所向往的其乐融融、美不胜收的最高潮。

隔天下午的上海海派旗袍文化讲座，在张丽丽创始会长和饶清会长等的带领下，专家们将海派旗袍的地域特性、文化特征、女性特点一一道来，将海派旗袍追求的东方礼仪、修炼、涵养，以图文并茂和现场演示的方式作了表述，让现场的女外交官们听得入神，纷纷提出要现场定制上海出品的旗袍，那些听讲座的男外交官们，也纷纷为夫人或女友预定了款式。联合国维也纳总部妇女委员会主席卡拉帕娜夫人说：“这样的旗袍表演和讲座，打动了许多外交官们。这几天我天天穿着上海旗袍，我为此而高兴、自信。”

以链接、对接、衔接三个“接”赋能的“源头、重头、拳头”，形成了中华文化三位一体的厚实、三维表达的诚实，三思而行的扎实，不经意中创下了三项纪录：被誉为联合国中文日有史以来最精彩的一次，被评价为联合国总部有史以来文化展示最丰富的一次，也是观看的各国大使和外交官人数最多的一次。

这一周中，我天天在现场，一方面，是为指挥十个项目的具体呈现，确保质量的万无一失；另一方面，在我使馆的介绍下，多次与各国大使、各国外交官们接触、交谈。我理解，这就是公共外交的好机会，是值得重视、珍惜的“向世界表达中国”的真正平台。

由于格局通透，构成新颖，姿态亲和，创意叠加，使 2018 年联合国中文日的内容、规模有口皆碑，展现出了高水准和美誉度。作为联合国传播的第一大号，纽约联合国总部公众号为此特发专文，给予详细报道和高度赞赏。这意味着除了联合国所有国际机构外，世界各国的外交部也都收到了这一专文信息，覆盖率大大超过传统媒体。此外，另一个传播大号联合国工业发展组织公众号也专门发布了新闻，庞大的叠加效应将此次中国文化的系列活动传遍四方。CCTV、人民日报、新华社、光明日报、环球时报、上海东方卫视、东方广播中心、解放日报、文汇报、新民晚报、澎湃、今日头条、新浪、搜狐、腾讯等各大网站，凤凰卫视、奥地利电视台、南非电视台、伊朗电视台、欧洲华信传媒、欧洲时报、欧广联盟等各大媒体和机构都进行了大篇幅的多次新闻、专题报道。借用联合国新闻署主任马丁·内西尔基的话："中文日的项目内容，充分体现了联合国精神，显示了人们可以为了共同的追求而汇聚到一起的可贵价值。"

有道是："凡是过往，皆为序章"。眼下，我又应邀来到维也纳，接受了联合国中文日"文化大使"的称号。同时，也正式领受了联合国中文日十周年庆典暨纪念联合国成立 75 周年项目总导演的任命。我将再次打开中华文化的密码，开启新一轮"问道与表达"的跋涉……

（原文《在联合国的舞台上》曾获《上海纪实》电子刊第二届"永业杯"现实题材纪实文学大赛一等奖。本文系节选。）

滕俊杰，上海市文联副主席，上海电视艺术家协会主席，联合国中文日文化大使，上海公共外交协会会员。

彰显实力，方能站稳脚跟

方怀瑾

2021 年 9 月 1 日，以色列海法新港开港仪式举行，码头集装箱“第一箱”通过远程自动化操作顺利起吊。这是以色列 60 年来的第一个新码头，海法新港采用了中国企业“智慧港口”先进科技和管理经验，为“一带一路”合作画下浓墨重彩的一笔。

海法港位于以色列重要的港口城市——海法市，是以色列北部的交通和工业中心、地中海沿岸的铁路枢纽，在国际航运版图中占有重要地位，也是“一带一路”沿线重要的节点港口。项目计划分两期建设，码头岸线长度 805.5 米，年设计吞吐量为 106 万标准箱；二期码头岸线长度 715.7 米，年设计吞吐量为 80 万标准箱。

这个以色列 60 年来的首个新码头，是迄今为止地中海沿岸最先进、最绿色、建设速度最快和成本最节省的码头，采用全球最先进的港口技术，在自动化程度、作业效率、节能环保、客户服务等各方面都会给海法港，乃至整个以色列港口行业带来重大提升。同时，也将大大改变当地港口拥堵现状，为以色列及周边地区货物流通提供更加高效便捷的服务，推动上海港加强与“海上丝绸之路”各港口之间的业务联系，成为进出欧洲市场的重要贸易通道。

上海与海法合作由来已久、成果丰硕、潜力巨大。早在 1993 年，两地就结为友好城市，开展了形式多样的交流合作。2019 年，中以（上海）创新园建成，成为以色列创新企业连接中国市场的重要载体。上港集团以色列海法新港的开港，标志着双方合作进入了新的阶段。未来，两市将共同抓住“一带一路”建设机遇，进一步深化在经贸、科创、港口、人文等各领域的交流，不断助力提升中以关系。

正如以色列交通部部长梅拉芙·米哈埃利所说，这是一个历史性时刻，以色列海法新港的启动，打开了通往世界的新门户。感谢从上海带来的先进技术和设备以及项目管理运营经验，让载箱量超过 15 000 teu 的船舶第一次停泊在以色列海法新港，给以色列港口行业设定了一个很高的标准，我们将从中学习和改进。

回顾海法港的建设，作为参与者之一，我想讲三个故事和读者们分享。

我们是 2015 年开始介入以色列海法新港项目的，当初在介入时就有一个故事。

以色列交通部和以色列国家港务公司（IPC）2014 年就已经在全球进行招标，因为海法和上海是友好城市，我们是通过市外办得到的消息。市外办告诉我们两位市领导，希望上港集团参加海法新港的投标。

得到消息的时候，投标的截止日期已经很近了。后来，以色列将截止日期推迟了一个月，使我们有略为宽裕的时间得以参与投标。我们抓紧用一个多月的时间，做了相关项目调查，并递交了投标书。现在回过头看，虽然标书还不能说完全尽如人意，但不管怎样，我们拿下了这个项目。

和我们一起竞争的有几家欧洲和亚洲的大型港口运营公司。换句话说，

2018 年 4 月，与时任以色列经济与产业部长埃利·科亨

我们是在和世界一流的港口运营商竞争，最后，我们脱颖而出。在这个问题上，以色列人可不是单纯为了以中友好，而是出于其国家利益的考量，我们获得这么一个机会，完全是靠我们自身的实力。

第二个故事。上海和以色列海法市在 2018 年 7 月搞了一个重要的活动，时任上海市市长应勇和以色列海法市市长，共同见证以色列海法新港交由上港集团正式建设的合同签署。当时，按合同约定，海法新港建设周期为五年，也就是说，上港集团应该在 2023 年 7 月完成港口建设并开港。但实际上，海法港开港日期是 2021 年 9 月 1 日，整整提前了 22 个月。

开港前一个月，以色列公众媒体就开始关注海法新港。以色列交通部长、国家港口集团董事长和 CEO，多次接受以色列当地主要媒体的采访。他们三个人说了差不多同样的话："这是以色列 60 年一遇的大事。""这个码头是当今世界技术最先进、最环保、运作效率最高的码头，并且提前建成，还节省了投资，开创以色列重大基础设施建设的先例。"

以色列是发达国家，900 多万人，2021 年国民生产总值是 4 019.5 亿美元，人均 43 600 美元，比中国高 4 倍。但这样一个项目，对上港集团来说却是"搬不上台面"，项目总投资才 5 亿美元。而我们上海洋山港一个码头的投资就达到了 20 亿美元，对中国人来说，谈不上是什么惊天动地的大项目。以色列人却说是 60 年一遇的大事，从 20 世纪 60 年代初直到现在，以色列还没有这样大的基础设施项目投入建设和运营，如此这般重要，我们必须按百年大计建设好。

说是当今世界技术最先进、最环保、运作效率最高的码头，这个一点没错。记得 2018 年 8 月，我陪当时以色列交通部的 CEO 到上海洋山港四期参观。顺便说一下，以色列交通部长是随着政府换届要换人的，但有个人不换，就是交通部的 CEO，这才是真正管事的事务官。这位 CEO 是个女士，她还怀着孕。本来我们考虑照顾她的身体状况，只是在港区内兜一圈就结束，安排的时间不超过 40 分钟。但她看了以后，一定要坐下来跟我谈，第一句话就问我，你们这个码头，所有技术是不是你们自己的？我说，没错，从硬件到软件，从系统到设备，全部是我们自己的、我们中国人的，而且无论效率还是运作规模，都是全球第一。她说，你这个码头的技术是不是用在了海法的新港？我说是的。她的第三个问题：你明确告诉我，海法新港能不能早点开港？现在，这位女士提出的问题，已经全部变成了现实。

第三个故事。中国企业走出去，还面临着巨大的政治风险、经营风险和公共卫生风险。在建设过程中，上港集团也曾经遭受过干扰，但是，有国家作为我们的强大后盾，使我们顺利度过了这些难关。

2019 年，有个美国的政治人物访问以色列，海法新港也成了他的目标。他极力游说以色列政府，不能允许中国企业在以色列最重要的海军港口边上建码头。如果以色列不改变这个政策，不赶中国人回去，那就会影响美以之间的情报分享。他的理由是，中国人坐在这个地方，天天可以收集情报。此后，2020 年，又有一位美国高级官员到访以色列，再次明确提出，以色列人不能让中国人在海法建港口。

应该讲，全世界最聪明的就是两大民族，中华民族和犹太民族，以色列可不像有的国家愿意搬起石头砸自己的脚。他们拼命帮我们、配合我们，希望赶快把这个港口建成。当然，根据 2018 年以来我们双方签订的一系列补充合同的内容，如果因以方原因造成新港建设延误或停止，以方就要赔钱。结果就是这样，上海没有离开。开港那一天，因为疫情关系，现场有 300 多人，来的人当中有以色列政府部门的负责人、当地议员和市民代表。大家都在回答记者一个问题：这个码头开港运营以后，对以色列普通老百姓到底有什么好处？IPC 的人说，“这个港口运作效率超过我们其他的港口”。运作效率越高意味着物流成本越低，你到超市买东西就越便宜。就这么简单。

在海法新港的建设和运营中，上港集团为海法新港码头提供了全“中国芯”的解决方案，全部使用中国大脑、中国制造、中国品牌、中国标准、中国服务，核心系统是上港集团全自主研发的具有自主知识产权的智能自动化码头操作系统，将海法新港打造成为一个地中海东岸最先进的集装箱码头。2022 年作为海法新港第一个完整的运营年，完成吞吐量 44 万标箱，2023 年有望达到 70 万标箱。

上港集团以色列公司副总经理约阿夫·祖克曼曾在以色列政府部门工作多年。他表示，我们做梦也想不到像上港集团这样有如此先进技术的大公司会到以色列来，这对以色列经济来说是个巨大的利好。感谢上港集团的经验、技术和技能。

从社会层面看，新港对以色列海法的影响很大，反映出海法社会的多元化。从经济层面看，这是以色列的门户，新港内部提供了大约 100 个就业岗位，在外部也创造了成千上万个就业机会。海法新港的目标是要扩大对周边地区的辐射来增加业务量。通过合理、良性的竞争，降低物流成本，吸引货物运输转移过来，制造业也会留下来。

海法新港一期要达到 100 万箱，相信在未来一两年就能实现。上港集团以色列公司现有职工 100 多人，最大的困难是员工来自不同的种族，说着不同的语言，有着不同的文化背景，公共外交将起到积极作用。我们努力在企业营造多文化的交流氛围，所有的人都平等，按照企业的标准，渐渐地让大家接受现代化管理。

讲这几个故事，我得出的结论是："一带一路"是中国在新的历史时期为世界提供的一个发展机遇，是在造福全世界；同时，"一带一路"也关系中国自身的发展，关乎我们的国运。

方怀瑾，上海公共外交协会会员。曾任上海国际港务集团股份有限公司副总裁。

“公共外交译丛”付梓记

刘　芹

在国际环境风起云涌、公共外交方兴未艾之际，为更好开展公共外交的理论研究和实践活动，为国家总体外交服务，挖掘各方优势，加强多元合作，携手提升上海公共外交的实际成效，2020 年 9 月，上海理工大学与上海公共外交协会共同创建了上海公共外交研究院。上海公共外交协会会长周汉民兼任研究院理事长、上海理工大学党委书记吴坚勇兼任研究院院长。我以上海理工大学外语学院院长的身份，兼任该研究院副院长。

研究院成立了，它的宗旨和任务之一，就是要为国内的公共外交研究和实践提供理论支持。对于我们来说，公共外交是一个崭新的领域，由于国内缺乏该领域的学术著作，若想取得突破性进展，需引进并翻译国外权威性的、具有参考价值的公共外交研究著作，以便借他山之石攻玉。为此，根据领导及研究院理事会的要求，策划、翻译、编辑、出版“公共外交译丛”，并且争取在 3—5 年时间内推出 6—10 部译著，便作为一项重点任务放到了我们工作的议事日程之上。

研究院选择了上海人民出版社作为合作伙伴，明确研究院和出版社在原著选择、具体翻译、出版推广等方面发挥各自优势，确保打出品牌，形成社会效应。

原著遴选

经通过国家图书馆和上海图书馆进行信息检索，我们发现，国内目前存有的只有《21 世纪公共外交：政策和实践的比较研究》等少量译著。

前期，由出版社牵头，组织专家从公共外交理论、公共外交实践和公共外交史等方面进行作品书籍遴选，考虑到意识形态和知识产权保护等问题，他们最终推荐了 12 部作品作为备选书目。

研究院在组织人员仔细研读了 12 部作品的简介和推荐理由之后，遴选出 2 部理论书目《塑造国际舆论：国家品牌与公共外交》(以下简称《塑造国际舆论》) 和《公共外交：数字化时代全球参与的基础》(以下简称《公共外交》)；1 部实践书目《城市外交：当前趋势和未来展望》(以下简称《城市外交》)。

我们给出的选择理由是：《塑造国际舆论》一书与国家多次提出要讲好中国故事、增强国际传播能力建设这一战略目标高度契合；《公共外交》一书则是有利于人们深入认识数字新时代的公共外交，探讨了随着信息技术的高速发展，公共外交与时俱进，在不同时代具有的不同表现形式，属于实践类的《城市外交》一书被选中的缘由是，国家公共外交可以细化为城市公共外交，上海的城市发展目标是建成卓越的全球城市和社会主义现代化国际大都市，可以为各个城市开展公共外交提供智力支持。

出版社分别联系了三部原著的外方出版社索要全书电子版样书，以便我院进一步研判翻译的可行性。时至 2020 年 12 月，研究院成立仅 3 个月后，我们就拿到了《公共外交》和《城市外交》的原著样书。

著作价值

2021 年初，研究院工作会议正式确定将《公共外交》《城市外交》和《塑造国际舆论》作为“公共外交译丛”的开篇书目。

《公共外交》一书的作者尼古拉斯·卡尔先生是美国南加州大学安纳伯格新闻传播学院公共外交中心教授。他是公共外交领域的先驱学者和代表人物，也是研究公共外交传播在外交政策中的作用的历史学家。他曾为包括美国、英国、加拿大、墨西哥、瑞士和荷兰在内的世界各地许多国家外交部和文化机构提供公共外交方面的建议和培训。《公共外交》从国际关系、传播学、心理学和当代外交等历史视角出发，涵盖古今，在呈现新兴平台与技术的真正潜能与局限的同时，以史为鉴总结出七条教训，并为未来全球公众参与公共外交提供了行之有效的基本规范。尼古拉斯·卡尔先生认为，虽然新的技术为公共外交开辟了新的可能，但这并未消除历史的重要性。

《城市外交》一书的作者是美国帕迪兰德研究生院博士研究员、南加州大学公共外交中心副研究员索黑拉·阿米尔和美国陶森大学大众传播系公共关系助理教授艾弗·西文。《城市外交》一书是展示当代城市外交故事的万花筒。城市是人类文明的产物，是一国对外开放的前沿与窗口，是参与全球化的先锋，城市外交正在发挥参与全球治理、促进地方发展的重要作用。以全球城市网络、全球参与和传播的地方战略、不同治理层面的城市外交、城市品牌和外交实践为主题，该书结合理论研究与案例研究，细致、深入地分析了城市之间、城市与民族国家、非政府组织和外国公众之间的互动，汇集了业界和学界关于城市外交的最新见解。

2021 年 12 月，外方出版社也发来了《塑造国际舆论》的原著电子版样书。经出版社和我们研究院研判沟通后，最终因版权问题无法翻译出版。

翻译编辑

为了保证译丛的质量，使其真正能够达到启发、推动公共外交发展的一份作用，成为受公众欢迎的理论实践书籍，在研究院各位领导的重视、支持下，我们组织了强有力的工作架构。

2022 年 2 月，确定了阵容强大的“公共外交译丛”编委会，由周汉民担任丛书主编，由吴坚勇、祝伟敏、温泽远和我担任副主编。

当年4月，研究院还广邀国内德高望重、在公共外交方面具有理论造诣和实践经验的顶尖专家知名学者组成研究院专家咨询委员会，指导“公共外交译丛”的编撰工作。专家咨询委员会主席为国务院新闻办公室原主任赵启正，特别顾问为中国驻美前大使李道豫。上海市社会科学界联合会党组书记王为松、华东师范大学俄罗斯研究中心主任冯绍雷、浙江师范大学非洲研究院创始院长刘鸿武、复旦大学国际问题研究院院长吴心伯、上海市日本学会名誉会长吴寄南、北京大学燕京学堂名誉院长袁明、文化部原正局级文化参赞贾建新、香港中国学术研究院常务副院长黄平分别为专家咨询委员会委员。

在译丛编辑出版的过程中，编委和专家们一致认为，翻译出版国内第一套以公共外交为主题的译丛，将普及公共外交的理论模式和操作范例，供国内学者和师生开展研究、教学使用，有利于提高我国公共外交的理论研究水平和实际工作能力。

落实好中英双语水平高、经验丰富的翻译人员是译丛工作的重中之重。经慎重研究，研究院邀请了华东师范大学文学博士、上海理工大学外语学院讲师陆泉枝，上海理工大学教授、硕士生导师，翻译硕士教育中心主任、学校编译工作室主任，上海市中高级口译命题专家组成员王勇分别担任《公共外交》和《城市外交》两书的主翻。两位主翻全心全意、精心工作，仅用半年时间，保质保量分别完成了274页21万字和332页29万字的两部译作。

出版发行

2021年10月，《公共外交》和《城市外交》的翻译工作全部完成，进入三审三校程序，同时开展版式和封面的设计工作。到2022年7月，我们克服了新冠疫情造成的巨大困难，两部译著终于如期面世出版。

8月16日，研究院和出版社假座上海中华职业教育社，联合举办简朴而隆重的新书发布会，受到人民日报、光明日报、中国新闻网、上海电视台

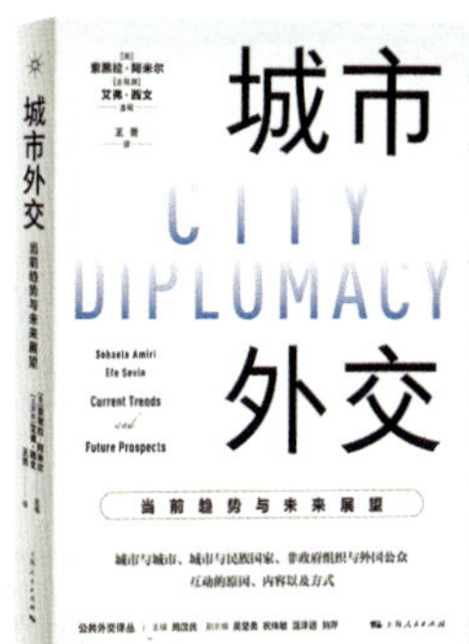

“公共外交译丛”开篇两部译著

外语频道、上海人民广播电台、解放日报、文汇报、新民晚报、新闻晨报、上海日报、上海教育电视台、劳动报、东方网、中国社会科学网、政协头条等十余家媒体的争相关注和报道。

主编周汉民指出，此次出版的“公共外交译丛”开篇两部译作体系严谨、观点明确、案例凸显，使读者读来亲切、拿来实用，这将是推进研究院工作的新起点。他提出三点感想：一是公共外交是国家整体外交事业的重要组成部分，其发展具备宏阔的历史纵横；二是推进公共外交事业需要有重要的理论建树和充分的实践范例；三是加强中外交流和文明互鉴将有助于公共外交的发展，要善于挖掘与提炼隐形素材，呈现具备鲜明特色的公共外交研究成果。

赵启正同志回顾了他担任研究院专家咨询委员会主席以来对“公共外交译丛”的关心及努力。他表示，公共外交是双向的，需要洞悉欧美世界的公共外交实践及其背后的理论支撑，丛书的正式出版弥补了我国对海外公共外交著述的翻译和研究存在的不足，正当其时。丛书副主编、上海人民出版社社长温泽远则表示，出版“公共外交译丛”，不仅是对学科发展需要的一种回应，为广大读者提供公共外交领域的最新研究成果、为创建具有中国特色的公共外交理论奠定基石，更是寄希望于这套丛书能够为新时代的公共外交实践工作提供智识上的支持，推动建构新时代中国良好的国家形象。

吴坚勇等表示，两部译著是研究院“公共外交译丛”的开篇成果。呈现

◀ 赵启正与周汉民共同为新书揭幕

更多的公共外交译著，将为推动公共外交事业发展提供更多的理论支撑，也为中国更好地开展公共外交提供有力支持。

2022年底，《上海理工大学学报（社会科学版）》开始增列“公共外交”专栏，专栏收录了赵启正、周汉民、祝伟敏和冯绍雷等在“公共外交译丛”新书发布会上的讲话，以及两位译者王勇教授和陆泉枝博士的翻译感悟。

正如赵启正在丛书总序中指出的那样，如何做好公共外交是一门严肃的学问和生动的实践，需要用心跨越文化藩篱，需要表达方式的国际化和艺术性，真正做到知彼知己，深入了解国外的社情民意，洞悉欧美世界的公共外交实践及其背后的理论支撑。

在此背景下，研究院历时两载合作翻译出版的国内首套“公共外交译丛”从多维度、多层面展示国外公共外交的最新研究成果，为我国蓬勃发展的公共外交实践提供有益的理论参照。我们期待着今后能对长远的公共外交战略思维产生积极的影响。

刘芹，上海理工大学外语学院院长，上海公共外交研究院常务副院长。

向世界讲述“犹太难民在上海”的故事

——纪念一段为了抢救史料的公共外交实践

陈怡华

在世界多极化和经济全球化深入发展的大背景下，公共外交日益成为国家软实力和竞争力建设的重要载体。人民政协作为当代中国公共外交的重要平台和开展公共外交的重要力量，也越来越凸显其在开展公共外交方面的作用。近年来，人民政协依托其深厚的社会基础和丰富的政治资源、文化资源和人才资源和独特优势，在公共外交领域开展了广泛的活动，形成了不少成功的经验。认真总结人民政协在公共外交方面的实践，具有重要意义。

2015年，正值纪念中国人民抗日战争暨世界反法西斯战争胜利70周年，市政协对外友好委员会委员提出，一是上海与犹太难民的历史值得梳理、要向世界讲述上海的故事；二是当年曾到沪的犹太难民年事已高，一些史料需要抢救。于是，上海公共外交协会与上海市政协对外友好委员会、虹口区政协等组成联合工作组，历时一年，向海内外人士征集照片、事例、口述实录等相关史料，最终形成一整套以“和平、友善、包容”为主题的《犹太难民与上海》故事丛书编撰出版。十二届上海市政协主席吴志明和十一届全国政协外事委员会主任赵启正为丛书作序，以色列驻沪总领事柏安伦出席了新书发布会。

2016年底，在全国政协文史馆举办《讲好中国故事　弘扬友善包容——犹太难民与上海史料展》，揭示中华民族热爱和平的国际主义情怀，多位党和国家领导人前往观展。此后，在上海外国语大学的大力支持下，相关书籍被翻译成英语、德语、希伯来语编印出版，有关史料登载在其校官网上，在国际上得以进一步宣传。

《犹太难民与上海》故事丛书与以色列宣传片《谢谢上海》面世

2015年9月1日上午，为纪念中国人民抗日战争暨世界反法西斯战争胜利70周年，由市政协对外友好委员会、虹口区政协、上海公共外交协会、《新民晚报》社、市邮政公司、上海犹太难民纪念馆共同主办的以“和平、友善、包容”为主题的《犹太难民与上海》故事丛书暨专题邮册、纪念章首发活动在上海市政协江海厅举行。

吴志明主席和柏安伦总领事出席活动并参观了布置在会场内外的由虹口区档案馆提供的40幅犹太难民和上海图片，以及由旅奥画家陆志德提供的35幅相关主题画稿原作。

在这次会议上，丛书主编、上海社科院历史所副所长王健，上海交通大学出版社社长韩建民分别介绍了编写工作和出版背景；作为在沪犹太难民后裔，虹口区政协委员沙拉·伊马斯则诉说了其当年身处隔都的亲身体验和感受。

▲ 首发活动海报

时任虹口区区委书记吴清在讲话中，向各参与单位同志对虹口犹太难民历史遗存的征集、发掘、保护工作的关心和支持表示感谢。他指出，随着时间推移，与犹太难民相关的历史资料征集工作更为艰巨，更加刻不容缓。编辑出版该套故事丛书，发行专题邮册与纪念章，图文并茂地呈现了犹太难民与上海、与虹口的回忆、情感和历史真相，在纪念抗日战争暨世界反法西斯战争胜利 70 周年期间举行首发仪式，具有重要的历史和现实意义。虹口区要更好地推进“文化记忆”工程，同时也欢迎市民到虹口沿着新设计的“方舟之路”实地踏看当年的犹太人历史聚居地，感受“和平”“友善”与“包容”的来之不易。

市政协对外友好委员会和上海公共外交协会领导介绍了征集犹太难民在上海的史料以及故事的工作。自启动相关工作以来，查阅资料、召集座谈研讨、探访故居旧里、接待来访来客，最终形成了 100 篇故事、500 余张图片；沪上长期从事犹太难民问题研究的著名专家潘光、王健严格把关；采访到了原犹太难民、后担任美国财政部长的麦克 · 布鲁门撒尔等，征集史料和编书过程忙碌而辛苦，得以保存下来的这些史料以及留给我们的感动难以忘却。做好这项工作的初衷就是要让更多的人了解这段历史，了解中国人民友善、包容的民族情怀，70 多年前，3 万犹太人与上海人民共患难。过去中国

▲“和平　友善　包容”专题邮册封面

人民用宽阔的胸怀接纳了遭受苦难的人们，今后仍然会用最坚定的信念，张开双臂去拥抱和平。

时任市政协副主席周太彤表示，“和平、友善、包容”——《犹太难民与上海》故事丛书中记载着70多年前犹太难民在上海避难、生活的感人故事。这些故事来自档案馆、图书馆尘封的历史记载；来自当时当地居民的口说实录；来自历经苦难顽强生存下来的域外友人的倾情讲述，十分珍贵。现在读来仍然引人深思、引人动容、引人警醒、引人感悟。同时期望通过我们各方的共同努力，唤起人们对和平的向往和坚守，避免历史悲剧重演，共同捍卫“二战”胜利果实，开创人类更加美好的未来。

会上，市政协领导和上海邮政公司领导为专题邮册、纪念章揭牌，邮政公司领导还向上海犹太难民纪念馆赠送编号为“001”号的纪念铜章。此次以“和平、友善、包容”为主题的纪念专题邮册邀请了画家陆志德为个性化邮票作画，书法家朱德茂为邮册题写主题词，该套邮册于2015年9月3日由上海邮政正式对外发行。著名设计师朱熙华设计了“上海方舟”主题纪念铜章。

活动期间，播放了由以色列驻沪总领事馆提供的公益宣传片《谢谢上海》。以色列总理在片中的一声“谢谢上海”中文表达，激起了爱好和平的人们的共鸣。

回望历史，面向未来，以史为鉴

“和平、友善、包容”——《犹太难民与上海》故事丛书暨专题邮册、纪念章首发活动已圆满结束，这是在纪念世界人民反法西斯战争和中国人民抗战胜利70周年期间一项有特别意义的活动。

70多年前的全球反法西斯战争，尤其是中国人民艰苦卓绝的抗日战争，改变了世界发展的历史进程。最终，正义战胜了邪恶。战后局部地区纷争仍然持续不断，但世界格局长期保持着和平、发展的态势。

70 年过去了，出于一份责任，从前事不忘、后事之师，牢记历史、珍爱和平，人性关怀、大爱无疆的愿望出发，借助纪念“二战”胜利 70 周年的契机，几个部门共同启动了“和平、友善、包容”——《犹太难民与上海》故事丛书编写工程，为纪念活动增添追忆历史、面向未来的一抹亮色。

这套丛书从选题、立项、调研专访到编辑完成，仅仅花了 100 多天的时间。所有参与编写的同志们自觉自愿，满怀激情，加班加点，把几乎已经淹没在浩如烟海历史长卷中的，70 多年前犹太难民在上海避难、生活的感人故事发掘了出来。这 100 个故事，来自档案馆、图书馆尘封的历史记载；来自当时当地居民的口说实录；来自历经苦难顽强生存下来的域外友人的倾情讲述。《海上方舟》《尘封往事》《上海记忆》《情牵虹口》，分别从不同的角度和渠道，将 70 年前发生在上海的真实鲜活故事娓娓道来，引人深思、引人动容、引人警醒、引人感悟。

借助纪念中国人民抗日战争暨世界反法西斯战争胜利 70 周年的契机，“和平、友善、包容”——《犹太难民与上海》故事丛书编写工程，为纪念活动增添追忆历史、面向未来的一抹亮色。“二战”时期，有 3 万多名犹太难民从欧洲来到上海，其中近 2 万名聚居在虹口提篮桥地区，那里被称为犹太难民的“上海方舟”和“小维也纳”。2014 年 6 月，虹口区赴美国国会山举办了“犹太难民与上海”图片展，许多居住在美国的犹太人指着展版激动地谈论着他们自己和长辈在上海的经历。其中不少故事，代表团成员还是第一次听说。而随着时间的流逝，相关史料的征集越发刻不容缓了。因为当年的犹太难民如今生活在世界各地，许多生活在虹口的“中国邻居”也年事已高，不少已经离世。为了使飘散在世界各地的“虹口记忆”和“上海故事”能够集结起来，完整地反映犹太难民与上海的历史与近况，上海公共外交协会同市政协对外友好委员会、虹口区政协、新民晚报社，决定共同发起犹太难民与上海故事征集活动，并于 2015 年 2 月，在上海犹太难民纪念馆举行了新闻发布会。半年多的时间里，共征集到故事线索200余篇，经过编委会和编辑部的精心筛选，共整理编写了《海上方舟》《情牵虹口》《尘封往事》《上海记忆》四本故事集，共收录故事100多篇、500余幅图片和四幅长卷，并被翻译成为英语、希伯来语等。丛书已被评定为上海市文化发展基金资助项目，并申报了国家出版基金资助。

作为上海“二战”70周年胜利纪念活动的一部分，真切地期望通过这样的努力，在唤起每一个善良的人对和平的向往和坚守、避免历史悲剧重演、共同捍卫“二战”胜利果实、开创人类更加美好的未来中贡献一份力量。

最后，借吴志明主席在丛书序言中的话作为本文结语：“中华民族是热爱和平的民族，是友善、包容的民族。过去，我们用宽阔的胸怀接纳了遭受苦难的人们；今后，我们仍然会用最坚定的信心，张开双臂去拥抱和平。但愿这本书给我们带来充满意义的启迪。”

陈怡华，上海市政协经济和金融委员会办公室主任。曾任上海公共外交协会秘书长。

迎接机遇挑战　共享智慧经验

——中国企业走出去他们这样说

陈怡华

上海公共外交协会成立之初，如何打基础、树品牌、扩影响、讲好中国故事，一度成为协会理事会探索开拓的重要课题。在复杂严峻的国际经济形势和国内改革发展稳定繁重任务的背景下，刚成立的中国公共外交协会找上门来，希望能与上海公共外交协会共同主办落实企业走出去国策的大型研讨会，双方一拍即合，这样，一个主打“中国企业走出去”的公共外交系列研讨会应运而生。

“中国企业走出去”系列研讨会最先由中国公共外交协会、上海公共外交协会等主办，早在2013年，上海公共外交协会与市政协外委会就会同中国公共外交协会举办了第一届“中国企业走进欧洲”论坛。围绕宏观经济形势、中国企业的机会、挑战、对策进行专题研讨。时任国务委员杨洁篪专门作了批示，外交部、商务部和市政府、市政协领导，欧盟国家驻华使节、欧盟商会代表、中欧专家学者、企业代表，以及市政协委员等数百人参加论坛，努力将论坛打造成为企业融入全球经济的交流平台。

此后，全国政协中国经社理事会、上海市政协等也先后加入主办行列，“中国企业走出去”系列研讨会以走进欧洲、走进美国、走进拉美、走进非洲、走进金砖国家和新兴经济体、走进东盟、走进亚太、走进“一带一路”等为主题，通过形式多样的研讨和对话，关注机遇和挑战，分享公共外交的经验智慧，为中国企业走向世界搭建良好平台，成为了协会的品牌项目。

我曾经有幸参与组织和参加了数场“中国企业走出去”系列研讨会，在这篇文稿中，我特别选择其中两场，将众多参会的国内外官员、学者、专家阐述的观点和发言提炼出来，与大家分享。

中国企业走进金砖国家和新兴经济体研讨会

2017 年 7 月 13 日，由中国公共外交协会、上海市政协对外友好委员会和上海国际问题研究院共同主办，外交部和中国经济社会理事会支持，上海公共外交协会与《亚太日报》社共同承办的“共谋发展大局，开辟美好未来——中国企业走进金砖国家和新兴经济体”研讨会在上海国际会议中心举行。

全国政协、中国经社理事会、中国公共外交协会、上海市政府、上海市政协的相关领导和部分上海市政协委员、在沪全国政协委员，上海公共外交协会会员，各地公共外交协会代表，华夏文化经济促进会，欧美同学会，女企业家协会，翻译家协会，以及金砖银行新开发银行、巴西、俄罗斯、印度、南非、墨西哥、阿根廷、印尼等金砖国家和新兴经济体国家的政府官员、智库专家等 250 余名嘉宾出席本次会议。时任上海市政协主席吴志明会见部分与会中方嘉宾。

◀2017 年，中国企业走进金砖国家和新兴经济体研讨会在沪举办

开宗明义、共谋发展，开幕式集聚重要嘉宾

在研讨会开幕式上，国务院新闻办公室原主任、中国人民大学新闻学院院长赵启正，时任全国政协教科文卫体委员会副主任、中国经济社会理事会副主席张秋俭，时任上海市副市长许昆林，时任上海市政协副主席方惠萍和时任中国公共外交协会副会长张九桓先后致辞。

许昆林副市长提到，新兴市场经济体对于上海企业走出去战略有着关键作用，有越来越多的来自新兴市场经济体的企业落户上海。上海各界为促进金砖国家合作走向深入做了大量工作，相信上海各界的通力合作必将使金砖国家发展的未来更加光明。

中国经社理事会副主席张秋俭指出，金砖国家合作更具开放、包容、合作、共赢的时代精神，作用越来越受到世界瞩目。另外，企业和智库在深化国家间合作方面发挥着独特作用，应当引领合作方向，创新合作思路，夯实合作的民意和社会基础。

中国公共外交协会副会长张九桓认为，虽然中国与新兴经济体合作卓有成效，但他们仍面临着自身发展过程中的诸多制约及挑战，给走出去带来了一定的风险和挑战。中国要团结各新兴经济体国家，探寻各国共同的诉求点。中国企业也应该敢于担当，探索有特色的沟通机制，促进经贸合作。

国务院新闻办原主任、中国人民大学新闻学院院长赵启正则指明，中国企业走出去面对的是外国整个社会，而不只是与之合作的外方企业。合作能否成功，在于对方是否了解并信任中国。他表示，走出去企业所承担的公共外交任务也是沉重的，我们不能让每个企业孤军作战，社会各方面都要支援他们。

金砖国家新开发银行副行长保罗·诺盖拉·巴蒂斯塔、上海市商务委副主任钟晓敏在主旨演讲时分别表示，金砖国家新开发银行是金砖国家共同合作的实践成果。金砖国家在经济发展中作用重大，占全球 GDP 总量的 31%。不管是政府层面还是银行层面，金砖国家对于中国的企业是一个非常好的平

台。当前金砖各国都面临着结构性调整压力，当务之急是推动传统贸易模式向更深层次的产业链、价值链和创新链的合作发展，多元化的投资也将成为带动彼此经贸全面发展的新引擎。

思想碰撞、寻求合作，研讨会举行专题演讲

有九位嘉宾就全球经济发展趋势及金砖国家合作新态势这一主题发表了各自的看法。其中，金砖国家智库合作中方理事会副理事长、对外经济贸易大学副校长赵忠秀指出，中国在跻身创新国家行列的过程中，应警惕资源诅咒现象，也应积极提高自身竞争力，融入全球生产网络。时任印度国际问题研究委员会高级研究员范安南呼吁金砖国家应致力于推动全球化，创建自己的经济发展新模式，不再重蹈西方国家的覆辙。中国商务部中国服务外包研究中心副主任邢厚媛表示，中国企业在走进以金砖国家为代表的发展中国家的过程中，送出去的不仅仅是中国的资本和技术，更有发展经验。中国人民大学国际关系学院教授、国际事务研究所所长王义桅表示，中国要推动金砖合作与“一带一路”建设的对接，成为推动全球化向更加包容、普惠、均衡方向发展的纽带。

阿根廷驻上海总领事馆总领事马丁·里博尔塔表示阿根廷加入“一带一路”为双方提供了更广阔的发展机遇，希望越来越多的中国公司进驻阿根廷，合作更加深入。中国社会科学院世界经济与政治研究所金砖国家研究基地执行主任徐秀军对如何互相合作促进经济增长，给出建议，一是技术合作；二是全球价值链，尤其是基于贸易和投资的价值链；三是政策的协调和机构的构建，包括国内外机构。墨西哥驻上海总领事馆代总领事罗欢就墨西哥的贸易投资自由化和中国与墨西哥的合作成果发表演讲。与此同时，他表示墨西哥的劳动力优势、改革措施以及经济特区的建立，会使得墨西哥的经济更上一层楼，为多边经济合作助力。中国国家发改委国际合作中心城市发展咨询院副院长宋澎表示，金砖国家的合作使世界经济多元化，改善了国际

贸易和投资环境，提高了新兴市场和发展中国家在国际金融机构中的发言权和代表性，成为国际经济关系民主化的自然推动力。

在中国改革开放最前沿的上海，探讨中国企业如何走进金砖国家，如何跟新兴经济体有更好的合作颇有意义。金砖国家和新兴经济体要为南南合作的进一步推进做出突出贡献，成为全球化的捍卫者和推动者。

共创中国—东盟开放合作新时代

2018 年，是中国与东盟建立战略伙伴关系 15 周年，中国建议制订“中国—东盟战略伙伴关系 2030 年愿景”。中国作为首个加入《东南亚友好合作条约》的非东盟国家，双方既是友好近邻，又互为重要经贸合作伙伴。随着中国—东盟自由贸易区建设的升级，东盟已成为中国“一带一路”倡议的重要建设地区，是中国企业走出去的主要目的地之一。

在“一带一路”——中国企业走进东盟研讨会上，中国经济社会理事会副主席杨崇汇、国务院新闻办公室原主任赵启正、市政府副秘书长顾金山、中国公共外交协会副会长龚建忠大使出席。

各方坦言东盟在上海对外投资地位重要

中国倡导更为开放的经济格局，提出“一带一路”倡议旨在与沿线各国一道加强多方合作，致力于维护现有的全球多边贸易体系。东盟地处“一带一路”陆海交汇地带，是中国推进“一带一路”建设的优先方向和重要伙伴。

新形势下中国与东盟合作潜力更加巨大，中国企业走进东盟的前景更加广阔。中国商务部近期发布的数据显示，2017 年中国—东盟贸易额达到 5 148 亿美元，首次突破 5 000 亿美元，比 2016 年增长了 13.8%，增速超过中国对欧盟和美国贸易。中国—东盟合作已经成为亚太区域合作中最为成功和最具活力的典范。

时任中国经济社会理事会副主席杨崇汇表示，中国应当与东盟一起，聚焦维护多边贸易体制，助推互利合作不断取得新成效；充分发挥企业的主体作用，助推中国与东盟各国发展战略相对接；互学互鉴开放发展经验，助推上海与东盟开展互利双赢的务实合作；重视发挥侨胞社团作用，助推走进东盟的中国企业深度融入当地社会。

时任市政府副秘书长顾金山表示，上海十分重视与东盟国家合作带来的发展机遇，上海将以“科创中心”和“自贸试验区”建设为契机，与东盟抓住新一轮科技和产业革命带来的机遇，在创新领域加强发展战略对接，激发经贸合作新动力，建设创新发展新高地。

新加坡国立大学公共政策教授、新加坡前驻联合国大使马凯硕指出，东南亚是全球最为多样化的一个地区。东盟的幸运之处在于抓住了全球贸易发展的好时机，成功融入蓬勃发展的东亚经济体系。在贸易摩擦升级的全球经济形势下，东盟必须寻求应对新挑战的解决办法。

驻沪总领事就中国东盟关系相关议题展开探讨

新加坡驻沪总领事罗德伟说，东盟国家也在积极落实国家之间的连通性，不光改善基础设施交通连接，还要推动东盟全方面的互联互通。“一带一路”倡议与东盟共同体有紧密的交叠，有助于实现东盟共同体的梦想，进一步把亚洲的两个最繁荣的经济体联结在一起。他强调，中国与新加坡在“一带一路”中的合作可以关注三大领域：一是加强交通和贸易的互联互通；二是加强金融领域合作，新加坡是重要的人民币离岸结算中心，有助于进一步推动人民币国际化；三是继续支持中国企业走出去，鼓励在新加坡建立区域总部、上市。

印尼驻沪总领事宁乔恩表示，中国对印尼而言是非常重要的合作伙伴，现在中国内地和中国香港是印尼第三大和第四大投资者。苏门答腊岛及其他一些岛屿都在海上丝绸之路范围内。印尼在基础设施、旅游、海事等方面都是非常好的投资地。宁乔恩强调，到印尼投资有三点理由：第一，印尼在过去10年中有非常稳定的经济增长；第二，2030年印尼将成为世界第五大经济体；第三，各大评级公司都对印尼有非常好的评级，特别对其经济发展有着非常积极的评价。印尼有年轻的劳动力，有丰富的原材料及国内市场，有优惠政策。

柬埔寨驻沪总领事田温楠表示，中国和柬埔寨有着非常好的经济发展和合作关系。双方合作对两国的经济发展及和平稳定都带来了新的机遇，中国是柬埔寨非常重要的投资来源，特别是双方的经济自贸区发展迅速。田温楠分析说双方有非常好的合作，是因为柬有多项优势：第一，柬埔寨拥有非常优越的地理位置；第二，中柬之间有着非常悠久的友谊传统，并且彼此信任；第三，柬投资环境良好，市场高度自由化，平等对待所有投资者；第四，劳动力成本低，人口年龄结构趋于年轻化；第五，国际贸易环境宽松，2004年柬埔寨加入了WTO，投资柬埔寨，企业将同时拥有东盟10+6零关税的大市场；第六，资源丰富。

马来西亚驻沪领事林玟妤表示，马来西亚与许多国家签订了自由贸易协定，马来西亚非常积极地参与中国的“一带一路”倡议，政府希望马来西亚不仅成为东盟地区的枢纽，也成为“一带一路”沿线投资建设的重要国家。林玟妤分析，2016年开始，所有在马来西亚的制造业可以获得100%的股权，对资金来源国是没有限制的，马来西亚第11个经济发展计划政策方向与中国政府对外投资策略非常吻合，重点都是建设基础设施、建筑、物流、交通、能源、电子商务、可再生能源等领域。由于两国的经济互补性非常高，我们也存在很多共同的利益，所以马来西亚和中国之间存在巨大的合作潜力。

菲律宾驻沪领事谷力奥提到，中国是菲律宾最大的贸易伙伴，不管是进口还是出口，中国在菲律宾的地位都非常重要。菲律宾有非常多的投资都是来自中国，特别是桥梁、科技、道路、铁路等。他说，制造业是菲律宾经济发展的一个中心。另外，农业、渔业、林业方面也非常重要。此外，菲律宾岛屿资源丰富，特别是海洋方面可以帮助我们吸引更多的外商投资。中国在旅游业方面是菲律宾第一大合作伙伴，中国企业可以到菲律宾来投资酒店和餐饮行业，充分利用菲律宾巨大的国内市场，因为菲律宾的人口众多，同时又是进入东盟的一个门户。

泰国驻沪总领事馆领事帕克提到，泰国经济正以每年以 7% 的速度增长，2020 年 GDP 将达到 4.7 万亿美元，并有望在 2050 年成为世界第四大经济体。泰国是世界第三大劳动力市场，仅次于中国和印度，可以为东盟提供更好的市场和更多的机会。帕克还提到，泰国经历了深刻的经济转型，现已成为以制造业和服务业为主导的新兴工业化经济体。泰国政府目前希望通过东部经济走廊（EEC）来吸引外国投资，吸引包括生物、经济、未来汽车、工业机器人、健康，还有非常先进的石化产品等目标行业。帕克相信，在东盟和中国的密切合作关系下，没有什么是无法达成的。

越南驻上海总领事馆领事黎芳兰就越南的营商环境进行了演讲。她说，越南在过去几年中，虽面临非常多的挑战和问题，但在经济上取得了突飞猛进的发展，现代化、工业化的进程也发展迅速。黎芳兰表示，越南的外商直接投资在稳步增长，2017 年直接外商投资额增长了 44%。她认为之所以有此成果，是因为越南除了政治、社会的稳定，还拥有竞争力较强的劳动力资源。黎芳兰还提到，越南的投资环境非常快捷，投资审批最少只需要三个工作日，一般的项目是十五个工作日，这一点让外国投资者觉得非常有吸引力。中国是越南最大的经济伙伴，有非常相似的营商环境。近些年来双边经济关系发展得非常好，越南非常重视促进与中国的经济关系，同时希望加强与中国的贸易关系。

陈怡华，上海市政协经济和金融委员会办公室主任。曾任上海公共外交协会秘书长。

骑游双城，展上海汉堡友城情谊

李春平

穿透薄如蝉翼的雾霭，晨光洒在外滩沿岸，为上海市民所熟悉的万国建筑群镀上一层细细的金光。处于欧洲中部时区的德国汉堡也从夜色中苏醒，易北河畔爱乐音乐厅的玻璃幕墙上因曙光的照射泛起粼粼波光。从上海大剧院到上海豫园，从阿尔斯特湖步道到汉堡豫园，身处两地的两队年轻人骑上共享单车，带领正在观看这支视频的观众穿梭在两座城市的地标性建筑、城市风貌之间。

"骑游双城"短视频画面

汉堡是上海重要的友城

这个名为“骑游双城”的短视频制作于2021年，是为庆祝两市结好35周年而设计的献礼作品。视频创意来自上海市外办、上海市文旅局和汉堡驻上海联络处，在两市的社交媒体上转载播放，取得良好的宣传效果。这一视频旨在通过当下流行的小视频形式，反映上海和汉堡的城市建设进程，突出绿色出行的城市交通理念，通过在两座地理位置相隔遥远的友城之间展开一次跨越时空的交互，向观众展现上海与汉堡这对姐妹城市绿色、宜居、和谐、美好的城市风貌。在新冠肺炎疫情的大背景下，两座城市致力于友好交流的团队凭借着多年交往交流积累下的经验，创新思路、创新形式、创新内容，将两地交往推向一个新的小高潮，实属来之不易。

汉堡与上海合作交流频繁

上海和汉堡的交流基础格外深厚。在国际形势纷繁复杂、百年变局与世纪疫情交织叠加的大背景下，上海和汉堡这对姐妹城市能够化时代危局为创新机遇，能够维持交流交往热情不减反增，能够持续稳定地推动在各领域的务实交往，离不开这30多年来在各领域积累下来的深厚合作基础。

自两市结好以来，在经贸领域，设在汉堡的500多家中国公司中，不少来自上海，包括中远海运、中船、振华重工等。同时，在800多家与中国保持贸易关系的汉堡公司中，有50余家在上海开展业务。在文化教育领域，两地之间不仅有已开展30余年的中学生交流项目，在培养高端人才方面，上海复旦大学、同济大学、华东师范大学、华东理工大学、上海理工大学等知名高校还分别与汉堡大学、汉堡工业大学保持着校际间的人才交流项目。

习近平总书记提出，“文明因交流而多彩，文明因互鉴而丰富。文明交流互鉴，是推动人类文明进步和世界和平与发展的重要动力”。在“骑游双城”视频中就出现了一座象征着两地友谊的建筑——汉堡豫园。汉堡豫园以上海豫园为蓝本，按照 1∶0.8 的比例建设，比“真迹”稍小一些，其核心建筑是湖心亭茶楼和九曲桥。这个古色古香的建筑物为当地民众提供了近距离感知中国的可能性，为拓展与深化两座城市、两个国家的友谊作出了积极贡献。2020 年，汉堡豫园经历重装整修后再次对外开放。正如在开幕仪式上时任中国驻汉堡总领事杜晓晖所说：“中国人喜欢把最好的东西与最重要的朋友分享，而汉堡豫园是上海人民和汉堡人民分享的文化珍宝，象征着上海和汉堡历久弥新的友谊。”

汉堡驻中国联络处是沟通的桥梁

在推动友城交往的进程中，许多对华、对德有深厚感情的年轻人才不断涌现。值得一提的是汉堡驻中国联络处副主任叶凡（Micheal Wunderlich），他也是“骑游双城”的主角之一。叶凡是一个说着一口流利中文的德国“90后”，先后在柏林自由大学、上海外国语大学和同济大学学习中文以及中国历史，此后在沪生活多年，已经是一个地地道道的“上海人”了。他年纪虽轻，但为推动两地间各领域，特别是经贸、物流、文化领域的友好务实合作贡献了许许多多“金点子”。比如，2019 年叶凡加入汉堡驻中国联络处后，接手了第二届进博会的布展工作。4 年来，他和工作团队每年代表汉堡港等企业机构参展，极大地促进了中德两国海运、铁路物流链上下游的交流和贸易。2022 年第五届进博会期间，他在 8.2 馆服贸馆上海国际友城港展台上，以现场直播的形式向线上线下观众进行汉堡城市推介。许许多多像叶凡一样的年轻人从小受益于中德、上海与汉堡友好交往合作成果，未来他们更是承担起来谱写两国、两市友好合作的接力角色。也正是看着这一代代的后起之秀担起责任，将两地间的友谊不断传承，让我们这些多年来从事友好城市合作交往的见证者感到何其有幸。

▲ 汉堡驻中国联络处参展第四届进博会

“以心相交者，成其久远。”上海与汉堡虽然都不是首都城市，但作为国家的经济中心，两者具有相似的城市地位，秉承着趋同的城市理念，怀揣着共同的发展愿景。3 分 28 秒的“骑游双城”短视频浓缩了两市同向而行、携手共进取得的合作成果，诉说着一个未完待续的故事。站在中德建交 50 周年的时间节点上，我们相信两市间将继续迎来无比广阔、无比光明的合作前景，是一轴待后人继续挥毫泼墨的留白画卷。

李春平，上海市人民政府外事办公室二级巡视员、欧非处处长，上海公共外交协会理事。

中国梦　海归魂

裘　索

近日，得到日本国四大书展之一日本产经书法展组委会消息，我的那幅南宋爱国诗人诚斋诗句的书法作品入选第39届产经书展，作为上海公共外交协会理事，作为一个在东京、上海两地多年两栖后“软着陆”的“海归”，我觉得自己为讲好上海故事、讲好中国故事，为促进中日民间的友好交流做了一件有意义的事。在前不久，收到上海市政协书画院“心声”主题书画征稿邀请函，我遂即投入“中国梦、海归魂”的大篆石鼓文字体的创作。这六个字牵绕了多少“海归”的中国心。筑梦追梦梦想成真，我们用一个又一个的人生梦，共筑中华民族伟大复兴的中国梦。

在中国临将加入WTO的20世纪末，我欢喜地接受了从故乡抛出的橄榄枝，怀揣襁褓中的爱儿，怀揣中国法治建设的梦想，毅然放弃境外高薪和优渥的生活从东京转辙上海，回到生我养我的故乡时，周遭哗然，“为何放弃高薪的职位、优越的生活而选择回国?”“学成必归，报效祖国。”如果说新中国成立之初，钱学森的这句惊世名言曾感召了多少莘莘学子满怀热忱竞相回到祖国，投身新中国伟大的建设高潮，那么，在改革开放20年后中国临将加入WTO的20世纪末，对一批改革开放后负笈境外求学的海外赤子，还有什么比能用自己的专业知识、语言技能和对所在国家的制度人文精到的理解，在故乡的舞台上长歌曼舞、为祖国的发展奋楫笃行更让人心潮澎湃的吗?

作为一名律师，我曾为日本邮船（NYK）与上汽、上海港务局在上海外高桥合资设立汽车滚装码头，为平安信托有限责任公司在日本设立平安Japan Investment 1号事业投资有限责任合伙项目，为新日本石油株式会社在华全资子公司的清算撤退等项目提供法律服务，推动中日两国法律实务的合作。回国后的日子里，栉风沐雨、砥砺歌行，就这样日复一日、年复一年，风雨兼程，累并快乐着。白昼，业务拓展、会议接洽、助手养成；夜晚，灯下帘傍、焚膏继晷、埋头文案。自 20 世纪末起，先后撰写了《日本国律师制度》《日本国检察制度》《日本国违宪审查制度》等专著，由商务印书馆出版，将日本先进的现代法律制度介绍到中国。为讲好中国故事，用日语撰写专著《中国公司法》，将在改革开放后与国际接轨的中国商事法律制度传播到海外，专著内容在日本《法律家》杂志连载半年后，应日本权威出版社中央经济社之邀，又将连载文章扩容付梓出版。《中国公司法》一书获得的版税，用来在陆家嘴地区设立“助学帮困基金”资助学优家贫的孩子。2022 年《公司法》修订草案公布后，我第一时间在日本主流杂志《商事法务》上发表了《公司法修订概要及对在华外资企业的影响》，将最新的中国商事法律制度传播到海外。我想将自己来自第一线的实务经验和法律思维，通过文字的载体传递到海外，这不仅是法律实务信息、法律文化的交流，更是通过商务法律让国际社会了解中国逐步完善的公司治理制度、逐步健全的资本市场以及不断优化的营商环境。

上苍没有辜负一个在雨中奔跑而又时时没有伞的人，从一个浦东新区的优秀律师、上海市优秀女律师、上海市优秀律师到全国优秀律师；从浦东新区三八红旗手、红旗手标兵，上海市三八红旗手、红旗手标兵到全国三八红旗手；从浦东新区人大代表到上海市政协委员……我是幸运的，每一份付出都得到相应的回馈，对此我心怀感激。

作为土生土长的上海人，我眷恋着“魔都”这座黄浦江畔的美丽城市，期望展示真实的自己，用实际行动讲好上海故事。

记得在 2005 年盛夏，携学龄前的爱儿赴日观览爱知世博会，在各国展馆间雀跃的儿子对我说：“将来我们上海的世博一定会更好。”2010 年上海世博会召开，世人瞩目，诚如爱儿所愿，取得了圆满成功，我也有幸通过层层选拔荣膺“世博职业女性形象大使”，在三林世博千人会场《月光下的凤尾竹》的旋律伴舞中演示花道。5 年后，2015 年米兰世博会召开，我在米兰世博会身着海派旗袍展示中国书法。翌年，日本国驻上海总领事片山和之先生一行到访锦天城，我将在米兰世博会上展示的“世界大同”的书法作品赠予片山先生，以期中日两国的友谊世代相传。2018 年中国进博会在上海拉开帷幕，进博会场馆有一个特别好听的名字“四叶草”，情迷草木的我也就更加关注进博会了。开放、合作、互利、共赢地走向和美的世界，场馆的设计融入了中国传统的文化，蕴意和秉承了“中正致和”的理念，展现进博会展馆综合体和美吉祥的形象，而商业中心正好是幸运四叶草之蕊，商机财富之源的幸运之处。四叶草寓意着幸运，作为由“魔都”数万名律师中甄选出的 24 位律师组成的驻场提供法律志愿服务的涉外法律服务团成员之一，我最年长、执业时间最长，有机会参与并投入，这是我的幸运。无论是秋阳秋锦中走进“四叶草”，还是秋风秋雨中走进“四叶草”，馆内日行三万步，高频

在进博会为北欧航空公司参展商提供法律服务 ▶

次地主动走近各国的展位，向海外各国参展企业解说中国的知识产权保护、上海的优化营商环境政策，偶遇曾服务过的或正服务着的日企负责人，邂逅了 JETRO 上海事务所的所长……服务外资企业“引进来”，向全世界展现中国、展现上海贡献了一份法律人的智慧。家门口举办的进博会是展现上海涉外律师专业化国际化水准、全面展示上海城市良好形象的大舞台，能够在家门口举办的这场盛会中用自己作为法律人的专业为进博会提供志愿法律服务，向外国展商零距离地讲好中国故事、讲好上海故事，讲好法律人故事，幸运幸福之感油然。

作为上海市政协委员、社法委副主任，我希望自己的观察和实务，能在参政议政的平台上发挥助力价值，从而推动上海大都市建设、提升上海魅力、讲好上海故事。研读海外发达国家在电力交易领域的做法、借鉴国外先进法律制度，我领衔提交的《关于在上海临港新区设立中国电力现货与期货交易中心的建议》《关于进一步完善合规不起诉中第三方监督评估机制相关制度的建议》及《关于修改〈上海市未成年人保护条例〉进一步加强防范未成年人被性侵案件的建议》，经评选荣获优秀提案奖。我期待，上海作为一座讲规则、讲秩序、充满人文底蕴的国际大都市，在经济建设、法治建设、儿童友好等方面能够比肩世界一流的国际大都市。

公共外交无处不在，更多的是从民间角度看待对外交流，而民间交流也将让中国更容易为世人接受和了解。

作为上海公共外交协会理事，曾代表协会先后访谈了近 30 位社会知名人士，其中包括外交部原部长李肇星、国务院新闻办原主任赵启正、表演艺术家秦怡、奥运冠军邓亚萍、名家之后舒乙等。由访谈汇编而成的书，传播中国文化、扩大上海影响力。“随风潜入夜，润物细无声”是我对公共外交的理解，通过访谈的方式和来自上海、中国乃至世界各地的有识之士进行沟通，在相互交流中促进民间外交，从不同视角向国际社会展示丰富多彩、生动立体的中国形象。同时，在这一过程中不断了解和再现那些提升上海在国际社会上的公共形象、塑造上海的品牌故事。仍记得有“诗人外交家”之称的李肇星在访谈后曾留给我这样一句寄语：“祖国唯一，人民万岁！”这更让我感受到一份沉甸甸的责任。把“咫尺天涯”化作“天涯比邻”，已成为我追求的公共外交使者的目标。

艺术无国界，有生命力的文化更能撞击人的精魂。继“草争人迹微疏处，荷怯秋风欲动时”作品入选产经书展后，2022 年年底由上海文化出版社出版的《花所望》一书，将 20 多年来撰写的植物散文以“集结号”交付出版，它不仅仅是我对花卉的热爱、对自然的热爱、对生命的热爱，更是期许它也能够讲好中日间的美丽故事。

历尽千帆、归来仍少年，岁月更迭、梦想依旧。2022 年，锦天城东京分所设立，我作为东京事务所的代表，也将赓续中日前辈学长的精神血脉，启航讲好上海故事、讲好中国故事的又一逐梦征程。一路走来，感铭时代浪潮的波澜壮阔。风自在、无定向，而帆在自己的手中，作为一个弄潮儿，能够在蓝天下描绘生命和梦想的色彩，将自己的小我融入祖国的大我，乃我辈之幸也。（壬寅　仲冬吉日）

裘索，上海锦天城律师事务所高级合伙人，第十四届上海市政协委员，上海公共外交协会理事。

我与上海公共外交

安翊青

对我来说，公共外交就像是打开了一个全新的世界，让我们用新的眼光去看待国际国内的各种事务。我是第一批加入上海公共外交协会的，12 年来，我也跟随着协会发展的步伐，一同认识公共外交、践行公共外交、推广公共外交，尽己所能，为讲好“中国故事”“上海故事”添砖加瓦。这些种种的努力，其实也成为了属于我最有意义的公共外交故事。

初识公共外交

我是一名从事涉外业务的律师，因为工作缘故，很早就有了与外国朋友开展友好交流的机会，也积累了深厚的友情。在实地了解国外的情况，与外国朋友交流的过程中，我渐渐有了一种感受——世界并不完全了解我们。即使是经常出差来上海，甚至是长期在上海工作生活的外国朋友，也由于文化等方面的差异，并不真正了解中国、了解上海，以至于对中国的文化、观念有种种误解。恰恰相反，中国人则通过电影、电视、大众传媒等途径，逐渐认识了一个被美化了的西方社会。那一个个故事、画面、歌曲，汇成了我们对那些国家与地区的印象。

所以，我深深感到，我们也要开始“讲故事”，用外国朋友听得懂的语言方式，给他们呈现出不一样的中国、不一样的上海。

有了这样的想法后，我也与许多前辈、领导交流，将我的感受分享给他们。直到有一次机缘巧合，一位前辈听了我的想法后告诉我：这就是“公共外交”，我们国家也在越来越重视这项工作。

这也是我认识公共外交的开始。如今，公共外交方兴未艾，无数有识之士都已经认识到，随着中国正在以世界瞩目的速度发展，势必要以一种更积极、自信、开放、包容的心态拥抱世界。我们国家从原本封闭的状态走出来，需要我们更多人参与进来，与国际社会各界打交道、交朋友，向世界展示我们最饱满的状态。

和那时的很多人一样，我一开始对于公共外交，还停留在朴素的“说好故事”这个概念里，还没有对公共外交进行过系统的研究和学习。上海公共外交协会的成立，就为我们提供了一个研讨交流的平台，让我们边学习、边实践，共同加深对公共外交的认识与理解。我也更是得到了老领导赵启正先生等师长的指导与鼓励，让我更进一步加深了对学好公共外交、用好公共外交的兴趣与决心。

在领导、师长们的鼓舞下，我开始积极主动地“走出去”，先后参加了英国威尔顿庄园论坛（Wilton Park Conference on Soft Power in Action）、美国南加州大学公共外交中心（Center on Public Diplomacy，CPD）项目。这些会议或者项目，汇聚着当前世界最前沿的公共外交探索成果，我也有机会与世界各国公共外交领域的精英们相互交流。在与这样的前沿论坛上，我看到了发达国家是如何将公共外交当作一项重要事业来加以经营的，他们的成熟经验以及国际视野，至今都让我深受启发。

我的公共外交沙龙

2012 年 1 月，香港《文汇报》的“魅力上海”专栏成功创刊，专栏由赵启正赵老题词，汇集了有关于上海的各方信息，展现在《文汇报》这个香港一线媒体上，通过香港这个国际窗口，使更多海外公众能有机会了解当下上海正在发生的各种动态，以获取对上海整体面貌的全新了解。时任上海市政协主席的冯国勤同志，以及副主席吴幼英、王新奎、周汉民、钱景林等领

◀ 香港《文汇报》的“魅力上海”专栏

导，都对该专栏极为重视，先后欣然接受了采访，并全文刊登在香港《文汇报》上。

这是上海在公共外交方面向外跨越的重要一步，让海外各界了解到了一个更加开放包容的上海，同时香港与上海两地的民间交流得到了加强，两地友谊进一步加深。在其中，我一直积极协助并推动了“魅力上海”专栏的成功创刊。当得知这一专栏在香港内外都收获了各界好评的时候，我也收获了极大的成就感，这成为我进一步投身于公共外交事业的重要动力。

为此，我特意在里格律师事务所办公区域开辟了一处公共外交沙龙，在这里，我经常邀请各界专家学者及国际友人，开展一系列轻松友好的交流，一同探究、研究让上海公共外交更好发展的意见、建议。以我的一点点实际行动，推动中外民间交流，让更多人开始用新的角度看待中国、认识上海，使中国的国际形象被更多国外朋友所认识并获得赞许。

随着一次次活动的成功举办，这一沙龙的名气也逐渐打响，为越来越多的国内外友人所熟知。我还引入了国际知名的非官方公共外交智库察哈尔学会，从此以后，这个小沙龙同时还承载起了另一个名字——察哈尔学会上海办事处，从而在更加广阔的平台上开展活动。我不再是单打独斗、孤军奋战，而是组织起了一个团队，来有计划、有体系地开展公共外交等方面的工

▲ 里格律师事务所中的公共外交沙龙

作。我们与上海社科院、上海国际问题研究院、上海研究院等重量级智库机构一同合作，开展国际学术研讨与民间交流。

因为公共外交实践的一步步深入和拓展，这个小沙龙里有了许多特殊的客人，比如韩国前副总理兼财长林昌烈、毛里求斯前副总理西达宁、时任日本驻上海总领事片山和之，等等。他们来上海进行商务出访或者工作时，都兴趣盎然地愿意来沙龙里小坐一叙。在热情接待这些客人的同时，我也在结合这些年来公共外交方面的学习经验，向他们讲好上海发展的故事，传递中国文化，展现一名大气谦和的上海市民、一个追求卓越的上海律师的应有形象。

公共外交永远都在路上

都说“十年树木”，公共外交这棵曾经的禾苗，经过我们共同的奋力培育，终于也到了收取硕果的季节。

在我的律师事务所里，每年都会有一批批外国学生来此实习。这是我们与欧盟商会、华东政法大学合作的固定项目，这些来自欧盟国家和“一带一路”沿线国家的年轻学生，会在我们律所进行短则几周、多则数月的实习。

在这些外国学生的实习过程中，我和我们律所的年轻律师们都与他们成为朋友，交流专业、交流文化、交流体会。这些学生回国后，将带着这段美好的实习经历，将我们的祝福在他们的“朋友圈”中传递。

在与日本商工会等在沪外国商会组织的邀请下，我每年都会为上海的外国企业家做专题讲座，不仅介绍当前的法律动态，也介绍上海如今的发展，介绍党和政府为我们下一步绘就的蓝图，用外国朋友更能听得懂的方式，向他们展现上海当下和未来的面貌。

我每年也会按照计划出访，既有参加相关国际会议，也有拜访国外政界、智库、学界、宗教界、华侨华人等相关领域的朋友们，与他们开展广泛深入的交流，进一步加深友谊。

那些年，所留下的不止是难忘的回忆，还有这些回忆播撒并发芽的种子。我们在越来越多的人心中种下了“公共外交”的意识，在讲好故事的同时也交到了更多的朋友。正如当年，来到上海出席我们举办的研讨活动的一位韩国议员，如今已经成为韩国国会议长。其他当初结识的朋友，如今也在更丰富多彩的舞台上发挥着作用。我相信，当初在交流中留下的中国印象、上海印象，会持续保留在他们的记忆里。

协会成立已满两届，至今的成就已然有目共睹。而我自己，也从一名公共外交方面的素人，逐渐成长为在这一领域略有些心得体会的“过来人”。

前年，我应日方邀请，在日本东京出席了主题为“激烈的市场变化中全球化对青年的要求和期待”的青年企业家论坛，并发表演讲。那次会议，让我感受最深的一点，或许就是在日本社会眼里的中国形象、上海形象的变化。面对日本的年青一代，我能感觉到他们当中已经没有了上一代日本人对中国所固有的刻板印象，而是带着越来越强烈的尊敬并研究的心情。在两届上海进口博览会之后，上海在日本的形象也越来越具有年轻与活力。这些改变，既得益于我们国家的发展壮大，也和多年来各界公共外交的努力分不开。那一次，我对在场的日本青年企业家们说，《论语》中有句话，叫“德不孤，必有邻”，这些年中国坚持改革开放，并倡导人类命运共同体的价值观，中国人相信，当一个国家强大之后，品性道德足够高尚，也会有越来越多的“邻居”，愿意亲近你，心甘情愿与你交好。

我认为，这句话也同样是这一阶段我们公共外交工作成就的写照。公共外交这项事业，不仅仅是要讲好故事，更是要做好自己，这都是永远不能停下脚步的事情。

从这个意义上说，公共外交永远都在路上，我们也永远都在公共外交的路上。

安翊青，上海里格律师事务所主任，上海公共外交协会理事。曾任第十一、十二、十三届上海市政协委员。

对外友好交流合作的公共外交启示

王　慧

这些年来，我对公共外交，从润物细无声到潜移默化，春风化雨，有一个逐步认识的过程。通俗简单地形容，那就是对外讲好真实的中国故事，以此在国际上充分展示国家形象和国际影响力，为国家总体外交和改革开放经济发展大局服务。

作为一家企业，中企万博通过尝试积极践行国家“一带一路”倡议，通过国际顶级事件的舞台，携手中国优秀企业以“走出去”、展示品牌实力、宣传中国开放合作的姿态，与友好国家达到沟通交流、增进交往的效果。其实也是一种民间或公共外交的实践。

借势俄罗斯世界杯做实真交流

2018 年俄罗斯世界杯这一全球顶级赛事期间，我们举办中俄国家品牌合作论坛，设立中俄国家品牌合作中心，不失为一个很好的案例。

世界杯足球赛是世界最高荣誉、最高规格、最高水平、最高含金量、最高知名度的足球比赛，也是与奥运会并称为全球体育两大最顶级赛事。世界杯是球迷的狂欢，同时也是企业的宝藏，不仅有巨大的商机，还有更多的国家形象塑造机会。而且，虽然中国男足经常无缘历届世界杯，但中国企业在世界杯中却扮演着越来越重要的角色。

我们，便是挤上“世界杯营销”战车上的那一家中企。

为让更多中国企业能参与俄罗斯世界杯，我们协调多方资源，特别开设了 2018 俄罗斯中国企业馆，助力企业参与俄罗斯世界杯宣传，借助“世界杯”流量，通过线上及线下活动，促进中国品牌，文化在俄罗斯的传播及加强中俄两国企业的交流合作，助力企业践行“一带一路”倡议，拓展国际市场。

通过世界杯的舞台，我们与俄罗斯中国总商会、中国中车股份有限公司、中诚通国际投资有限公司、莫斯科格林伍德国际贸易中心、丝路锦带、华和国际、曼豪中国、云栖控股、宇通客车、上海市国际技术进出口促进中心、中国通用莫斯科代表处、中石化俄罗斯公司、俄中实业家理事会等近200人的中俄优秀企业家团体聚合在了一起。

除了精彩的世界杯观赛之旅，我们更是组织了一系列的文化和经贸交流活动，为中国企业拓展在俄业务、促进中俄经贸合作提供绿色通道。

世界杯期间，“一带一路”中俄国家品牌合作论坛在莫斯科红场上的古姆国家百货中心金色大厅举行，中俄高级别领导出席并致辞。此次论坛是世界杯赛事期间规模最大、级别最高、涉及领域最广的一次中国品牌的集体亮相，为更好营造中国企业在俄罗斯的品牌形象和声誉，助推中国企业在俄业务的发展开辟了渠道。

与会嘉宾共同见证了“俄罗斯—中国国家品牌合作中心”揭牌仪式。该中心将积极致力于打造优质品牌和服务，为“一带一路”倡议与欧亚经济联盟战略对接贡献力量。中国中车股份有限公司、中国宇通客车等入选首批品牌企业。我作为中企万博集团董事长，宣读了《俄罗斯—中国国家品牌合作计划：莫斯科宣言》。呼吁中俄两国企业、媒体以及社会各界，在提高两国品牌合作方面不断强化共识、提升水平，为共同维护和提升双方品牌在全球范围的形象作出更大努力。

作为2018年俄罗斯中国企业馆系列活动，商务考察与交流也成为中企馆企业家代表团俄罗斯之行的重要行程。7月3日，中俄工商企业对接研讨会在俄罗斯格林伍德国际贸易中心举行；7月5日，中国企业团成员参与了圣彼得堡华侨领袖联谊会。

▲ 与俄罗斯中国总商会会长周立群（左一）在莫斯科红场上的古姆国家百货中心金色大厅共同为“俄罗斯—中国国家品牌合作中心”揭牌

从俄罗斯世界杯中俄国家品牌与合作论坛在上海中心大厦的启程大会，到与中国诚通国际公司联手打造俄罗斯世界杯中国企业馆、举办中俄国家品牌合作论坛，再到中俄工商企业对接研讨会、圣彼得堡企业家酒会；从宇通巴士球迷大巴开进世界杯赛场，到泸州老窖酒会，再到苏州工艺美术品等，此时纷纷亮相世界杯舞台，展现了“中国产品、中国企业、中国企业家，还有中国文化、中国人的热情友好都洋溢在世界杯场内场外”的动人场景。

如何把交流做实，我们特别关注后续，保持联系和交流的长久。此后，一系列的中俄交流在延续，包括：俄中商会组织俄罗斯企业来上海首届中国国际进口博览会参展；组织中国企业去第 45 届喀山世界技能大赛参展考察；为俄罗斯有意向采购中国电梯的机构，我们中企万博专门为其进行业务咨询与市场调研等等。

俄罗斯世界杯既加强了中国企业与俄罗斯企业的双向沟通了解，又提高了中国品牌凝聚力，为打造中俄企业间的经贸发展共同体打下了坚实基础。借势而为，顺势而行，锐意进取，开拓创新，以公共外交推动，收获颇丰。中俄国家品牌合作中心，也逐步成为进一步加深双方经济合作的重要平台。

积极推进世博和城市外交新品牌

我是在21世纪初开始关注和介入世界博览会的，参与了上海世博会的申博、办博的全过程，对世博有着深厚和独特的情感。上海世博会结束以后，我依然没有离开全球世博事业这个圈子，一直为此而奋力打拼。

前些年，我加入了上海公共外交协会并被推荐为协会理事，我感到，在我的肩上，又多了一份为国家做好公共外交的担子和责任。

2022年末，出于对协会调动广大会员积极性、推动地方公共外交发展的深层次考虑，由协会会长会议研究，并经协会两届理事会同意，协会成立了世博与城市外交专门委员会，这是为充分动员协会会员更广泛、更主动参与公共外交的一项新探索、新举措。专委会将融合和传承上海世博会的理念和精神，以全球世博事业为契机，利用官方和民间渠道，专注于城市间开展公共外交，助力上海城市的世界推介，积极参与长三角地区和国内城市的公共外交交流与发展。

非常荣幸，在协会领导和会员的充分信任下，我的世博经历把我推到了首届协会专委会主任的位子。我觉得，在当今百年未有之大变局和纷繁复杂的国际环境下，国家有这个需要，以民间外交、公共外交来服务与国家总体外交。作为地方公共外交的一分子，理当义不容辞。

我对专委会如何围绕上海市的中心任务和协会总体要求开展工作，做了思考。

一是积极参与世博理念的推广和实践，聚焦并参与全球世博事业，以上海世博会的影响力，与以“城市让生活更美好”为核心的联合国“世界城市日”协调机构、相关国际组织、历届世博会举办及即将举办城市、上海世博会博物馆理事会等形成合作与互动模式，配合协会，打造别致有效的上海公共外交平台。

二是在政府主管部门领导和协会主导下，引导专委会各成员积极利用自身的优势、特长和能量，以民间形式主动争取积极参与国际友好城市间交流合作项目。加大与国际友好城市中的民间友好组织开展合作的力度。

三是积极参与上海城市形象的国际推广。专委会要落实协会公共外交的重要任务，向世界说明中国，讲好中国故事。要研究如何利用国际传播、大众传播、互联网、自媒体等新兴手段提升影响力。专委会要在协会指导下，联合社会力量，配合地方政府，做好对外宣传。

四是通过与国内，特别是长三角地区城市类似社会组织的协同发展，丰富城市公共外交的内涵、提升城市外交的水平，努力开拓合作共赢的地方公共外交良好局面。根据当前国际环境特点，以文化、教育、科技、社会生活等为媒，引导在沪外国友人共享中国发展经验，共赏中华文化传承，共建友好情谊。

同时，我作为一名企业人，也将和专委会其他成员一样，发挥中企万博自己的优势和特长，持续关注、支持和参与世博与城市外交专委会的工作，并作出自己应有的贡献。

在协会领导下，专委会的工作将通过各成员的努力，循序渐进实质性启动。我们的目标：通过沙龙、论坛、会议、展览、活动、国际交流等各种形式，逐步打造协会“可见、可感、可传播、可持续”的“世博和城市外交”新品牌。

王慧，上海万博科技创新促进中心理事长，中企万博集团董事长，上海公共外交协会理事。

“畅游非洲·新地平线”助力中非民心相通

何烈辉

国之交在于民相亲，民相亲在于心相通。我长期从事中国和非洲之间的投资和贸易，在非洲从基层百姓到高层官员，都有一些好朋友，并和他们中不少人结下了深厚的友谊。

我曾经有机会聆听老前辈赵启正同志讲述关于公共外交的相关理论知识，并一起交流过在对非工作中如何讲好中国故事、讲好上海故事。我觉得，中国在非洲有着不可撼动的巨大影响力，中非关系历久弥新，始终保持着友好的战略定力，有历史的原因，也有中国始终站在维护和平、站在第三世界的立场、共同建设人类命运共同体的中非合作现实需要。加强中非两地人民之间的相互了解和沟通，心心相印，这也应该成为我们从事非洲工作的民营企业肩上一份沉甸甸的责任。

几年前，我发起了与非洲一些国家政府合作的，旨在吸引中国游客赴非洲国家旅游，促进中非两地人民民心相通的旅游项目“畅游非洲·新地平线”。尝试通过双方的深度合作，让参加项目的中国游客，把真实的中国故事讲出去，把真实的非洲情况带回来，成为一个能够落地的、促进双向沟通了解的平台和桥梁。

作为“畅游非洲·新地平线”项目正式启动的标志，2019 年 5 月，我们组织了历史上第一次中国百姓专机赴非洲三国旅游的活动。

缘起共同发展的良好愿望

2018年初，津巴布韦驻华大使保罗·奇卡瓦来电，谈到该国总统姆南加古瓦将于当年对中国进行国事访问，总统希望在结束北京的正式行程后能到访一两个京外城市，以促进与中国的经贸合作。大使建议我推荐几个合适的城市，我仔细考虑后，认为安徽、浙江也许是总统访问的优选之地。大使接受了我的建议。后来，姆南加古瓦总统如期到访中国，并在成功进行了国事访问后顺访安徽和浙江两省。

访浙期间，津巴布韦国家旅游局局长介绍了其丰富的旅游资源和投资机会。由于西方制裁，津巴布韦的经济发展严重受阻，制造业荒废，民生凋敝，旅游业成了津巴布韦解决就业和最重要的外汇来源。在姆南加古瓦总统的见证下，我与津巴布韦旅游和接待产业部（该部后与环境保护部合并成为环境、旅游和接待产业部）部长普丽斯卡·穆普富米拉签署了备忘录，津方任命我作为其环境、旅游和接待产业部在中国东部包括京沪江浙皖等在内的13个省市的总代表，吸引中国游客到津巴布韦旅游，吸引中国企业到津巴布韦投资旅游业。自此，早年担任津巴布韦“荣誉旅游大使”的我又增添了一份责任。

那年6月，浙江省旅游局在毛里求斯举办了“浙江—毛里求斯旅游合作大会”，为配合这次活动，浙江省旅游局组织了包机，带领数十名演出人员和100多名浙江游客同期抵达毛里求斯。受浙江省旅游局之托，我协助邀请了毛里求斯代总统巴伦·比亚普利和毛里求斯旅游部长阿尼尔·加扬与浙江省委书记车俊一起出席大会，双方签署了备忘录，宣布启动“千人游毛里求斯”计划。浙江方面争取在2018年至2023年的5年时间内，每年有组织地向毛里求斯输送2 000名游客。该项目的启动在毛里求斯引起了热烈反响，受到了毛里求斯旅游从业者的欢迎。“千人游毛里求斯”活动给了我很大的启发。

同年10月，坦桑尼亚驻华大使姆贝瓦尔·凯鲁基又和我联系，希望我赞助并共同主办坦桑尼亚旅游路演上海站活动，我当即同意。我们共同主办了"2018坦桑尼亚旅游路演中国上海站"活动，上海市贸促会、浙江省文旅厅、上海市旅游局的官员以及长三角旅行社代表和媒体人士等近200人出席了活动。

在举办坦桑尼亚旅游路演期间，坦桑尼亚国家旅游局表达了希望和我们公司进一步加强合作的想法。我提出了双方合作大规模组织中国游客，常态化组团去坦桑尼亚旅游的构想，并建议把这个项目命名为"畅游非洲·新地平线"(Tour Africa·The New Horizon)，坦桑尼亚国家旅游局主席当即表示同意。在坦桑尼亚之后，又有吉布提、津巴布韦、冈比亚、埃塞俄比亚、毛里求斯等国都纷纷加入了"畅游非洲·新地平线"项目。

代表团出发突遇紧急事件

2018年年底，"畅游非洲·新地平线"项目开始了筹备工作。短短一个月后，我们决定向坦桑尼亚、吉布提和津巴布韦三个国家派出先遣团摸底和感受当地的旅游环境。通过慎重考虑，我决定先带一批艺术家到访坦桑尼亚、吉布提和津巴布韦三国。艺术家可以以游客的身份亲历体验，从不同的维度给出独特的意见和建议。恰好，我们和上海市对外文化交流协会合作的"欢乐春节"活动也要在非洲举行，于是两个活动合二为一，为组织大规模的中国游客团组旅游积累经验。

就在艺术团准备出发时，2019年年初，因津巴布韦汽油调价，引发了民众的街头抗议，很快就演变成了打砸抢的骚乱事件，还发生了人员伤亡。局势的持续恶化让我担心，如果因津巴布韦局势而取消整个行程会让刚开始的计划骤然熄火，我把难处告诉了津巴布韦环境、旅游和接待产业部长普丽斯卡·穆普富米拉，她告诉我津巴布韦局势可控。她转达了姆南加古瓦总统的意见，现在是津巴布韦困难的时候，需要中国兄弟的支持，政府保证艺术团在津安全。我在征求了中国驻津巴布韦大使馆领导的意见后，决定如期出发。

文化先行探访神秘国度

艺术团到访坦桑尼亚、津巴布韦和吉布提三国在当地引起了轰动，三国政府也给予了高规格的接待，媒体广泛报道。

坦桑尼亚国家旅游局局长达沃特亲自到机场迎接我，并特意安排了警车开道。当晚我拜会了中国驻坦桑尼亚大使王克并汇报了“畅游非洲·新地平线”项目与坦桑尼亚国家旅游局的合作情况。1 月 18 日，我和坦桑尼亚国家旅游局讨论了“畅游非洲·新地平线”项目的实施计划。

当艺术团抵达达累斯萨拉姆机场时，坦桑尼亚国家旅游局局长达沃特带领一些官员和坦桑尼亚的民族舞蹈团在机场载歌载舞欢迎艺术团的到来。当天下午，我在坦桑尼亚国家旅游局主席米哈优的陪同下，拜会了坦桑尼亚自然资源和旅游部部长，部长表示非常支持和欢迎“畅游非洲·新地平线”项目。坦桑尼亚国家旅游局还举行了招待晚宴，宴请我们一行。宴会上播放了坦国旅游宣传片，在充满坦桑尼亚民族风舞蹈表演中，艺术团也即兴表演了中国传统文化曲目。

在坦国期间，坦桑尼亚总理马贾利瓦表示，政府将建立一个联合工作小组来推进项目的实施，他希望看到大批中国游客到访坦桑尼亚，促进坦中两国的旅游合作。总理希望第一批游客能够尽快到达坦桑尼亚，他还表示会亲自到机场迎接游客。

1 月 19 日晚上，在坦桑尼亚国家博物馆，艺术团与坦桑尼亚艺术家们同台献上了一场精彩演出，展示了两国的传统艺术和文化。坦桑尼亚一众要员、中国驻坦桑尼亚大使馆官员，以及在坦华人华侨和当地民众等 500 余人观看了演出，现场气氛十分融洽。此后，艺术团考察并游览了达累斯萨拉姆市的著名景点。

艺术团的第二站是津巴布韦首都哈拉雷。津巴布韦官员亲自到机场迎接，国家电视台还在机场采访了艺术团。当艺术团前往哈拉雷市区的时候，马路上很平静，没有骚乱的迹象，津巴布韦特勤局一路将我们平安护送到酒店。

艺术团不顾舟车劳顿，第二天一早便举行了演出。我们的到来在津巴布韦引起了热烈的反响，很多人特意赶来观看演出，原来准备的 200 个座位都坐满，还有 100 多人只能站着。在津华人华侨、津巴布韦政府官员、国会议员和当地民众等一起观看了演出，很多华人华侨含着热泪唱起了歌曲《我的祖国》。津巴布韦环境、旅游和接待产业部部长普丽斯卡·穆普富米拉特别感谢中国艺术团的到来，津巴布韦骚乱刚平息，很多西方媒体还在攻击津巴布韦政府的时候，是中国人给津巴布韦带去了信任和支持，中国是津巴布韦真正的朋友。那天，穆普富米拉部长和津巴布韦国家旅游局代理局长一起委任我为津巴布韦“旅游大使”。

艺术团的第三站是吉布提。同样，吉布提政府在机场举行了隆重的欢迎仪式，载歌载舞欢迎中国艺术团。

为了让艺术团了解吉布提的旅游资源，吉布提方面特意安排了警卫车队和医疗保障车，在吉布提国家旅游局局长陪同下艺术团游览了吉布提最著名的景点“阿萨尔盐湖”。吉布提海岸警卫队司令和吉布提总理办公厅主任还陪同艺术团乘坐巡逻舰游览了著名的亚丁湾。

1 月 25 日晚，中国艺术家和吉布提艺术家以及中国人民解放军驻吉布提保障基地的指战员们同台献艺，在吉布提最大、设备最先进的会场“人民宫”内进行了演出。中国人民解放军驻吉布提保障基地官兵、吉布提海陆空三军及警察部队官兵、中国驻吉布提大使馆官员、在吉布提的中资企业员工、华人华侨、吉布提驻华大使、吉布提总理办公厅主任、吉布提议会副议长、吉布提市市长、吉布提国家旅游局局长等中吉官员和当地民众等 600 余人出席。

在吉期间，吉布提总理卡米勒接见了我，他说，吉布提政府热切期待中国游客的到来，吉布提政府将全力支持“畅游非洲 · 新地平线”项目的实施，总理表示他将录制欢迎中国游客到访吉布提的视频。很快在几天后，我就收到了总理通过吉布提驻华大使转发来的欢迎视频。

首航团备受期待却遇意外波折

艺术团的成功让我们深受鼓舞，信心倍增。

从非洲回来后，我和浙江省文化和旅游厅商定以首航专机而非包机的形式组织游客到访吉布提、坦桑尼亚和津巴布韦三国。由浙江省文化和旅游厅作为政府机构对活动进行全局指导和把控，发动浙江省旅行社招募客人；浙江省广电集团推动媒体宣传；我公司则负责落实飞机租赁、对接非洲三国政府、落实境外接待。首航团专机定于 2019 年 5 月 10 日乘从上海起飞。

3 月份的天还有点阴冷，首发团却是异常的火热。在杭州举行的联合新闻发布会上，津巴布韦、吉布提、坦桑尼亚政府代表与浙江省文旅厅领导齐聚一堂。我也在会上宣布将为游客提供埃塞俄比亚航空公司可载客 312 人、全新的波音 787-900 型梦想客机，计划路线为上海—吉布提—乞力马扎罗—哈拉雷—维多利亚瀑布城—上海，全程 11 天，与会者反响热烈。这是历史上第一次中国客人专机游非洲。不到一周，游客报名和预登记的人数超过了 400 人。

然而不幸就在这时发生，3 月 10 日，埃塞俄比亚航空公司从亚的斯亚贝巴飞往肯尼亚内罗毕的 ET302 航班发生空难，一架波音 737MAX 飞机于起飞后不久在亚的斯亚贝巴郊外坠毁，机上 157 人全部遇难。事故发生不到两小时我就接到了有关人员打来的电话，说此事可能会对首航计划产生重大影响。因为发生事故的是埃航，马上搭乘埃航航班的游客会有心理障碍，而且，发生事故的是波音系列飞机。没过多久，大量已付定金的游客要求退团，原本预定的游客不少也取消了行程。

之后的一个多月里，有关埃航空难原因的各种报道不断出现，作为对游客关切的响应，我们决定将787-900型梦想客机更换为空客公司A350-900型飞机。机型变换以后，游客的招募情况稍有好转。空难对国际旅游的影响实在是太大了，我在焦虑的时候，吉布提、津巴布韦和坦桑尼亚三国政府仍然在热心地准备着迎接游客的到来。

我开始思考怎样既能把飞机坐满又能让整个活动变得更加有意义。我们决定重组首航团，包含游客团、媒体团、亲友团、网红团、商务团、政府公务团、旅行社从业者团、艺术团和专家学者团。有60多位艺术家组成了“达之路艺术团”，随行宣传中华文化，让非洲人了解中国；来自浙江师范大学、上海师范大学、丝路智谷研究院等科研机构的非洲问题专家也参与进来，为“畅游非洲·新地平线”项目实施出谋划策，提出指导意见。

经过多方的努力，首航团终于组织成功，这对精心准备的非洲三国政府也可以有个交代。为了进一步加强和非洲的文化和旅游交流，浙江省文旅厅还决定在首航团访问非洲期间分别在所到的三个非洲家举行文旅合作大会。

为了迎接中国游客畅游三国，吉布提、坦桑尼亚、津巴布韦的政府高级官员分别提前抵达上海对接落实接待细节，并赴杭州出席了浙江省文旅厅举行的“诗画浙江与狂野非洲的亲密接触——浙非文旅交流合作大会暨‘万人游非洲’启动仪式”。尽管首航国家未包含埃塞俄比亚，但是埃驻华大使和驻上海总领事还是特意赶到杭州出席。埃驻华大使强调，为了保障活动顺利进行，埃航派出了他们最优秀的机长担任此次专机首航段飞行任务。仪式上，浙江省文旅厅分别和坦桑尼亚国家旅游局、吉布提国家旅游局、津巴布韦国家旅游局签署了万人游非洲的合作备忘录。而埃航成为“畅游非洲·新地平线”项目的主承运人。

5 月 10 日晚 11 点多，专机搭载着 300 多名旅客顺利从上海浦东国际机场起飞，前往非洲。埃航特意在飞机上举行了“切蛋糕”仪式，欢迎之情深意切，可见一斑，也给游客们留下了深刻的印象。

全程惊喜的非洲大陆欢快之旅

因为上海和吉布提之间没有直接航权，飞机抵达埃塞俄比亚首都亚的斯亚贝巴进行技术经停，利用这个间隙，达之路艺术团在飞机上为游客们进行了快闪演出，给游客独特的体验。一个小时后专机抵达吉布提，吉布提总理卡米勒率多个部门的官员早已在机场等候，吉布提国家电视台进行了现场直播。吉布提政府为每一位游客准备了一朵玫瑰花，准备如此之多的鲜花对于严重缺水、95% 以上土地是沙漠的吉布提来说是非常不容易的。在机场，吉布提民族歌舞团盛情欢迎中国客人的到来。吉布提国家旅游局局长和特勤局

▲ 吉布提政府艺术团欢迎中国游客

陪同游客们前往非洲大陆的最低点阿萨尔盐湖进行游览，并为每一位到访阿萨尔盐湖的游客颁发了“游客证书”。当晚，吉布提政府的盛大欢迎晚宴上，有多名内阁部长出席。双方艺术团共同举办了一场精彩纷呈的演出。次日，在吉布提海岸警卫队护送下，团队游览了令人难忘的亚丁湾。

专机第二程抵达的是坦桑尼亚乞力马扎罗国际机场，虽然天空下着雨，但是，坦桑尼亚总理马贾利瓦率领外交部长、自然资源和旅游部长等多位政府官员到机舱口迎接游客，坦桑尼亚国家电视台现场直播了欢迎仪式。马贾利瓦总理举行了隆重的欢迎晚宴，为每一位游客分发了纪念品。晚宴上，达之路艺术团和坦桑尼亚艺术团分别表演了各自民族特色的节目。在坦桑尼亚的三天，游客们前往著名的塞伦盖蒂大草原、恩戈罗火山口等，饱览狂野非洲壮美大自然的美丽风光。

专机的第三站是津巴布韦首都哈拉雷，同样，津巴布韦众多高级官员和载歌载舞的艺术家等候在机场迎接中国游客。晚上，津巴布韦总统姆南加古

▲ 津巴布韦旅游部长到机场迎接中国游客（左一为本文作者）

瓦率领副总统莫哈迪和多位部长特意在总统府举行国宴欢迎中国游客，中国驻津巴布韦大使郭少春等中方官员也出席了晚宴。姆南加古瓦总统向中国游客强调，中国是津巴布韦真正的朋友。宴会期间，达之路艺术团和津巴布韦空军艺术团同台献艺。

专机的第四站是维多利亚瀑布城。为了让游客从空中俯瞰世界三大瀑布之一的维多利亚瀑布的壮观景色，经津巴布韦政府特许，专门清空领空让专机在维多利亚瀑布上空绕飞了两圈半。

5 月 19 日，专机从津巴布韦维多利亚瀑布城机场起飞，经停埃塞俄比亚的斯亚贝巴，直飞上海浦东国际机场，一场神奇美妙的非洲首航团活动顺利结束。

畅游非洲新地平线未来可期

早在 2019 年作为推进“畅游非洲 · 新地平线”项目的重要步骤，在浙江省文化和旅游厅领导和坦桑尼亚国家旅游局主席以及数十家坦桑尼亚媒体的见证下，我们公司与坦桑尼亚国家航空公司代表在坦桑尼亚国家旅游局签订了备忘录，将合作利用坦桑尼亚航空公司开通达累斯萨拉姆到杭州的直达包机航线，每周一班。这将是杭州到东非的第一条直达航线。并计划在未来以达累斯萨拉姆为中转点，联合津巴布韦航空、吉布提航空等其他非洲航空公司，为去非洲的旅客提供便捷的中转服务，从而促进上海、浙江及长三角周边地区和非洲的经贸往来，有效实施“畅游非洲 · 新地平线”项目。

坦桑尼亚国家旅游局对这条航线的开通充满期待，希望这条航线可以每年为坦桑尼亚带去上万名的游客。我们也对这条航线充满信心，每年到访浙江义乌的有数万名非洲客商，在义乌常住的非洲客商也不少于 3 000 人，在长三角地区留学的大量东非留学生和在非洲经商的数万名浙商，还有众多的中国游客等，加在一起是足以支撑航线运营的。备忘录签署后，我们立即开始了各项开航前的筹备工作。

中国经济的飞速发展，人民收入倍增，这让非洲国家对中国游客的到来抱有极大的信心，可以说是万众期待。自 2020 年年初，由于突发的新冠肺炎疫情席卷全球，暂时打断了“畅游非洲·新地平线”项目的进程。但是，对我们而言，2019 年 5 月成功出行的非洲三国专机游首发团，是中国对非旅游合作的一次全新尝试，也是中非旅游业合作的一次实践。我们在尝试中虽然遇到了挑战，但更多地看到了机遇。非洲正张开双臂，热情欢迎中国游客，而中国游客也应该利用这样的机会，向非洲人民积极展示中国的美好形象。我们时刻准备着。

何烈辉，上海达之路控股集团董事长，上海公共外交协会理事。

带您多维度走进华漕地球村

陈星言

“魔都”上海，多元文化的魅力深深吸引着来自世界各地的人们，越来越多的外籍友人选择工作和生活在这座海纳百川、开放兼容的远东第一大都市里。

位于上海西南角的闵行区华漕镇，就有这样一个“小小地球村”，这里居住着来自76个国家的8 000多名外籍居民。许多外籍居民在这里已经工作生活了十几年，部分家庭的孩子出生在这片土地上，他们在这片热土安居乐业，共同为华漕社区的发展添砖加瓦。

来自世界各地的国际友人们希望在这个“小小地球村”里找到志同道合的伙伴，并融入本地社区生活，闵行区华漕金丰国际社区发展促进会就是在这个背景下成立的。

有“态度”的小小地球村

这些年来，促进会努力配合、协助搭建地方政府与国际社区邻里之间的桥梁，积极组织国际邻里参与社区治理以及城市发展。协助华漕国际社区创新治理，促进中外居民友好交流，推动社区多元文化共融发展，凝聚居民力量，开展社区共治的民间外交。

最先出现的，是一本双语季刊《华漕生活　H·Life》杂志。起初，杂志主要介绍不同国家、地区的文化和风俗习惯，让国际居民更好地了解华漕这个大家庭，稿件大多来自周边居民。逐渐地，杂志在社区中引起了良好反响与一致好评，大家纷纷表示“太薄了不够看”。于是促进会进一步挖掘值得在社区内推广宣传报道的内容，让这本杂志成为社区居民爱不释手的有态度、有思想的社区纸质刊物。华漕镇的政府政策、经济发展、社区动态、教育人文、文化旅游、健康休闲等全方位信息在此一览无余，杂志的深度观察和原创报道，为居民们搭起了文化传播的平台。

现在这本杂志已累计印刷 23 期，覆盖区域内华漕外籍家庭、国际教育机构和酒店住宿业，甚至还延伸至新虹桥国际医学园区以及数百家社区商户与企业。超过 5 万人阅读这本杂志，汲取政策信息、了解社区动态、丰富文化生活。促进会还开通了更为便捷的微信公众号，实时发布双语推文和问卷调查等，“小小地球村”就这样逐渐成为了一个有“态度”的国际社区。

有“温度”的小小地球村

跨地域的人文在此交汇，世界各国文化在此交融，社区居民们乐在其中。这里有金丰国际市集、绿色骑行日活动、上海城市微旅行、洋太太旗袍沙龙，以及 2019 年被列入上海市旅游节活动菜单的“国际家庭日嘉年华”。这些别开生面的活动组成了华漕社区的文化之角，大大小小 70 多场丰富多彩的文化交流活动，让中外居民们在互动中慢慢熟悉起来，不同肤色和语种之间的友情也在此得到培养与升华。

一系列的中国传统节日庆祝活动也成为了社区居民交流、学习的好机会。促进会邀请外籍居民一起品尝中国传统节日美食、欣赏民俗表演、介绍中国传统文化，以文化展示并传递新时代的中国形象，推动中国文化更好地走向世界。随着一场场丰富多彩、喜闻乐见活动的开展，外籍居民逐渐感受到了华漕社区大家庭的温暖，“小小地球村”也逐渐变成了一个有“温度”的熟人社区。

对此，来自法国的吉娜深有感触。在一次联谊会上，她的丈夫和邻座一位来自敬老院的退休大学老师找到了共同话题，两人成为了忘年交。吉娜本

▲ 2021 年 7 月，百年华诞　不忘初心——上海中外友人家庭共庆中国共产党成立 100 周年活动　黄浦江游轮外滩主题灯光秀大合影

人也成了促进会的兼职员工。她说：“有外籍居民来上海时，我首先推荐的就是华漕。因为在这里，有志趣相投的好邻居和配套成熟的国际社区。”

特别值得一提的是庆祝中国共产党建党百年系列活动。2021 年 7 月 1 日那天，我们组织了“百人图形接力赛”，中外居民用接力健康跑的方式在地图上绘制“七一”图形，致敬革命先烈，庆祝建党百年。7 月 2 日，在上海市友协指导下，促进会邀请了来自近 30 个国家共 250 多名中外友人共赴浦江游轮，欣赏中国文化文艺演出和“永远跟党走”外滩主题灯光秀。外籍友人纷纷感叹建党百年来中国的快速发展与时代变迁，感受到在中国共产党领导下中国人民创造的美好生活。

有“深度”的小小地球村

为了提升外籍居民在华漕的归属感和主人翁意识，汇聚基层力量切实推动国际化社区服务落地开花，促进会建立了外籍居民参政议政平台，在地方政府与国际社区邻里之间搭起了一座“连心桥”。

从原来的外籍居民社情民意沙龙，到后来升级为外籍居民议事会，促进会定期邀请外籍居民代表和政府相关负责人进行面对面座谈，共同讨论发生在身边的问题和解决办法，参与社区发展和城市建设，并紧密围绕“三大”国家战略，积极参与打造长三角高质量发展的人民生活城市样板。

巴基斯坦籍居民阿米尔曾说：“华漕政府工作人员经常来促进会和我们探讨各类议题，让我感受到了尊重与认可，也很高兴能参与和见证华漕的美好变化。”

“小小地球村”在大家的共同参与和建设下已经越来越像一个有“深度”的“小小联合国”了。目前，华漕镇政府正在积极推进建设一个全新的华漕国际社区服务中心，这将更好地增强国际社区的凝聚力和文化交流。作为该服务中心的主要运营方，促进会将与华漕政府共同创新探索由政府引领、社

▲ 促进会在国际社区组织丰富多彩的各类活动以及外籍居民议事会

会组织托管、社区与多方共同参与运营的可持续发展共治模式。围绕国际社区所需的公共服务、文化交流以及对外合作，进一步搭建社区中外邻里间的桥梁，增强中国文化对外传播力和影响力，让中西文化得到进一步的交流与融合。

有“力度”的小小地球村

疫情期间，促进会开展了一系列有“力度”的举措帮助大家共渡难关。首先，深入了解外籍居民在封闭期间面临的困难，先后两次发布调查问卷，形成调研报告并反馈给相关部门，从而解决居民的困难，改善居民的生活状况。

促进会提供的全天候线上多语种咨询解答服务，协助政府、居委会为国际社区居民提供菜篮子循环配送，解决了社区居民的一部分难题。有不少外国朋友提出中国人喜爱的很多绿叶菜，他们不常吃也不会做，促进会就发动志愿者联系各大物资保供机构，寻找适合外国人口味的食材，并按外国人的饮食习惯和采购需求，制作了英文版的快团团链接，做到 48 小时内完成配送。

促进会的这些努力大家都看在眼里、记在心里，外籍居民们对防疫举措从一开始的不理解到后来的主动配合，甚至还有外国朋友主动请缨参与志愿工作、自发捐款捐物。有一位外籍人士在问卷中专门留言：“我们热爱这座城市、热爱华漕，这里有很多美好的回忆，我们不希望因为疫情离开中国。”

在华漕国际社区，中外居民在“疫”重情深的特殊时期，紧紧团结在一起。虽然大家说着不同的语言，有着不同的文化，但此刻的我们就像是一家人。

推进文化自信自强，加快建设具有世界影响力的社会主义国际文化大都市，是上海贯彻落实党的二十大精神，奋进新征程、建功新时代的重要举措。民间外交是中国特色大国外交的重要组成部分，促进会很荣幸能在上海公共外交协会的帮助下，在华漕镇政府的指导下，继续携手做好“小小地球村”里的民间外交，为上海公共外交事业贡献自己的力量，讲好上海故事、中国故事，展现“可爱、可信、可敬”的中国形象。

陈星言，上海新东苑投资集团有限公司总裁，闵行区华漕金丰国际社区发展促进会会长，上海公共外交协会理事。

以文化交流助力海外经贸巡展

——上海之帆“一带一路”经贸人文交流中的公共外交

傅文刚

自2012年开始，“上海之帆‘一带一路’经贸人文巡展”在海外十多个国家已经连续举办九届，这是立足于为国内中小企业开辟海外贸易交流渠道的、上海规模最大、全方位展示“上海制造”“上海品牌”“上海服务”的出展项目之一。从阿尔巴尼亚、斯洛文尼亚、匈牙利、乌克兰、白俄罗斯、立陶宛、拉脱维亚、爱沙尼亚、塞尔维亚，到新加坡、泰国等，“上海之帆”巡展项目成为上海实施“一带一路”倡议的一张靓丽名片，得到了举办地我使领馆、商会及当地政府的高度重视和积极支持。所到之处，国内外媒体纷纷报道“一带一路”经贸人文巡展的模式和业绩。

上海之帆“一带一路”经贸人文巡展之所以将经贸和人文叠加，正是因为中国是一个拥有五千年悠久而灿烂文化的国家，以厚重的传统文化底蕴加持，能够引发所到之处民众的积极关注，这是公共外交的魅力所致。每次巡展，我们一般都会尽力组织有经贸、科技和人文参与的代表团共同出海。在海外经贸展览的过程中，以文化为媒，针对性地穿插人文交流、文化展览等，努力向世界展示上海、推介上海，为商企跨国互联互通，搭建合作共赢平台。

文化同舟出海催生共同的语言

上海，以乡土文化、红色文化和海派文化为一体，其独有的文化魅力，所蕴含的东方文化风采，世人有所耳闻。

2018 年，"上海之帆"乌克兰、立陶宛、白俄罗斯经贸人文展期间，外方对我们特意提出在组织经贸展的同时，举办上海之帆"印象·上海绘画艺术展"的考虑非常赞同。

这次绘画艺术展征集了娄中国的当代水彩系列作品、曹怡的上海城市风貌油画作品、程秉志的海派写实风景油画作品等，受到了广泛的欢迎。三位艺术家在回顾这次展出活动时说，在考纳斯、明斯克、基辅三座城市举办的个人绘画艺术展，来宾络绎不绝，赠送画册、介绍作品，为此他们忙得不亦乐乎。彼此间的艺术交流，使人们拉近了距离，增进了友谊。

我们每到一处都受到了当地政府及我使领馆领导的欢迎和接待。前来参观的各国友人和艺术爱好者都纷纷翘起大拇指，盛赞："好！"画展期间，我们带去的介绍资料、画册很快被抢空。

在明斯克，白俄罗斯博物馆馆长前来画展，在作品前赞叹不已，"'上海之帆'张帆远航，给人们带来了不一样的文化和风景。不久后，我正好要去

▲ 曹怡（左一）、程秉先（左三）和娄中国（左四）三位艺术家在基辅举办的个人绘画艺术展上向外国友人玛利亚赠送画册

中国、那时我一定到访上海……”

说来也巧，画展展出的那天正值明斯克建城900周年纪念日，整座城市充满了节日的气氛。大街上不时有欢庆的人群走过，他们向我们这些上海来的客人频频招手，我们也挥动手中的气球向他们表示致意，载歌载舞的年轻人给我们送来甜蜜的微笑，共享节日的欢乐。这为画展带来了一抹喜庆的色彩，令人十分激动。虽然我们之间还存在着语言的障碍，但一个微笑、一个眼神、一个手势，足以表达彼此间的理解与友好。

程秉志老师提到，在基辅举办画展时，受到基辅市长的接见，当即，他把一幅他的名为“桥”的油画作品，赠送给基辅市政厅。市长回赠了一本沉甸甸的基辅历史画册，并一起留影纪念，友好情谊尽在不言中。

众多来宾中，有一位年轻女士向上海画家们走来，笑盈盈地用一口流利的中文做自我介绍：你好，我叫玛利亚，喜欢艺术、绘画。我欣赏了你们的作品，画得太好了。大家十分惊讶，在异国他乡，出现了能讲流利中文的乌克兰美女，这让三位画家兴奋不已。交流中得知她曾在北京求学多年，也到过上海，中国文化给她留下了难忘的回忆。回乌克兰后，她在博物馆工作，见到中国艺术品，依然使她流连忘返。

程老师进而说道：两个月后，我正在黄山旅游，突然收到了玛利亚的信息，感到十分高兴，互祝问候。我还挑选了几张黄山风光照发送给她。之后，玛利亚告诉我，她计划组织基辅艺术团队来中国交流学习，希望来上海见到更多的中国艺术家。

可见，我们的巡展，倘若能做好经贸与中国文化一齐出海，收到的效果可以是事半功倍，这就是公共外交的魅力。

直面接洽胜过一打的电话

上海至今仍保留着匈牙利建筑师邬达克设计的著名建筑。上海缘昌医药化工装备有限公司过总感言，在匈牙利，市民对来自上海的厂商特别友好，也许这是缘分，双方见面后的商贸洽谈非常顺利。

过总说，在斯洛文尼亚，我们会见了卢布尔雅那科技园总经理，参观了该科技园，双方相谈甚欢，建立了信任。一年后，卢布尔雅那科技园总经理果然带队来上海考察，回访了化工装备有限公司的二工区，他们对与上海的合作充满了信心。

上海有许多名牌产品和著名商标，但不能死抱着“酒香不怕巷子深”的观念做生意。制皂集团董事长黄有为认为，“上海之帆”是富有磁性力的平台和窗口，让我们看到了“世界之大”，拉近了国内外企业的距离，“一带一路”变得更加通畅了。回力鞋业副总经理张玉明希望“上海之帆”不断开辟的新线路，面对面、近距离接触，让回力产品销售到诸如非洲、中东等新兴市场。

上海赛怡国际贸易有限公司总经理对斯洛文尼亚马里博尔市长印象深刻。他认为，副市长是一个很好的政府官员，1 米 9 的高个特别显眼，每天带着微笑来展会，聊到我们摊位上的情况，有问必答，有求必应。市长安德烈-菲诗特拉维茨，则是戴着眼镜，一副学者模样，来现场听了中国产品介绍，往往会竖起大拇指大加赞赏予以鼓励。马里博尔市长顾问在我们回国后的几天里，又一次来到上海拜访，希望“上海之帆”有机会再次组团访问斯洛文尼亚马里博尔市。

上海乐飞实业有限公司姚总回忆起卢布尔雅那巡展说：一位当地老太太在展台上挑选着丝巾产品，我只能借助着翻译机向她介绍来自中国的丝绸文化。随着沟通深入，老太太说她儿媳就是中国人，正是收到了当地华人商会的通知才来观展，不久老太太儿媳也来到了展台。我一边为她们讲解着来自中国的高品质产品，一边描述了中国日新月异的发展和变化。老太太仔细聆听，同时讲了许多斯洛文尼亚的故事，她的儿媳帮我当起了翻译，也为后续业务发展提了很多宝贵意见。从陌生到相识相知，这对婆媳和我们成为了好朋友，至今都保持着联系。

通过短短几天落地的商品展和文化交流，斯洛文尼亚对中国有了更深的了解，无论是政府还是中斯两国民间，对经济文化及更多领域的开放合作都有了新共识。

相同的目标造就相投的朋友圈

“上海之帆”上海 · 明斯克经贸论坛在明斯克北京饭店召开。很多白俄罗斯企业驱车一个多小时来参会，近 80 家当地企业会后纷纷与“上海之帆”经贸代表团进行经贸对接。白俄罗斯企业家表示，第一次在明斯克和这么多的中国企业进行交流，除了经贸交流外，还欣赏了中国的艺术作品，通过经贸和人文交流了解中国、了解上海，交到了一大批中国上海的好朋友。明斯克电视台还专程对这场论坛进行现场实况报道。

中外参会代表纷纷表示论坛时间太短，意犹未尽。白俄罗斯工商会在第二年就回访上海，其间工商会副主席和白俄罗斯驻上海总领馆总领事拜访了上海公共外交协会，希望双方能够持续开展经贸和人文交流。

“上海之帆”经贸人文巡展已经在中东欧开展多年，上海化工协会副秘书长汪碧澄的相机记录下了一幕幕形象生动、精彩美好的瞬间。他深切地感受到，中国提出的“一带一路”倡议已经成为国家对外开放的靓丽名片，而巡展已然成为上海对外开放，连接世界的缩影。他说：连续走访了那么多国家，最大的收获是有许多志趣相投的外国同行，成为了我朋友圈中的一员，真是友谊之花遍地盛开。

“有事就找王秘书长”，这是化工展团企业中流传的口头禅。王秘书长说：她是带着任务来的，除了安排好企业的参展工作，更重要的是利用各种机会帮助企业拓展海外市场。一家斯洛文尼亚的企业慕名寻找“割不破”的手套，王秘书长领着这家企业来到了化工研究院的展位前，没想到这位外企

中国和斯洛文尼亚两国企业分享合作成果

代表要现场测试手套是不是真的割不破，王秘书长立马戴上一副手套现场演示，看的老外直呼"Super，Super！"老外竖起大拇指，你们的工作人员真敬业，女中豪杰。展会结束后，华谊集团的相关产品被要求留在中国驻斯洛文尼亚大使馆陈列。

上海华盛纺织的十字绣产品客户特别喜欢，加上本来在欧洲、俄罗斯、乌克兰、白俄罗斯、拉脱维亚、西班牙等国有销售，更是引起参观者热捧。我们在塞尔维亚展出的两幅十字绣分别被赠送给塞尔维亚东方之家友好协会和黑山共和国友好协会，一幅风景优美的欧洲风景十字绣赠送给驻阿尔巴尼亚大使馆，另一幅优美的欧洲风景十字绣作品送给马里博尔市的市长，均获得热烈的反响。驻阿大使姜瑜希望上海纺织企业去阿尔巴尼亚投资，重开阿尔巴尼亚纺织之路，斯洛文尼亚马里博尔市的宴会厅里，一边是欧洲油画，一边就是中国的十字绣作品，俨然成了"十字绣外交"。

上海之帆巡展以“交朋友，促合作”为办展宗旨，以“文化先行，经贸共赢”为办展理念，为加强各国企业家贸易合作带来丰硕成果。仅 2019 年在斯洛文尼亚举办的上海之帆经贸巡展中，展会现场成交签约突破近一亿欧元。“长风破浪会有时，直挂云帆济沧海！”随着国家“一带一路”战略不断深入实施，相信更多中国企业，上海企业走出去，讲好中国故事，上海故事。

傅文刚，上海市工业经济联合会合作交流专委会副主任，海上之帆会展（上海）有限公司董事长，上海公共外交协会理事。

走进美国国会山

陈　俭

那是九年前一个夏日的晚上，美国华盛顿国会众议院雷伯恩办公大楼二楼的金厅内灯火辉煌，人头攒动，镁光灯闪烁，热闹非凡。这里正在举办上海犹太难民纪念馆华盛顿巡展开幕式，有 6 位美国国会议员、总统犹太事务顾问和 200 多位嘉宾聚集于此，他们将一起回顾久已尘封的犹太难民与上海的中国故事。

让美利坚倾听上海犹太难民的故事

在上海虹口区长阳路上有一幢老旧建筑，上了年纪的居民们称呼它为摩西会堂，在它周围一整片地区，便是 20 世纪 30 年代之后及“二战”以来犹太难民的聚集区。

为了保存这段具有历史意义的记忆，在市、区两级政府的支持下，2007 年，摩西会堂转身成为了上海犹太难民纪念馆。美国是犹太人数量位居全球第二的国家，也是战后上海犹太人离沪后最主要的定居国。因此，在许多慕名而来的海外参观者中，尤以美国人为多。自 2012 年赴德国、以色列展陈后，纪念馆开始了美国纽约、洛杉矶和芝加哥的巡展，收到了积极的反响。

有了这些成功，我们的眼光放得更远了，我们把展览的目标锁定在美国政治权力中心，位于美国华盛顿的国会山。

但是，去美国国会山办展谈何容易！上海犹太难民纪念馆在世界上是个并不知名的小馆，有什么样的渠道才能让我们联系到国会山的办展场地呢？

犹太人在美国有很高的地位和影响力，我们突然想到当年在芝加哥办展时，合作十分融洽的伙伴是美国犹太人委员会（AJC），这个委员会在华盛顿一定会有丰富的资源。于是我们向对方发出了邮件，希望得到协助，果然，很快得到了 AJC 肯定的答复。

然而，两个多月很快过去了，我们期待的信息始终没有到来。看来即使是 AJC，要在国会山找到合适的场地也并非易事。于是我们启动了备用方案，寻找其他合适的地方。在美国的朋友帮我们找遍了华盛顿的图书馆、博物馆、犹太会堂、大学校园，由于种种原因，一时没有找到理想的地方。最终，有人推荐了市内瓦尔特·华盛顿会议中心（Walter E. Washington Convention Center），此地离华盛顿唐人街不远，是一个方便可达的地方。于是我们在该中心预订了一个 200 多平方米的展厅，并决定 2014 年 6 月 24 日正式开展，通过《华盛顿邮报》等当地主流媒体，把活动信息发布了出去。

在国会山办展览的机会不容错过

就在我们紧锣密鼓地准备赴美巡展前的 6 月上旬，却意外收到了 AJC 的邮件，说为我们预订到了美国国会众议院雷伯恩办公大楼二楼金厅 6 月 23 日下午 4 点到晚上 8 点共 4 小时的活动时间。也就是说，我们要在那里办展的话，必须在 4 小时内完成布展、撤展及活动的各项议程。

我们立即面临着这样一些问题，美国国会山办展是我们的首要目标，现在机会来了，虽然只有 4 个小时，办还是不办；如果办，它与华盛顿会议中心已经向社会公布的展览活动的关系如何理顺；仅仅 4 小时内就要完成一个展览所有活动，前所未有，能经受这样的考验吗？

大家决定，美国国会山的 4 小时来之不易，展示中国形象的机会不能放弃，所有的困难大家一起扛起来。

我们立即调整了巡展方案：将在国会山金厅的 4 小时活动办成华盛顿巡展的开幕式，而在会议中心举办的开幕活动调整为向公众开放日活动，巧妙地把两个活动合成为一个有机的整体；将国会山金厅的 4 小时分配为布展、撤展各 1 小时，开幕式活动 2 小时，照顾到一次展览的各个部分，又突出重点；为体现上海犹太难民纪念馆展陈的高质量、高水平，以及对各方来宾的尊重，放弃易拉宝这种简易展示方式，精心制作展板，完全按照正规展览布置方式布展；整个展览会的布展工作全部由代表团人员自行解决，维持原定预算支出。

为此展提供服务的展览设计制作公司，根据 AJC 提供的国会山金厅平面图，很快设计出了布展方案，确定以美观坚固轻便的铝合金型材制作展架。展板和展架制作完成后，我们在每个货品托运箱上编号，并在每个托运箱的统一位置贴上了显示内部物品的图表，列出装箱物品的详细清单。与此同时，所有现场布展时需要的螺栓能拧的先拧上，确保相关工作做在事前。为最大限度地解决现场人力问题，我们又组织了同行的虹口区代表团成员与纪念馆参展人员一起培训如何拆装展板，关键的环节还拍照录像，大家临行前反复学习，不少同志甚至一度成为了熟练的会展装配技术工。

终于，随着所有托运物品运抵美国并顺利出关的消息传来，我们悬着的心终于放下来了。6 月 23 日下午，代表团和工作人员早早来到国会山众议院办公大楼门前。3 点半，美方开始进行人员及其随行物品的安检，为此，我们又多获得了半小时的布展时间，心里顿感踏实了一点。

金厅宽敞明亮，午后的阳光从阳台敞开的落地窗上照射进来，带来了华盛顿初夏的阵阵暑气。金厅的对面是众议院外交委员会的会议室，此时无会，整条走廊静谧无声。

进入金厅，代表团领导和团员们立即脱下身上的西服解开领带，与会展工作人员一起卷起衬衣袖子，投入紧张的布展工作。有的根据布展图纸，按顺序把货品箱放置到位；有的负责打开箱子，把展架展板拿出来安装，俨然

◀ 2014 年 6 月，上海犹太难民纪念馆“犹太难民与上海”特展在美国华盛顿展出

一批有条不紊的专业人员。经过一小时紧张有序的忙碌，一个简洁大方又漂亮庄重的临展，就井井有条地布置好了。当大家重新套上西装戴上领带，从“布展工”切回活动仪式主人的身份后，应邀出席活动的嘉宾也开始陆陆续续到场了。

沉重的历史引发维护世界和平的共鸣

下午 5 时，开幕式正式开始。按照议程，美国合作方的 AJC 国际关系委员会主席阿兰·来希致欢迎词后，接下来应该是上海代表团团长、虹口区政协主席管维镛致辞，但是，参加活动的嘉宾们已经迫不及待，一个个不请自到地鱼贯上台发言。他们中有美国国会议员、白宫官员、美国犹太社团负责人等。美国国会众议员赵美心在发言时谈道，当她为推动国会众议院对美国历史上《排华法案》致歉积极奔走时，就是一家著名的犹太律师事务所为其进行无偿协助，最终，美国国会众议院于 2012 年全票通过了对《排华议案》表示歉意的议案。

活动现场，前上海犹太难民林登施特劳斯和埃韦琳·鲁宾还当起了“志

2014年6月23日，中国驻美国大使崔天凯在开幕式上参观“犹太难民与上海”特展

愿讲解员”。林登斯特劳斯说：“我经常告诉自己的儿孙，如果没有上海人民的帮助，就不会有现在的我和你们。”他表示能去上海是他人生中的幸事，他毕生都不会忘记中国人民对他和家人的接纳。鲁宾说，当年从德国逃往上海时她才8岁，还无法完全体会长辈们为生存而挣扎的痛苦，但当抬头看到天上呼啸而过的军机，并亲眼目睹日本侵略者对中国人民的残忍迫害，年幼的她依然能感受到战争的残酷。

中国驻美国大使馆公使陆慷在讲话时表示，在共同经历了这一段不幸历史之后，中国人民和犹太人民之间的友谊更为坚固。第二次世界大战期间，中国人民与美国人民肩并肩与日本法西斯侵略者进行战斗，一些美国犹太人也参加了中国人民的抗日战争。历史考验了我们之间的友谊，历史也已启示未来，只要我们不断坚定信念，决心保卫世界和平和安全，悲惨历史就不会重演。

在纽约处理完公务，因火车误点没赶上开幕式活动前半段的中国驻美大使崔天凯来到现场后即与参加活动的美国嘉宾亲切交流起来，并饶有兴致地参观了展览。活动结束后他高兴地对上海代表团说，国内来美国国会山办活动的机构还不多，而今天来了6位国会议员，这是非常难得的。特别是到会的200多位年轻嘉宾，他们大多为美国国会议员的助手，美国政坛的明日之星。所以，今天的活动将有深远的意义。

2014年6月24日，《人民日报》要闻版发表报道《历史不应被忘却》。报道写道，犹太难民幸存者以自身经历，回忆着中国人民的救助之恩。他们的讲述引起强烈共鸣：历史不应被忘却，否认历史的人不可饶恕。

陈俭，上海犹太难民纪念馆馆长，上海公共外交协会理事。

二胡像中国人，低调却有张力

马晓辉

2022 年中秋夜，黄浦江两岸灯火璀璨，悦星 6 号游轮缓缓穿梭在上海最繁华的浦东浦西之间，一轮皎洁的明月挂上船头。此时的我，正受上海公共外交协会之邀，和近百位中外嘉宾一起，在月光美景的伴随下，共赏中华传统文化的艺术魅力。那天晚上，我用我的二胡，演绎了《春江花月夜》《花好月圆》等传统名曲经典旋律，而美国著名心理学家、民谣吉他弹唱艺术家提姆·凯利医生不时用他那把心爱的民谣吉他为我伴奏，中西合璧、相得益彰，将现场氛围调到了最高，席间中外观众热烈鼓掌，久久不息。这无疑又是一个美好而难忘的夜晚。

作为中国国家一级演员、海派二胡音乐家、作曲家、教育家，国际文化交流大使，以及致公党上海市委委员，上海宋庆龄基金会马晓辉文化交流

2022 年中秋夜，与提姆·凯利在第二次“友艺之家”文化沙龙上共同演奏

艺术专项基金发起人，三届上海市政协委员、特奥会爱心大使、申博文化大使、联合国和平艺术家和上海公共外交协会会员的我，用数十年穿梭东西方舞台的从艺经历，不断探索二胡的表达边界，也为中华文化在海外觅得越来越多的知音。有人说我是享誉海内外的艺术家，是舞台上典雅端庄的“胡琴女圣手”，也是朋友眼中的“二胡仙子”。但我自认为，我是一位中国的艺术家，我要为中国的民族音乐走向世界而倾尽自己所有的努力。

我所感悟的“二胡哲学”，就是我常说的：二胡就像中国人，低调谦和，有智慧有张力。二胡只有两根弦，但这两根弦体现了中华文化的宇宙阴阳理念，一根弦代表逻辑，一根弦代表感性……

二胡的魅力在于简约和深刻

作为一名在二胡演奏界具有代表性的艺术家，这些年我为乐坛留下了《天山牧羊女》《悲歌》《引子・吟唱余快板》《荒漠暮色》《命运》《卧虎藏龙》等经典作品，我也创作了《琴韵》《圆梦》《弦之恋》等十余首二胡原创作品，录制专辑唱片30余张。然而，我与二胡的结缘却是不期而遇的巧合。

我成长在一个“文艺范”的知识分子家庭，儿童时代家中有三样乐器，小提琴、手风琴、二胡。我误打误撞选择了二胡，那时没想到，二胡将成为我的终身专业。

直到13岁时，我离开家乡成都，赴上海音乐学院附中求学。当年去学校报到时，中国知名作曲家、小提琴协奏曲《梁祝》曲作者之一的何占豪亲自到车站接我。入校后，我师从著名二胡教育家王乙，从此走上专业道路。

二胡古时由西域传入中原，经过多民族文化的浸润和融合，不断升华，终成中国传统民乐的代表性乐器。但少年时的我，没少为一些外行对二胡的刻板印象“生闷气”。

那时，每当我介绍自己拉二胡的时候，有些人真的会投来看不起的眼光：一个长得挺洋气的女孩，怎么学了个“讨饭”的二胡？我就一直为二胡鸣不平，二胡的外表可能没有小提琴、大提琴那么洋气，相比钢琴似乎也显得颇为简单、朴素。但越简单的东西越难，我觉得二胡的魅力正是在于它的简约和深刻。

在我的眼里，二胡的两根琴弦可以代表太多东西，1+1=2，再加上弓，就是三生万物了。我不能说二胡无所不能，但二胡确实是风情万种，它既东方又西方，既传统又现代，它不止于悲，也可以传递人的喜怒哀乐……所以我常说，二胡也蛮像中国人的，低调谦和，同时又很有智慧和张力。

一曲《茉莉花》征服世博官员

20余年来，我一直坚持在海外推广二胡文化。在联合国、卡内基音乐厅等世界级舞台，我曾经是“第一个吃螃蟹”的中国二胡演奏家。2003年，我首创制作的“二胡与世界握手”、2006年制作的“音乐与心理——二胡艺术疗愈之美”以及2011年制作的“回家圆梦”等全球巡演和赏析讲座，在欧美亚非诸国已举行千余场，我也被各国观众们誉为中国的“丝路公主”。

在天南海北的演出经历中，和在呈现多元气质的作品时，我多喜以中式传统女性的装扮示人，在展示中国人温婉形象的背后，同时展现飒爽义气的另一面。

我曾在荣获奥斯卡原创音乐大奖的华语电影《卧虎藏龙》中担任二胡独奏，有乐评人评价我是“现代玉娇龙”；也有朋友说我像“吉卜赛女郎”，凭借一己之力，在世界上传播二胡文化。

我自己也觉得不可思议，这么多年一个人云游世界，背着几把二胡，没拿政府一分钱，完全是靠市场走出来的。

我始终坚信，中国文化的海外传播，不光要有理论、知识精湛的技艺，还需要民间“践行公共外交”的力量。以琴为媒，知行合一，我感到自己身上肩负着一份责任，在越来越多元的舞台上担当起中国文化使者的角色。2007年，我担任了“特奥会”爱心大使，2010年成为上海“申博文化大使”，2020年担任“全球世博文化大使”，2022年成为“联合国和平艺术家”……，为此，我将不遗余力地去完成时代交付于我的使命。

当年，我参与上海申博活动去非洲游说，谈判过程一度很紧张。一次午饭后，我给现场的外方世博局官员拉了一曲《茉莉花》，整个氛围顿时天壤之别，一下子就轻松了，大家变成朋友了，这就是文化艺术的魅力。

走出国门的这些年，我不仅感受到中国文化艺术在海外影响力的不断壮大，也观察到了华人群体的变化。

我在海外经常与侨界人士打交道，参加“四海同春”慰侨演出。早期华人华侨的力量很薄弱，我的一场音乐会中，常常只是偶尔看到一两位华人观众。但到后期，特别是中国上海世博会之后，台下的华人华侨观众越来越多，海外的许多活动也都有华人华侨参与，海外华人华侨的地位已经不能同日而语了。在慰侨演出的时候，当地华人华侨以我们为荣，我们其实也以他们为荣，特别欣慰和温暖。

“期待音乐能慰藉和疗愈生命”

除了舞台演出和二胡文化推广，我还担任了众多社会公职。我连续担任了三届上海市政协委员，同时也是致公党上海市委委员。任职期间，我从来没有缺席过市政协的各种会议，天大的商演都会推掉。

我在市政协的提案多关注美育和音乐疗愈等话题。主要是从我自身的经历讲述东西方礼仪，结合美育、音乐疗愈，包括如何用音乐来净化、融化心灵，提高审美观念等进行建言献策。

2020年秋季，在上海百乐门中心首创“晓辉二胡艺术新风尚”精品沙龙公益音乐会，引领国潮“新风范”，旨在用斑斓旋律与绚丽色彩，为当下生命注入正能量

与许多艺术家不同，我比较热衷于跨界尝试和探索，倡导将高雅的音乐艺术呈现给普罗大众，所以我入驻了抖音，视频号也做起来了。有网友留言戏说，晓辉老师，你也“下凡”了啊！

新冠肺炎疫情暴发以来，我首创制作了“新风尚”“新乐潮”等一系列公益音乐雅集活动，和“琴诗化韵”“二胡诗乐”“琴诗”等系列艺术形式，旨在为观众、为当下生命注入正能量，彼此赋能，拥抱艺术创意，取得了良好社会反响。我觉得，要善于用音乐来传播正能量。当生活越是面临挑战的时候，我们越需要通过文化艺术，特别是音乐来慰藉和融化疗愈。

未来，我希望能为中国文化海外传播的升级，开拓一条以二胡为媒的音乐外交之路，致力于向世界传达简约质朴的中国民乐和“新国潮”风范，以及它背后深邃厚重的中国精神和中国力量，并为此尽绵薄之力。我们已经做了很多有影响的辉煌大事件与大活动，现在静下来做一些值得品味思索和可持续的艺术精品，我觉得是很有必要的，这更是我进一步的目标和追求。我们不仅要传递二胡艺术，更重要的是传达“高于二胡”的中国人文精神和理念。让中国的二胡艺术和“新国潮”之韵，去柔软世界，链接彼此，与美同行，芬芳心灵。

（本文改写自《二胡演奏家马晓辉：二胡像中国人，低调却有张力》，
原载《中国新闻·文化周刊》，原作者杜雅楠。）

马晓辉，国家一级演员，海派著名二胡音乐家、作曲家、教育家，联合国和平艺术家，中国致公党上海市委委员，上海公共外交协会会员。曾任第十、十一、十二届上海市政协委员。

润物无声，民间外交在路上

郑　艳

五年前的一天，上海公共外交协会的一位领导告诉我，协会已经核准我成为会员的申请。这对从小就希望从事对外工作的我来说，是一个大好消息。

我 11 岁进入外语学校学习，学校里常有外宾来参观，外宾会进入各班听课、互动、赠送小礼物，每当那时，我就发现外语学得好的同学能更加自如地和外宾对话沟通交流互动，这成了激发自己刻苦学习外语的动力。

从学校毕业后，我从事了心仪的与外语相关的工作，更是发现，不同地域民众之间的交往，由于语言、思维习惯的不同，往往容易产生误会。比如，有的地方在招待客人时，主人如果看到茶杯里没有水了，就会续水；而做客的人则相反，他们家乡的习俗是，看到主人为自己茶杯加水，就一定要喝完，否则就觉得不礼貌。这样，主客两方相互误解，续水一饮完，就尴尬地一直进行下去。

而由于语言产生的误解那就更多了。有个笑话说，You flatter me，应该是“您过奖了”，但是不了解语言差别的，可能翻译成“您拍马屁了”，褒义成为贬义。

因此，语言的背后是文化差异，一个国家不同地区之间是这样，不同国家之间更是这样。学习语言，不仅仅是为了能说对方听得懂的话，更是搭建一座增进了解、加强沟通的桥梁。

从入门者到公共外交学习者

虽然因为种种原因，我没能进入朝思暮想的外交部门工作，但随着年龄增长，工作经历丰富，对不同语言之间转换的深层次意义，我越来越认同了。顺理成章，我越来越喜欢这个工作，也越来越希望我的日常工作能成为“加强中外文化沟通，促进国际理解与合作”大目标的一部分。

加入协会，感觉更加接近了自己的理想。我有机会参加了协会组织的“中国企业走进东盟研讨会”“中国企业走进亚太研讨会”等，深入了解了企业走出去需要储备的从历史文化到经济法律各方面信息资讯；参加含11个主题课程为期一周的2018公共外交研修班，学习了公共外交理论，提高了对新时代中国特色大国外交方针政策的认识，提升了对外交往能力和水平；在2021年的“旗韵芳华，蝶变花岛”及2021中韩文化交流活动中，结识了来自英国、俄罗斯和西班牙等国的国际友人，得到了更多的机会向他们介绍我们中国的传统文化；在2022“友艺之家”文化沙龙——中秋赏月暨中国画交流主题活动中，让外国朋友跟随张慈贇先生，欣赏了解中国绘画。这一个个活动，每一次都精彩无比，留下难忘的记忆。

协会依托市政协优势，积极联系各界、搭建平台、协调关系、扩大交流，汇集开展公共外交研究和实践力量，服务国家整体外交大局和上海经济社会发展，是上海大外事、大外宣工作的重要组成部分。协会还成立了长三角公共外交联动工作机制，为推动长三角公共外交做了很多实事。2021年组织了会员赴合肥、扬州、温州等地考察，我参与合肥小组与合肥市政协、外办、高新区国际人才交流服务中心、国际交流合作处、国际内陆港、智归科创中心、高新区工委办公室等有关部门进行了“新形势下如何发挥公共外交积极作用”的座谈会，实地走访调研了皖高新技术企业，深入了解了市政府、外办、高新技术管委会、企业在吸引和留住海外人才方面共同合力打造的“科技外交”，受益颇深。

从参与者到公共外交主动实践者

协会不仅组织主办活动，也对会员们组织的和民间外交相关的活动予以大力支持。

2022 年 1 月，华东师范大学外语学院外语教学研究中心主任全建强教授找到我，相谈中他对我的将“加强中外文化沟通，促进国际理解与合作”作为日常工作的一部分这个想法也非常认可，认为可以一起为促进中华优秀传统文化进校园、鼓励中小学生用英语讲好中国故事做点事。于是有了后来的“白鹭杯”第一届上海市中小学生 / 留学生中国传统文化故事英文诵读活动。之所以起名“白鹭杯”，是借“一行白鹭上青天”这句诗，祝愿广大青少年能遨游天地之间，有广阔的国际视野。

华东师范大学外语学院外语教学研究中心、教师教育实验教学中心、国际教育中心担任了活动的学术指导，上海教育国际交流协会主办，我们炎博文化和万科实验小学承办，上海公共外交协会与上海译文出版社、上海电影家协会共同参与协办。

活动从 3 月 2 日开始报名，至 5 月 29 日结束，受到了家长和师生们的广泛关注，报名踊跃。共收到上海市中小学生及留学生视频作品近 700 份，

小学低年级组入围选手王星云参加线上展示，角逐一二三等奖

经过层层选拔，选出了51人入围5月29日的线上展示。5月29日当天，评委们根据学生的临场表现，评出了小学低年级组、小学高年级组及初中组三个组别的一二三等奖。

活动邀请了翻译家和老报人张慈赟、华东师范大学外语学院教授、上海电影译制厂配音导演、东华大学外语学院海外考试中心主任，ESDP英语演讲与辩论五项展评评委、上海交通大学外语学院教授、上海教育国际交流协会大型演讲活动负责人等7人担任评委。

评委会主席张慈赟认为，“白鹭杯”不只是为了鼓励同学们提高英语朗诵、语音、语调等技巧，更重要的是通过活动帮助大家加深对悠久中国文化的理解，学会用英语向世界介绍中国，讲好中国故事。

主办方上海教育国际交流协会秘书长李维平表示，首届“白鹭杯”以喜闻乐见的短视频方式，通过网络海选和展播，为学生们提供了一个全面展示英语应用能力的平台。

华东师范大学全建强主任说，当初的老外语人学外语，以外语为桥梁，了解、学习西方的文化和世界；现在这一代青少年学外语，肩负着用外语讲好中国故事、传播中国文化的新使命、新担当。这次“白鹭杯”的宗旨，就是让这种家国情怀走进学校、走进课程、走进学生的心里，激励学生通过反复诵读，学会如何把中国文化中的经典内涵用地道的英语呈现出来。

活动在家长中也引起强烈反响，很多家长给我们留言。“疫情期间，孩子们因为空间的局限性，很多的娱乐交流都受限。能够通过录制视频，用英语和朋友们分享中国的历史小故事，不但弘扬了中国的历史文化，也鼓励了孩子们学习英语，更锻炼了孩子们在演讲方面的能力，这是一次很有意义的经历。”初中组的陈英娇家长说。

小低组的王星云家长说：“在疫情期间，孩子通过线上方式参与活动，可以学到很多中国传统的故事如何用英语表达，为自己打开了一扇看世界的窗户。”

小高组的何琪骏家长说：“孩子很喜欢炎博文化公众号上的文章，想通过参加此次‘白鹭杯’活动，弘扬中国传统文化，争当中国传统文化推广小大使。感谢‘白鹭杯’组委会老师们在疫情期间排除万难确保活动顺利开展，实属不易，辛苦了！”

初中组的吕梓右家长说：“疫情期间孩子一直要在家上网课，初中阶段作业也比较多，业余时间就减少了很多。本来前面并没有打算参加，毕竟现在小朋友口语都不差，高手如林。但是她很快被里面生动的中国传统文化故事吸引了，每天都要听，听完一个就来给我们讲述一次，还经常模仿里面老师的口语，我们看到她确实喜欢，于是就让她自己选了一段来试试，发现她确实很投入，于是就试着参加了。真的很感谢老师们对她的鼓励，让她对英语阅读和朗诵有了更大的信心和兴趣。我们全家都很喜欢这个活动，弘扬民族文化，练习口语，向世界传播中国文化，算是从另一个角度增广见闻。”

看到“白鹭杯”能被教育机构、家长学生、社会媒体关注和认可，组织方各单位，都感到非常振奋，纷纷表示愿意继续参与下一届的活动，在推进中华传统文化进校园的前进道路上添砖加瓦。

协会始终对推进民间中外文化交流关注并积极参与。

2021 年底，我希望组织一次“张慈贇邀您走近中国画”讲座活动。张慈贇原来是下乡知青，后就学于美国斯坦福大学，获高级编辑职称，是上海日报创刊总编辑，曾担任过上海市人民政府新闻办公室副主任。多年来他积极从事中外文化交流，出版了《中国历代著名绘画作品鉴赏》《中国历史人物》《中国历史著述》《中国古建筑及其故事》等英语著作。他认为，不同的文化背景，会孕育出不同风格的艺术作品。为此，我们希望同样擅长丹青的他，通过中国画的介绍，向外籍友人、留学生解码中华文化，让他们进一步了解中国。

协会领导了解到情况后，立即表示会大力支持，并马上协助我们协调场地，邀请外宾，并与外办、防疫部门积极沟通，筹备各项准备工作，为活

▲ 讲座现场，中外嘉宾合作以毛笔画扇面

动的成功举办提供了充分的保障。此次活动结束后，来宾在留言簿上纷纷留言，认为“收获远超过 2 个小时”“终于看明白了此前一直云遮雾绕的中国绘画”“引人入胜，精彩绝伦”……

从实践者到公共外交推崇者

参与协会活动的这几年来，个人也总结了一些体会：

1. 宏大的“中外文化交流”需要具体的项目来落实。如果越来越多的人参与投入，外国人会更加理解中国人的抽象思维和具体生活习惯；学生们参与活动后也有可能把“中外文化交流”作为今后的职业选项。

2. 社会需求、组织支持，是今后开展中外文化交流活动的两大动力。诸如“白鹭杯”，以及类似“张慈贇邀您走近中国画”的中外文化交流是有社会基础的，很多家长、很多机构都有积极性，这鼓励了我们今后继续开展这类活动。包括协会在内的各方机构支持，这是今后开展这方面活动的另一方面支撑。

3. 还需要不断提高水平。希望今后能在规模、参与者，包括内容方面都有提高。不仅传播中华文化，还可以在中外学生相互访学、中外科技交流、中外普通民众生活交流等方面做更多的努力。

世界风云涌动、波诡云谲，上海是全球备受瞩目的城市。据官方统计，目前在沪的外国人有 46 万人，超过 6 万家外资企业，2020 年接待外籍游客 128 万人次（2019 年为 690 万人次）。境外代表团访沪方面，仅上海市工商联统计数据显示，2012 年以来，市工商联累计接待超过 400 批次的境外代表团来访，举办了 200 多场涉外经贸论坛。可见中外交流是多层次、多部门的。

协会为会员们搭建了一个看清世界、介绍中国、促进交流的平台，用实际行动践行了“团结联系上海公共外交领域的企事业单位、社会团体和个人，促进公共外交研究，开展公共外交实践，加强会员合作交流，服务国家整体外交大局和上海经济社会发展，为更好地向世界传播中国和上海的形象，为上海发展营造良好的国际环境贡献力量”的宗旨。

郑艳，上海炎博文化传媒有限公司总经理，上海公共外交协会会员。

雨中曹村镇走访记

——走访温州瑞安侨乡曹村镇活动印象一瞥

吴伟余

2020年4月，我随上海公共外交协会学习团走访了温州公共外交协会。其间与温州的同行就如何做好公共外交工作进行了研讨交流，学到了许多好的经验。此行，我们还应邀到温州瑞安的著名侨乡曹村镇参观学习，实地考察了该镇通过扎实建设侨乡，用侨乡的改革开放成果，向侨居的海外同胞讲好“中国故事”，进而由侨胞所在居住国，结合家乡建设的生动事例，现身说法地传播祖国现代化建设的巨大成就，展示中国社会主义国家的美好形象。曹村镇通过侨眷与家乡的情感联系，巧妙地将公共外交的内核精神“于无声处”在海外得到了发扬光大。曹村镇的公共外交实践，可以说也是探索公共外交新路的又一个范例。这里，本人谨走笔粗描考察曹村镇侨乡活动的若干观感。

原上海公共外交协会副会长李丰华（右一）、协会理事吴伟余（右二）等参观温州肯恩大学学生文创作品展示会时，与该校学生就文创作品在开展公共外交工作中的功能进行交流

那次，我们一行是拽着春天的尾巴，踏入温州瑞安南郊的曹村镇。因时值春夏之交，短暂的行程，天天“雨公”作陪。同行的朋友，面对雨天颇有怨言，我则乐在其中。

这不，驱车快抵近曹村时，我用手轻轻揉开车窗玻璃的一层水汽，瞥见远处朦朦胧胧的山坡上，浮游着硕大的一片片仿同蚕丝织就的云霓。斜雨细风中，翠青的巉岩，或横或竖地突起着，间夹在黑团团的背景上，那一抹抹充满生机的绿，还有耀眼的映山红，捉迷藏似的，若隐若现在乳白的云片中，淡雅灵动极了。下得车来，视野里全然展开的是一幅画坛巨擘黄宾虹笔下的雁荡山水气象。作为“文都武乡，瓯越粮仓”——曹村，沐浴着春雨，以儒雅的精气神即刻进入我的眼帘。

曹村素有“中华进士第一村”的美誉。此地坐西朝东，山势地形酷似太师椅，是堪舆家眼中的风水宝地。自南宋高宗至明成祖 200 年间，曹村科第蝉联、簪缨蔚起，经官考出进士 82 名，这里，无疑是人杰地灵。

随行的当地同志说，南宋开始，曹村逢时首登进士第，文风渐盛，人才辈出。曹村仅曹氏一门登进士甲科者 29 人，武进士者 6 人，特奏名进士者 21 人，太学进士者 38 人，武学进士者 6 人，乡贡进士者 9 人，胄贡进士者 35 人，漕贡进士者 16 人。南宋后期一位著名的爱国诗人曹豳系曹村进士，

瑞安市曹村镇田野风光 ▶

其勤政为民，才华出众，著有奏议、讲义20卷，诗歌、杂句60卷，有《春暮》诗作入选《千家诗》：“门外无人问落花，绿阴冉冉遍天涯。林莺啼到无声处，青草池塘独听蛙。”意境清新，活脱脱将中国耕读第一镇的曹村诗画呈现。

淅沥沥的雨水，在我的伞檐洒下一根根虚线般的水线，伴随我踏过村中流淌着潺潺山溪旁的一条弯弯的青石板路，以及村口成功举办过省级美丽乡村骑行越野赛、美丽乡村的彩色沥青步道，曹村南宋学子的朗朗书声和曹村追赶改革开放新时代的步履声，似乎在我的耳际不断交替着回荡。这时滴滴答答的雨声，在伞下听来是一曲动人心魄的古筝琴音。这般的情景融合，手握的伞柄如同会传递乐声的魔棒，弧形的伞面成了一个大自然音响的全真播音器。远离城市浮躁的曹村，当下，在我看来不仅是将沉甸甸的历史化成了悠扬的乐曲，更是由雨声切换成了美妙音符，叠转出一幅幅精彩绝伦的现代江南胜景。

登上雨中曹村村头的彩色钢架观景台，耳伴“雨公”独奏的美乐，眼观旷野美景，举目望不到边的观光农业综合体，依托着山、水、田、村等总面积计有5万多亩生态基地。那份只有田园中才能找到的宁静，在时有时无的雨滴里，早已悄然沉潜于你的身心，即使在泛着湿漉漉幽光的一丁点青青的草尖，仿佛也拥有可以将你所有的烦恼消融的魅力。刹那间，腾空飞翔的白鹭，低回过田埂河道，更让你有放飞心情、物我两忘，完全浸润在江南文化海洋里的感觉。怪不得，行前有朋友告诉我，如今的曹村是一个众多驴友青睐的热门打卡地。

值得一提的是，与“中华进士第一村”相关的“曹村花灯”，近年来已成为曹村地方文化的金名片。据介绍，首登曹村进士第的曹逢时，勤奋好学，每日挑灯夜读，三更半夜才回家。神奇的是，每每他夜读走出塾门回宿时，一路上总有一位老者为其提灯照路，而曹逢时回到家门口，转身欲向这位老者作揖感谢时，老者与灯又突然不见了。因而“神灯现，名士出”这句俚语在当地流传近八百年。由美丽的传说演绎的曹村花灯文化旅游节，每年举办期间恰与新春元宵佳节相逢。节庆期间，火树银花，人头攒动，花灯文化、耕读文化在暮色的灯影中大放异彩，曹村到处洋溢着喜庆和欢乐，为红红火火的中国年平添了一份浓浓的瓯越元素和江南韵味。

霏霏的雨丝里，我们一行穿行过曹村一垄垄雾气弥漫的田埂，踱步于掩映在山林烟雨中的一栋栋有城市风韵的楼房民居。正当我吮吸着空气里到处充盈的一份水淋淋的凉爽，并为之倍感惬意时，不经意间回望了一同行走的当地姑娘，只见她那张学生样的脸庞，焕发着一种青春特有的朝气。同时我注意到，在她的眉睫和发髻间，星星点点地缀上了一颗颗晶亮的水珠。这是一位今年刚大学毕业，放弃优异的都市生活，返乡工作的姑娘，她深情表示："瑞安是中国的侨乡，以前我们曹村不少先民为谋生，远涉重洋，奋力拼搏，事业有成，不忘家乡建设；现如今，在践行国家'一带一路'的倡议中，他们在海外又克尽心力，积极宣传祖国的建设成就，广交朋友，乐当传播中外友情的使者，可谓贡献良多，我们要以先辈为榜样，矢志奋进，为家园的美丽奉献所学，积极工作，并为侨眷做好服务，使侨乡在新时代社会主义建设进程里发挥好中外交流的桥梁作用。"姑娘最后还不忘热情地向我们一行补充了一句："欢迎各位届时来曹村参加花灯文化旅游节哟！"

姑娘那番情真意切的话语，让人闻之温润，甘之如饴。这一刻，雨中的曹村，以浪漫的江南诗情，秀丽的江南画意，甜滋滋地定格在我的心里了。温州践行公共外交，将曹村的历史底蕴和如诗如画的新农村形象完美地展现出来，不就是在讲述中国新农村的真实故事吗？

吴伟余，中国国际经济交流中心上海分中心办公室主任，上海公共外交协会理事。

做搭建中意经济文化交流桥梁的一分子

沈荣桃

时光荏苒，岁月如梭。上海公共外交协会自2011年成立之时，我即有幸成为首批会员。巧的是，在这十多年间，我又多次有机会以外交官之外的身份，在意大利工作，为中意之间的经济文化交流尽绵薄之力。

任职东航“上海—罗马航线”

2012年，时值春暖花开之际，中国东方航空公司经国家主管部门同意，回聘我去罗马营业部任职。于是，我再次持公务护照来到曾经在中国驻意大利大使馆工作和生活过的罗马，担任东航罗马营业部编外高级经理。

整治东航罗马营业部在意运营“水土不服”

东航在2011年3月开通了上海至罗马的直飞航线。或许正因为筹备时间紧，从而使得罗马营业部航线运营出现了“水土不服”等问题。对此，我对意大利政治、经济（金融）和社会文化等方面的了解和所积累的社会人脉资源发挥了作用。

我专程拜访了意大利原驻上海总领事、已升任意大利外交部副秘书长兼亚洲司司长的罗西诺先生。在他的热情支持和帮助下，东航罗马—上海航线及东航其他国际航线信息被纳入意大利外交部行政事务局秘书处的“意外交部工作人员国际旅行线路图表”中，供意大利外交官和工作人员及家属们来上海（中国）或公务或旅游参考选择。

有了良好的开端，我又相继拜访了同中国在经济、科技、文化和教育等方面合作交流较多的 100 多家意大利官方机构、企事业单位、社会团体组织和知名友好人士，并将装饰有东航航徽标志的飞机模型礼品赠送给他们，这些象征新航线的东航飞机模型或端放在接待主人的办公桌上，或留存在这些部门接待厅的礼品展示柜里，为东航打起了无声广告。

2012 年 7 月上旬，意大利政府在米兰皇宫举办“2012 年意大利政、企对话酒会”活动。意大利总理蒙蒂率政府内阁主要成员应邀出席。我应意中基金会主席、主持人契萨雷・罗米蒂的邀请，以东航代表、特邀嘉宾的身份出席活动。活动当天，在征得主办方同意后，我捧着事先在会议现场组装的东航最大、最美，足有 80 公分长的航线模型飞机，当着出席活动的意政府 12 位部长，100 多位经济、金融、科技等领域的龙头、骨干企业家，20 位特邀嘉宾，以及近百家新闻媒体的面，郑重其事地将东航的航线飞机模型礼品呈放在总理主宾席前的台中央，然后自报家门、致以问候，向蒙蒂总理简明扼要地介绍了东航情况和罗马—上海航线等信息。

这次有幸同蒙蒂总理近距离、面对面的赠礼交谈场面，对东航来说，收到了事半功倍的良好社会效应。东航在意大利的社会影响力、知名度得到了较大的提高，为拓展在意民航市场打下了基础。

协助罗马营业部与国际航协开通 BSP 结算系统

因欧债危机余波影响，刚开张的东航罗马营业部在意指定的对口银行，竟然将东航资信置于“不信任类别”而拒绝开列银行结算账户。为此，营业部无法申请加入国际航协 BSP 结算系统。我主动请缨，领受了解决开通的任务。

经过梳理，我拟定了一个较完整的《推进方案》及进度表，按拜访、联络、核实、确认、签约等五个环节，依次抓准节点，有条不紊、环环相扣向前推进：

一是专程拜访与营业部对口的意大利银行总行行长（曾在上海世博会接待过）及其罗马市行行长，说明情况，递交申请材料和合同文本草案，提出要求，直至得到正面解答。

二是在获得意大利银行总行及其罗马市行行长的正面解答后，迅速按《推进方案》构建了“意对口总行（罗马市行）、意行在沪分行、意驻沪总领事馆、东航总部相关办公室和罗马营业部”等五方联动、相互印证的合作工作链。其间施行的有效举措为罗马营业部的意银行账户申请正本清源，打下了无可挑剔的基础。

三是主动提出、联合组织并出席意行罗马市行召集的《中意双方合作情况对话会》活动。意方罗马市行内部几乎所有重要的运营、监控等职能部门的高管悉数参会。排除意大利银行管理层高管对我营业部申请程序中的信誉、资质、能力和前景等相关要素的疑虑。

四是在成功举办“对话会”活动后，我迅速主动做罗马市行行长的交友工作，变合作关系为深交朋友关系。其间，他曾风趣幽默地说：“若我行在7个工作日内完成此次审批程序，我可就要幸运地创造罗马记录了。”

2012年5月17日中午，距递交申请文本后的第七个工作日，我终于接到了这位罗马市行行长的电话，他告知我“现在可以陪贵航总经理先生来我办公室签约了！”至此，罗马营业部申请意大利银行账户终于成功，BSP罗马营业部结算系统也将随之开通。

罗马—上海航线在度过2011年3月开航后一年左右的困扰期后迎来了航季扬盛期。年平均客座率达到80%以上，航线座公里收入（即指航空公司运送1个旅客飞行1公里所得收入）达到盈利水平。在东航执飞的欧洲其他航线中行稳致远，迅速占据第一方阵。

罗马—上海航线最终取得成功也为我的东航编外之旅画上了一个圆满光彩的句号。

进军米兰世博会，助推上海文创走出国门

2010上海世博会成功举办之后，第42届意大利米兰世界博览会，于2015年5月1日至10月31日在意大利米兰市举行。我作为曾经的上海世博会组委会礼宾部意大利事务的高级主管，“2010上海世博会与2015米兰世博会合作协议书”首席执行官，经市里相关部门领导推荐，再次出山，走马上任，负责协助上海民间文创单位组团参展米兰世博会。

谋策略、定计划，征战米兰世博会

众所周知，参加米兰世博会得先需国内相关部门认可其资质。然而，对此我一无所有，故只能另辟蹊径，绕过障碍，避开陷阱，智入世博会，勇进世博园。

首先，我携带着一套完整的准备出展米兰世博会的艺术品资料和一座准备赠送给米兰世博会组委会的“米兰世博会纪念金鼎”模型礼品（上海世博会纪念鼎的姊妹鼎，实物鼎市场价值150万人民币），单枪匹马，应邀拜访米兰世博会组委会副总经理嘉利先生（总经理为萨拉先生，米兰市长）。

嘉利先生在阅览了我们的参展艺术品资料和计划书文本后，即刻将我们组织的中国和上海的艺术家列入了“米兰世博会组委会特别邀请参展嘉宾名录”。

过五关、斩六将，展品免费终出关

自从获准参加世博会之日起，即启动了参展进程。上海米兰世博会组委会随即发运了两个装满参展艺术品的40英尺集装箱至威尼斯港。如何顺利上岸、报关、出关、入库就成了我必须跨过的第一个门槛。

由于只有米兰世博会组委会领导口头承诺，没有一纸正式批文的参展艺术品在意威尼斯海关通关，要以五万欧元保证金担保。这对上海米兰世博会

组委会来说，绝无可能。

鉴此，我请在使馆工作期间结识的意上层人士，意大利前国家议会议长、意大利对华友好协会主席伊雷妮·彼维蒂女士给予帮助。出于对我这个外交官的信任，彼维蒂议长以意大利对华友好协会主席的名义给威尼斯港管理局局长签发了一份相当于担保的《推荐信函》。

当我拿着彼维蒂议长签发的信函找到威尼斯港管理局局长时，想不到他曾参访过上海世博会，还赞助支持威尼斯大区政府在意国家馆举办“威尼斯周”活动。所以这位局长朋友仅在彼维蒂议长的《推荐信函》上写了一句：同意彼维蒂主席信函要求。

第二天我手捧《推荐信函》见到威尼斯海关关长时，关长对我有这两位“后台”朋友不免有些肃然起敬、刮目相看，直接通知窗口给予“免保证金放行”处理。

智谈判、避陷阱，世博展品放光彩

在拜访米兰世博会组委会原上海世博会事务联络官时，我意外获悉联合国经社理事会一下属机构在园区内有一自建馆在招展，其机构办公室设在“联合国粮食及农业组织罗马总部”。这真是“踏破铁鞋无觅处，得来全不费功夫”。我立即夜车赶到罗马，第二天通过中国驻粮农组织代表处熟悉的官员朋友介绍顺利找到这家机构的办公室，按约见到了《联合国可持续发展项目监测基金会》会长、馆长法彼亚诺博士和副馆长鲁嘉诺博士。

法彼亚诺博士是意大利前总理贝卢斯科尼的朋友，力量党成员，也是“老贝”的 AC 米兰队的铁杆粉丝。所以当他得知我在“老贝”访问上海时曾陪总理在上海外滩放风筝及陪上海代表团在米兰看 AC 米兰与国际米兰德比大战被意大利国家电视台 RAI 拦截采访的奇特经历时，欣喜之情溢于言表。彼此间的新朋友关系瞬间升格为老朋友。

首次交谈让我收获满满，弄清了基金会自建展示馆的目的，更是印证了

在 2015 年米兰世博会 ▶

米兰世博会背后的意大利党派政治的纸牌屋规则及展示馆可接受安排其他展演活动的特权。

值此，我趁热打铁，提出“利用贵馆空档期展示中国‘一带一路’主题艺术品”，经济条件是“中方文创礼品买一送一，收益归展馆”，“馆内综合服务等愿按罗马人的习俗，付杯咖啡钱作为酬谢”！说着在桌边作了个威尼斯商人付钱的手势。如此这般，我仅用正常展费的十分之一费用，实现了征战米兰世博会，带领参展艺术家们跨进了他们梦寐以求的“2015 米兰世博园”！

亮风采、巧收官，战世博终结正果

盼星星盼月亮，终于盼到了进馆布展的这一天！这天子夜，两辆满载艺术品货吊集卡星夜兼程从威尼斯驶进米兰世博园，经过近 12 小时的奋战，终于将总重约 10 吨的栩栩如生的传世之作青铜组雕（丝路欢歌）、金光闪闪厚重无比的两座铜鼎（米兰世博会金鼎，米兰世博会威尼斯水馆水鼎）、气势恢宏的郑和下西洋商船模型船队，晶莹剔透的琉璃雕塑艺术品，小巧玲珑别具匠心的金箔艺术品、珍珠、玛瑙、玉石艺术品，文化底蕴深沉、颇具妙笔生花的书法、字画艺术品和文化特色浓厚的文房四宝摆件等安装、摆放就位，馆内馆外同步布置，一气呵成。

当日下午五点，举行了隆重而简洁的《中华青铜雕艺术米兰世博展》开幕仪式。出席开幕仪式活动的嘉宾名单中自然有我最重要的贵宾：威尼斯港务局局长和威尼斯海关关长。

2015 年 10 月 31 日下午，当我手持世博展品离岸申报单再次来到威尼斯港海关关长先生办公室时，这位关长大人立即起身，笑盈盈地指着玻璃书柜里我送给他的一对仿古青铜爵三足杯酒具礼品，再次感谢在他们全家参观世博会时受到的热情周到的接待，寒暄后便盖上大印，签上大名。

随着载有参展艺术品集装箱的中远公司货轮缓缓离开威尼斯港口码头驶向亚得里亚海时，我默默地目送着货轮远去的身影，不觉百感交集、感慨万千。

为了兑现承诺，实现参展米兰世博会的梦想，以一个既无官方背景、又无财团撑腰的昔日外交官身份，仅凭几名艺术家和文创公司拼凑起来的三个铜板作为盘缠，拖着两箱价值 2 000 万人民币的艺术财宝，不远万里闯进米兰世博园，免费进出税务关卡，然后华丽展出、完美收官，最后秋毫无损地完璧归赵，攒了个“有脸回江东，告慰父老乡亲”的江湖美誉。

我觉得，以我三十多年同意大利合作交流积累的经验和在意社会人脉资源，用民间公共外交的方式，是可以换取、挣来如此完美的结局。

沈荣桃，上海公共外交协会会员。曾任上海市人民政府外事办公室副处长，中国驻意大利大使馆一等秘书。

第二篇章

演讲

推广合作共赢公共外交的理念

李道豫

中国和美国是世界上两个非常重要的国家，对于世界经济社会的发展和世界和平与安全都起着举轻若重的作用。鉴于公共外交能够在国家关系方面发挥重要的影响，所以当今世界各国都在高度重视公共外交。而中美两国由于都是地域广袤、人口众多，人文底蕴深厚，媒体发达庞杂的大国，更应该重视公共外交，让公共外交在促进中美关系中发挥更大的作用。在美国，影响老百姓的有媒体，而媒体的背后影响媒体的有智库，智库的背后除了政府机构以外，还有企业，还有非政府组织、国会、政党、各种利益集团。所以，搞外交不能光盯着那些政府官员，而是要有大量的公共外交要做。

我们要做好哪些方面的公共外交呢？首先，要推广合作共赢公共外交的

2019 年 9 月 29 日，李道豫被授予“外交工作杰出贡献者”国家荣誉称号

理念。我们知道，当今以习近平总书记为核心的中国共产党中央所倡导的国际关系的中心思想是构建合作共赢的人类命运共同体。因此，我们要紧密结合中国的国情和国际环境，加强对公共外交在合作共赢方面做系统的理论研究，不断丰富和发展中国特色公共外交理论。比如说，习近平主席倡议的“一带一路”是惠及沿线60多个国家和地区的地缘经济发展战略，中国在构建与推进“一带一路”倡议时，我们的公共外交工作不仅要与各国的，包括美国政府官员建立良好的关系，也要与学者、大众传媒、意见领袖、智库以及战略界建立良好的关系。

其次，要改变过去只注重与政府官员打交道，却没有足够关注与海外的智库界、学术界和大众传媒培育和建立密切合作关系的现状，与之在公共外交的层面进行深入的交流和沟通。要与美国和其他国家的智库研究力量加强合作，逐步扩大我国在公共外交领域里的国际话语权。当前，尤其需要加强对合作共赢公共外交的理论研究，充实公共外交的理论内涵，增强中国走向世界的说服力和影响力，争取更多的国际理解、支持和认同。

再次，要善于讲好中国故事，尤其是以不同国家老百姓喜闻乐见的方式，介绍好中国的发展变化、阐述好中国的外交主张和政策方针。我们和美国以及其他西方国家有着很大的文化和传统的差异，适合我们国内人民的讲故事方式并不一定为西方人所接受。因此针对美国或其他西方国家就要加强调研，同时要加强和国外智库、学术界和媒体的交流，从而改进我们的公共外交。

最后，还要关注世界政治格局和经济形势的重大变化。面对目前以及今后的地缘政治和地缘经济挑战，我们应适当表明中国的态度：中国一向坚持平等共赢和维护国家安全的原则，愿意参与各种形式的区域合作平台和交流论坛。

中国学者们应当不断通过各种不同的渠道或者是平台与美国方面交换意见。通过与智库、政府、企业界的交流，为亚太地区的经济发展和世界经济的稳定增长，为亚太和世界的和平与安全做出积极的贡献，这是公共外交在国家战略建设方面需要发挥的作用。

（本文系 2016 年 6 月 19 日在“2016 中美公共外交论坛”上的发言。）

李道豫，上海公共外交研究院首届专家咨询委员会特别顾问，第九届全国人大常委，中国常驻联合国前代表和驻美国前大使，中国国际公共关系协会名誉会长。2019 年被授予“外交工作杰出贡献者”国家荣誉称号。

文化自信是做好公共外交的基础

吴海龙

这次的题目是“文化自信和公共外交”，我想就此谈谈我的看法，讲讲我所经历过的一些公共外交故事。文化自信是做好公共外交的基础，也是前提。而文化自信的核心要义是对我们所选择的道路的自信、制度的自信和理论的自信。没有这 3 个自信，文化自信就成了无源之水，再怎么样都自信不起来。试想，如果我们对社会主义制度、对社会主义道路、对中国共产党的领导、对马克思主义的理论信心都不足，那你怎么去做外国人的工作，怎么让他们认可我们、理解我们、接受我们呢?

外界对我们赞扬、敬佩，认可有之，但是误解、猜疑甚至抹黑也不少。正可谓“木秀于林，风必摧之，堆出于岸，流必湍之”。因此，需要我们在关键的时刻讲好中国故事、传播中国声音，向外界展示一个真实的中国，立体的中国和鲜活的中国。让人们辩明是非、以正视听、引领导向，树立我国在世界上的良好形象，为实现两个百年目标，营造一个良好、友善的外部环境，这是我们目前公共外交的重中之重。

随着中国国际地位的提高，中国外交也不断地提出一些新的理念、新的倡议、新的方案和新的举措。这些都影响着世界，影响着中国与世界的关系。公共外交需要向国际上的媒体、智库、民众讲清楚说明白我们的意图、想法、考虑、打算，以增进外界对我们的了解、理解和认可。开展公共外交要找准切入点，最好的切入点就是文化。文化能把人连在一起，让人心心相通。从文化上最容易找到双方的共同点，最容易跨越意识形态分歧，最容易进行沟通和交流。

公共外交的对象是外国人。我们千万不要认为中国在国际上已然“天下谁人不识君”，其实真正了解中国的外国人是十分有限的，大多数外国人对中国一知半解。我在中国驻欧盟使团工作时曾做过调查，欧盟议会有 700 多名议员，来过中国的不足 1/3，多数议员对中国并不了解。

我在担任中国人民外交学会会长期间，曾接待一个来自加拿大的媒体代表团，他们中多数人都没有来过中国，但是他们走访了中国多个省市后告诉我，原来对中国“不那么好”的印象是误解，现在觉得中国是令人敬佩的国家。公共外交的重点应该放在对于我们不太了解，甚至有误解或偏见的人身上。

中国的公共外交应该说任务很重，在促进对外交流和民众沟通方面有时可以发挥关键性的作用。公共外交需要明确做工作的对象，对知华、友华的人群，我们的情况和政策他们还是了解和理解的。但我觉得，公共外交的重点应该放在对于我们不太了解，甚至有误解和偏见的这些人身上，这部分人我觉得占多数。如果我们方法得当，思路对头，有些人还是可以被争取和转

▲ 在“文化自信和公共外交”对话会上发言

化的。

讲好中国故事是公共外交的主要内容，但是怎么才能讲好中国故事是公共外交的难点。我们有时习惯于用自己的思维和话语体系向外界讲述中国的故事，但常常让对方听得云里雾里、似懂非懂，甚至产生误解。尽管我们自己也讲，一定要用外界听得懂的语言去讲中国故事，但我们有时可能并不清楚，什么是外界听得懂的语言？什么是外界能够接受的思维？这就是症结所在。

其实，我们讲述的内容如果能做到客观、真实，少一些大话、套话、空话；语言表达能做到浅显、平实，少一些对概念的玩弄和排比，一般还是能让外界的人听明白的。有部纪录片叫《浙江故事》，这个纪录片记录了在浙江行走的30多天。这个片子没有大话、没有空话，更没有大人物、大场面，有的都是实话实说，讲的是浙江的丝绸、茶叶、中药、太极，走的地方是义乌的小商品市场，还有习近平总书记在浙江工作期间视察过8次的丽水，去过4次的下姜村。这些地点用影视的方式串起来，能使观众对浙江的发展变化有一个直观的了解。从义乌，可以看到中欧班列，从中欧班列，可以看到中国与欧洲经贸关系的联系，从而感受到“一带一路”和互联互通的意义。从丽水，可以感受到习近平总书记对浙江的发展所做的探索和实践，以及绿水青山就是金山银山的理念。《浙江故事》为我们公共外交提供了一个很好的启发和借鉴，我们在座的如果有时间的话可以看看这个片子，这是中宣部花了很大的功夫，安排一对英国夫妇到浙江去徒步旅行，让他们讲述一路的所见所闻。很容易看得懂，也很容易引人入胜。如果你讲空话大话就没有人听了。

搞好公共外交，人是决定性因素。我们必须要有一大批会搞公共外交的人，既要了解中国又要了解外国，既要懂政策又要有专业，中文好外文也要好。坦率地说，这方面人才目前是远远不足的，与我们的国际地位很不相称，与中国走向世界的要求很不相符。现在世界上每年都要举行许多论坛，几乎每个论坛都会谈到中国，但是很多时候，中国自己都是“失声”、缺位的，主要原因是我们派不出合适的、在国际上有一定影响力的人参会阐明中国的想法。因此，当务之急就是尽快培养和造就一批会宣传、懂传播、能交流沟通的人才，这是中国走向世界的需要，也是让世界认识和了解中国的需要。公共外交要丰富交流和传播的手段，综合应用各种传播载体、传播平台和传播产品，创新交流的方式和方法。我们要调动各种资源，充分发挥中央和地方、政府和非政府，以及各组织各领域各专业力量，形成合力，只有这样才能产生有效的影响和作用。

（本文系 2019 年 11 月 26 日在“文化自信和公共外交”对话会上的发言。）

吴海龙，中国公共外交协会会长。曾任外交部部长助理，中国驻欧盟使团团长、特命全权大使，中国人民外交学会党组书记、会长。

依托进博会平台促进文化交流

周汉民

去年4月10日，我国首场主场外交在海南博鳌举行，那就是一年一度的博鳌论坛，国家主席习近平在论坛上发表了主旨演讲。那天的演讲引起全世界的关注，因为由美国发起挑动的中美贸易摩擦，到那个时候已有一个多月时间了。

世界在关注，中国的国家元首会在论坛上讲什么呢？那天上午直播，我听完了直播，习主席整篇演讲说的是，中国的改革开放要有4个举措：第一就是进一步扩大市场准入的范围；第二要更好地营造良好的营商环境；第三要加强对知识产权的保护，并说了一句重话，让知识产权侵权行为人受到更严厉的惩罚；第四是今年我们要举办国家级的首届进口博览会。由此，首届进博会就定性为国家2018年主场外交的收官之作，这就是国家外交，但其本身同样是公共外交。

我以去年和今年两届进博会的观感引出我要谈的3个观点：

去年11月5日到10日，首届中国国际进口博览会举行。进口博览会别开生面，因为前无古人，之前没有一个主权国家主办过以进口为主旨的博览会，并且仅仅是进口的博览会，但中国举办了。6天时间，迎来了172个国家、国际组织和地区参展，海外客商3 000户，国内的贸易商以及参观、洽商和交流的人数达到40万，最终达成的贸易额为573.4亿美元。

这样的进博会世界关注、世界感慨，因为中国的对外开放经历了一个非常大的变化，就是从以外贸出口利益国转向同时兼顾进口的国家。这一变化是关键而决定性的。

今年11月5日，第二届进博会如期而至。同样是6天时间，参展的国家、地区和国际组织达到了181个。我们的国家会展中心很多人都去过，那里其实很难再找出展示的场所和空间了，但今年继续挖潜，在去年30万平方米的展示面积中，又开拓了6万平方米，今年达到了36万平方米的展示面积。由于面积扩大，来的客商增加到了3 800户，国内参观、交流、洽商的贸易商达到了50万人次。最终6天达成的贸易金额为711.3亿美元，比去年增长了23%。我告诉各位，23%是什么数字，今年全球贸易增长率为1.25%，但不包括11月份，因为11月还没有完。以23%的增长来结束这届进博会，也践行了习主席所提出的，进博会要年年办下去，要越办越好的目标。

刚才我提到了美国，我再提美国。这届进博会，展位租赁面积最大的国家是美国，进博会参展客商数最多的国家是美国。由此可见，贸易自由化、投资便利化是时代潮流，多边主义必须坚守，经济全球化不能逆转。我们以实际行动表达了对“二战”以来74年世界政治和经济组织的核心价值的尊重和坚持。

▲在“文化自信和公共外交”对话会上发言

由此，我想讲讲这两届进博会在文化自信和公共外交方面我本人的观感和感悟：第一，开放。刚才我提到，去年4月10日博鳌论坛习主席讲话最核心的是哪句话？以我个人的学习体悟，那就是改革开放是中国的第二次革命，它深刻改变了中国，也深刻影响了世界。去年12月18日，在改革开放40周年纪念大会上，习总书记非常郑重地宣告，要将改革开放进行到底。由此，所谓文化自信，首先就表现在开放；公共外交首先就表现在服务于开放。中国的改革开放如人到半山路更陡，越进越难，越进越险，但是目标不能动摇，步伐不能拖沓。这是我的第一个观感。

第二，共享。这届进博会，就是共享的进博会。进博会的主题，中文词前3个字是“新时代”，后4个字叫“共享未来”。翻译成英文的主题词在大街小巷也都能看到，但对英文翻译这件事我提过建议，我今天在论坛上再次提建议，这个主题词当中的逗号是不能省掉的，英文也如此。如果英文就这样连刀块下去，那是错误的。吴海龙会长在摇头，他是大家，说明他支持我的观点。我郑重向有关部门建议，这个在大街小巷出现的主题词，当中的逗号是必要的。

何谓“共享未来”？如果你走进进博会会场，你一定会有所感受。国不论大小，路不论远近，展品不论技术含量高低，均同台亮相同场竞争，它们都昂扬地在那里表现着自己。你走过路过，错过是你不对。白俄罗斯副外长说，进博会的意义远超自身；赞比亚商业部长说，进博会让我们回想起几十年前中美的伟大友谊。

我的一个学生在日本，去年偶然到上海跟我见面，我说有进博会你去参加。这个学生他为2005年日本爱知世博会和2010年世博会都出过力，组织能力很强，他本人不是富商，却有很好的组织能力，他把日本企业组织起来在我们进博会上搞了一个展台，去年居然被评为前100位最佳客商。他自豪地拍了张照片给我，进博会开幕式他也坐在很前面，我说我都没有资格来，我着实为他高兴。在中日关系回暖的前提下，他们对进博会如此重视，这是我又一感悟。美人之美，各美其美，美美与共，才可以做到天下大同。

我的第三个感悟，也是最后一个感悟就是：这届进博会，很大程度上留白了，就像中国的国画和山水画。留白是艺术，留白是文化。它留了什么白呢？留给我们什么样的远思遐想呢？它留给我们的是从下一届更好努力的三个结合。

第一，我认为一届进博会完全应当把进口贸易一分为三来考虑，也就是货物贸易、技术贸易和服务贸易。上海一家晚报在进博会闭幕当天发了一个大数据的统计，成为进博会报道的第一名。那篇报道就是数据，说进博会去了这么多的客商和参观者，但他们最集中去了哪里呢？是食品馆。去的最少的是哪个馆呢？是服务贸易馆。所以我为服务贸易再说两句话，我们的货物贸易固然值得关注，但技术贸易和服务贸易更值得关注。中国今天不仅仅是货物贸易第一大国，我们的服务贸易也名列世界第八。所以留白就留出继续努力的第一个方面，进口贸易三位一体。

第二，我看到很多客商说他们带来的展品只有一件，但洽谈的人很多。他们说，你们中国这么好的条件，能不能在当地造。这引发了我的第二个想法，就是我们的贸易是不是可以跟投资相结合。进博会，是中国改善营商环境的标志，也是中国又一轮招商引资的组成部分。

第三，进博会留白告诉我们，贸易不仅可以谈进口，也可以谈出口。贸易有上下游、左邻右舍、供应链和价值链，尤其是制造链，都可以找到合作的上下游。也就是说，可以有很多的出口，同时可以带动很多的进口，我们何乐而不为。

总而言之，进博会是国家外交又是公共外交，进博会彰显我们的文化自信，就是大气谦和。

（本文系 2019 年 11 月 26 日在“文化自信和公共外交”对话会上的发言。）

周汉民，全国政协常委，上海市政协原副主席，上海公共外交协会会长。

共建“一带一路” 法治保驾护航

周汉民

2013年9月7日，习近平主席在哈萨克斯坦纳扎尔巴耶夫大学提出“丝绸之路经济带”的主张，同年的10月3日在印度尼西亚雅加达提出共同建设“21世纪海上丝绸之路”。“一带一路”就此成为“二战”结束以来中国对世界所贡献的最重要的国际公共产品，不仅独善其身，更兼济天下，收获了世界的信任，并且发展和壮大了自己的信心。

八年来，“一带一路”深入人心，我国已与140个国家、32个国际组织签署206份共建“一带一路”合作文件，建立了90多个双边合作机制，与日本、意大利等14国签署第三方市场合作文件，有关合作理念和主张写入联合国、二十国集团、亚太经合组织、上海合作组织等重要国际机制的成果文件；截至2021年9月，中国与沿线国家货物贸易额累计达到10.4万亿美元，对沿线国家非金融类直接投资超过1 300亿美元，从2013年到2020年，我国与沿线国家货物贸易额占我国对外贸易总额的比重提高了4.1个百分点；中欧班列已实现月行千列、年行万列，截至2021年10月底，73条运行线路通达欧洲23个国家的175个城市……“一带一路”的国际影响力、合作吸引力不断释放，得到了绝大多数国家和国际组织的理解和认同，并积极参与其中。

“一带一路”何以能从国家倡议成为世界共识，“共商、共建、共享”的原则至关重要，因为“一带一路”是大计，所以需要“共商”，我们在与世界的不断融合中，不限国别范围、不是实体、不搞封闭模式、不干涉别国内政、不另起炉灶，全方位、开放性、多模式，充分满足人的需求和充分尊重人的尊严，“人类命运共同体”引发了强烈共鸣；因为“一带一路”是大业，所以需要“共建”。以基础设施互联互通建设为例，仅央企投资当地建设的

▲ 2021 年 12 月 15 日，由中国公共外交协会、上海市政协主办的中国企业走进“一带一路”研讨会在上海召开

重大项目和重大工程就有 3 000 多个，既包括立体化的海陆空交通基础设施项目，也有用于输送石油天然气的管道项目，还有信息高速公路项目。国企一马当先，民营企业也鼓足干劲。据统计 2019 年，中国民营企业 500 强中，有 191 家企业参与了“一带一路”建设，着力令人鼓舞。因为“一带一路”是人类共同的成果，所以需要“共享”，面对疫情给世界带来的巨大冲击，中国同 30 多个国家发起“一带一路”疫苗合作伙伴关系倡议，向 110 多个国家和国际组织提供了超过 17 亿剂疫苗。在全球经济持续低迷之际，据世界银行研究报告，“一带一路”将使参与国贸易增长 2.8%—2.9%，全球贸易增长 1.7%—6.2%，有望帮助全球 760 万人摆脱极端贫困。随着基础设施“硬联通”、规则标准“软联通”、同共建国家人民“心联通”的不断推进，“一带一路”成为各国共享的百花园。

未来，“一带一路”的全方位拓展，离不开中国企业的走出去，它们才是共建“一带一路”的主力军。而走出去，法律风险是不可忽视的最重要风险因素之一。由于“一带一路”沿线情况复杂多元，不同国家和地区在国家

◀ 在中国企业走进“一带一路”研讨会上发表主旨演讲

安全、反垄断、环境保护、劳工、税务以及行业限制等方面的法律规定迥异，相关法律还经常因政治经济环境的变化而不断调整。统计显示，在中国对外投资失败的案例中，有 16% 的投资案例是直接或间接因为法律原因导致投资受损或最终逼迫停止投资。因而，需要有更完备的法制保障，为中国企业走出去保驾护航。由此建议：

一是对双边和多边国际条约的谈判及制定，要更加全力推动。“一带一路”走向世界，与全球最大层面上的合作应该是法律框架内的合作。目前，除了上述“一带一路”合作文件外，中国已经与世界 110 个国家和地区签署双边税收协定或安排，与 25 个国际组织和区域税收组织建立了合作关系，与 26 个国家和地区相继签署了 19 个自贸协定。这些是包括民营企业在内的中国企业走向世界、参与国际贸易和国际投资的极为重要的法律保障。但仅仅这些还远远不够，应当进一步推动双边投资协定和区域自贸协定。去年 RCEP 的正式签署令我们深受鼓舞，今年中国又申请加入 CPTTP，意义就如同第二次“入世”。建议要在中国与相关国家的双边条约和相关区域的多边公约的谈判与签署方面采取更强而有力的行动，如中日韩三国自由贸易协定应当继续向前推进，积极缔结并且严格遵守有关的国际条约，为中国全方位对外开放奠定更为扎实的法律基础。

二是对中国企业走出去的法律服务体系，更要全面构建。一方面，要从维护国家主权、安全和发展利益出发，从保障中国机构、企业、公民的合法权益入手，加强涉外领域立法工作，在尊重国际基本法律准则的基础上，充分发挥中国法在解决涉外法律纠纷中的重要作用，不断加强与“一带一路”等国家双边或多边的法律交流合作，建立全球性的法律服务网络和体系。

另一方面，要发挥好律师事务所、会计师事务所、保险机构、咨询公司、公关公司等中介机构的作用。尤其是在应对法律风险方面，要更积极、更主动、更自觉地为企业提供法律服务。从近年来“一带一路”参与企业在海外的相关法律争议来看，有四类非常典型，一是合同争议，二是股权争议，三是劳资关系争议，四是知识产权争议。建议中国的法律界要更加重视和加强涉外法治人才培养，深入研究“一带一路”沿线国家和地区的法律、判例，关注各国立法、司法动态，从业务谈判到尽职调查，从法治环境比较到争议解决，为中国企业走向世界提供更强而有力的支撑。

三是对涉外投资的相关法律知识，要更深入普及。加强涉外法律知识的全面教育和知识普及，增强企业的法律意识。建议搭建行业性或区域性的法律信息共享和大数据服务平台，会同“一带一路”沿线国家驻华使领馆以及驻华商务代办机构定期组织投资信息交流会，提供包括专项前期研究在内的咨询服务，及时更新外国投资和企业收购兼并需求、外国投资法律法规及民风民俗、国际商务谈判习惯等有效信息，指导对外投资的法律事项。

天降大任，义无反顾。“一带一路”要坚定不移地走下去，就要在法治的保障下，融入世界发展的汪洋大海之中，迎接更加光明的未来！

（本文系2021年12月在中国企业走进“一带一路”研讨会上的发言。）

周汉民，全国政协常委，上海市政协原副主席，上海公共外交协会会长。

文化自信是更基础更广泛更深层的自信

叶小文

文化自信是更基础更广泛、更深层的自信。比道路自信、制度自信、理论自信更广泛更深层更持久。党的四中全会决定，把先进文化作为第五个现代化，这是国家治理体系治理能力现代化的深厚支撑，强调更好地构筑中国精神、中国价值、中国力量。我今天的发言主要讲的就是：以中国精神、中国价值、中国力量来应对“修昔底德陷阱”。

“修昔底德陷阱”大家都知道，现在在国际政治学中是一个老生常谈的说法，有些人深信不疑。法国前总统说，中美争端没有和解可能，和解也是暂时的。因为这不是贸易摩擦，而会成为世界领袖的争端。就算现在可以合作，美国也是要遏制中国的发展，这跟意识形态、民主、人权都没有关系。美国认为中国挑战它的老大权力，但是我们没有这样的想法。

◀ 在“文化自信和公共外交”对话会上发言

中国得益于迅速发展，但中国不会当“老大”，强起来的中国无论发展到什么程度，永远不称霸，永远不搞扩张。有人耸人听闻地断言，中美之争终会陷入“修昔底德陷阱”，因为一个新崛起的大国必然要挑战现存大国的世界地位，而现存大国也必然会回应这种威胁，于是战争变得不可避免。对此，习近平总书记的回答是：“我们都应该努力避免陷入‘修昔底德陷阱’，强国只能追求霸权的主张不适用于中国，中国没有实施这种行动的基因。”什么是中国的文化基因？可以讲很多，诸如自强不息、厚德载物、顶天立地；比如，执“中”为度，以“和”为贵，求同存异；等等。

去年吴海龙带着我去西班牙开会，下面坐了很多领导人，让我发言，我说中国没有实施这种行动的基因。他们傻傻地看着我，什么基因？你长得像你父母，这就是基因。一个国家一个民族也有自己独特的精神基因，那我们是什么基因呢？孙中山就说过，我们中华民族和平守法，根于天性，这是我们的内在行为，也是关注黎民苍生的外在超越。根于天性、出于修为、成于超越的和平追求，就是习近平总书记讲的中国的行动基因。

“礼之用，和为贵”，你去故宫看一下很多殿，都是有“和”字，我们百姓都说家和为贵。又如和尚的叫法，以前叫沙弥，现在叫和尚，就是和为尚啊。外国人不服，拿破仑说中国是一只沉睡的狮子，这只狮子醒来的时候世界都会为之发抖。中国这只沉睡的狮子已经醒了，但是一只和平的狮子，我们中国人民对战争带来的苦难有刻骨铭心的记忆，对和平有着孜孜不倦的追求。

我说醒来的中国是一只可亲的狮子。我讲半天他不服，我讲“一带一路”他还是不懂，我说我们中国的店开张，要放鞭炮，门口放两个狮子，这个狮子不是吃人的，是让大家一起发财的。进博会就是狮子，文明者有君子气度，君子情怀。我们 5000 年中华文明延绵至今，我们的魂是什么？就是主张天下一家、天下为公。中国是一只和平的、可亲的、文明的狮子，不要小看它，它不会炫耀武力，它不会惹是生非，也不怕死。

讲到这里，他们还是觉得你是一只会咬人的狮子。我说我们醒了，是宽厚的狮子。这个宽厚是什么样的基因呢？我曾经当过宗教局长，讲一个宗教故事。过去有一名佛教徒叫夏荆山，他去年去世了，他曾让我帮他在国家博物馆办一个最后的展览。

后来，他送我一句话："处世以真诚为本，待人以宽厚为主。"这就是两千年来培育了独特思维方法的中华民族的文化基因。今天在实现民族伟大复兴的路上迅跑，同样是如此坦坦荡荡立足世界、处事待人，厚德载物，"己所不欲，勿施于人"，"己欲立而立人，己欲达而达人"，践行多边主义，实现互利共赢，促进和平发展，致力于建设人类命运共同体。君子坦荡，得道多助，什么霸凌主义发起的挑衅，什么"修昔底德陷阱"的魔鬼，都能降服。

我们要站起来、富起来、强起来，我们喊"我的国"，你要有动力、活力、定力、硬实力、软实力。强起来要有思想穿透力。吴海龙讲的故事很有力量，他们显示的就是文化的力量，思想穿透力。思想走在行动之前，就像闪电走在雷鸣前一样。有了思想的穿透力我们就有众志成城的力量。世界有多大，公共外交就有多大。跳水运动员说"我使出了洪荒之力"，我说我们使出了磅礴之力。最根本的就是来自制度的自信，制度的力量。

党的十九届四中全会把目标说得清清楚楚。世界上只有两种力量，思想的力量和文化的力量。习近平总书记说，我们要坚持社会主义现代化强国，不仅要在物质上强，更要在精神上强，精神上强才是更持久、更深层、更有力量的。洪荒力量、磅礴力量当中，还包含着公共外交力量。

"经历了无数次狂风骤雨，大海依旧在那儿！经历了五千多年的艰难困苦，中国依旧在这儿！面向未来，中国将永远在这儿！"习近平总书记掷地有声的这段话，就是"中国强起来的文化自信"的最强音。中国"强起来"，就要有"强力"。习近平总书记说："江河之所以能冲开绝壁夺隘而出，是因其积聚了千里奔涌、万壑归流的洪荒伟力。"力透洪荒的磅礴之力，植根、凝聚、发端、持续、扩展于中国独特、深厚的文化积淀、文化自信之中。今天，“中国强起来的文化自信”已经并将继续厚积薄发、电闪雷鸣。

正如总书记说，没有什么可以阻挡我们前进的步伐。

（本文系 2019 年 11 月 26 日在“文化自信和公共外交”对话会上的讲话。）

叶小文，曾任国家宗教事务局局长、党组书记，中央社会主义学院党组书记、第一副院长（正部长级），第十三届全国政协文史和学习委员会副主任。

公共外交中亲历的“第一次”

冯绍雷

20 世纪 70 年代末以来，公共外交事务，一直是改革开放的一个重要部分。这段将近半个世纪的实践进程，不光承载了成千上万参与者、见证者投注的心血与努力，而且也留下了值得后人总结与思考的不少典章故事。沧桑巨变中的个人体验，虽不过是历史大潮中的雪泥鸿爪，但是如何进一步体味其中机理，发掘相关背景，仍需一一道来，求取印鉴。

北京大学第一次国际政治讲习班

1982 年底，北京大学国际政治系举办了我国进入改革开放阶段以后的第一届国际政治讲习班。记得当时虽然严冬已经来临，但来自各地各个部门的一百来个学员，包括各个大学与国际政治相关的专业教师与研究人员，云

◀ 在首届沪江公共外交论坛上发言

集北京大学，满怀热情地接受“文革”后的第一次相当系统、并且是高水平的国际政治专业培训。讲习班历时整整一个月。记得当时的系主任是梁守德教授，还有几位北大国政系的骨干教师，都为办好这国内第一届国际政治专业讲习班，尽心尽力，周到安排。而为讲习班授课的教员阵容，更是令人印象深刻。其中不光有外交部副部长宫达非、中调部领导陈忠经、外交家冀朝铸、学术权威陈乐民，还有资深外交官、英语专家薛谋洪等一批当时最优秀的专家型干部。

记得那时北大校园还是未曾扩建改造之前的老样子。尤其是隆冬时节，寒假降临，校园略显冷清。某日下午，宫达非副部长开讲。估计这也是他第一次来北大讲课。一走上讲坛，环顾教室四周，宫副部长的第一句话便是：“看来，北大的校舍比有些非洲国家的校舍还差劲。”于是，全场一阵感慨。陈忠经讲的是台湾问题。作为高级主管干部，不仅没有一点官腔，甚至有点中国老派知识分子的古朴风范。当他讲到当时台湾名记者江南被刺杀一案，不仅是娓娓道来，引人入胜；而且，分析之透辟、措辞之精到，迄今仍犹在耳边。薛谋洪大使作为资深外交官，当时接受中央安排，曾经专门负责对新中国外交的档案文献的系统整理。因此，从他的讲课中，我们不仅目睹了抗美援朝期间曾任中方高级英文翻译的风采，而且，第一次听到了这位战争亲历者，经过档案文献的系统研究，提出了对朝鲜战争不同以往的新评价：“朝鲜战争的结局，是中美打成了平手。”这次讲习班给我留下最直接影响的便是陈乐民先生的两堂课。上午讲的是欧洲问题，下午讲的是西方国际关系理论。这是讲习班上唯一独自承担两次讲课的一位专家。陈先生所谈欧洲给学员们留下最有意思的一段话，便是他所引用戴高乐的一句话：当莎士比亚还讲英语，巴尔扎克还讲法语，但丁还讲意大利语，那么，欧洲就还是民族国家的欧洲。亲见半世纪翻江倒海似的欧洲巨变，我们不由得感慨前辈学者的如此远见。

四十余年来，我经历无数次国内国外的专业讲习班，也举办过无数次这样或那样的讲习班。但最难以忘怀的，还是 1982 年北京大学那次国际政治讲习班。从需求角度来说，高质量的学理与经验传授，乃是成功的公共外交之所必备。

第一次东西方比较的国际考察

对公共外交的认知，不仅来自读万卷书，亦需行万里路。20 世纪 80 年代的第一次留学，就有幸取得了一次宝贵机会。1986—1987 年在苏联学习的最后时段，经使馆教育处批准，从苏联出发，西行至波兰，再西进德国，在东柏林穿越柏林墙，到西柏林，然后，南下奥地利，又从维也纳经近在咫尺的捷克斯洛伐克的布拉迪斯拉伐，折道匈牙利的布达佩斯，经过乌克兰的基辅，最后，东返苏联本土。这整整一个月中，我亲见了仍处社会主义体制之下的苏联与东欧各国。包括此前已详细考察过包括波罗的海三国在内的苏联各地。虽是处于冷战终结的巨变之前的最后一瞥，但改革之风已起。无论是政治、经济、文化生活都端倪可察。而那时的社会还大体稳定。因为随新华社资深记者同行，每到之处都在各地新华社住宿，省去大笔开支。尤为难得的，能聆听驻各国新华社熟悉当地历史文化、尤其是外语精到的老记者们对于当地形势的周详而又深刻的介绍。

此行最值得记录的，乃是一路行走之中，对于“东西方文明接合部”这个学术概念的体验。欧亚大陆西端的西欧与东端的亚洲之间，坐落着迄今人类历史上的最大一片“东西方文明接合部”。从人种来看，斯拉夫人、日耳曼人、斯堪的纳维亚人、犹太人、高加索与中亚各地人等在这里汇聚。从宗教看，东正教、天主教、伊斯兰教等各种势力在这里纵横卑阖。从自然地貌看，从东欧大平原向西，便渐进入中欧与西欧间森林地带，折向南方更是丘陵与山地。而从人文景观来看，在苏联境内的莫斯科、明斯克一带，根本无法看到那种西欧式的、以所谓“市民社会”设施——比如，有着市政厅、商会、教堂、法院、广场、老街——所组合而成的"老城区"。但是，从华沙老城往西，便渐渐有了更加西欧式的风范。维也纳则愈加如此。当时的考察，并未到达伦敦与巴黎。但是，仅从东柏林黑黑的地铁里曲曲弯弯爬出来，经柏林墙，在五光十色的西柏林"裤裆大街"之所见，那种从风俗到政治的开放程度，与莫斯科比，使人顿感云泥之别。在东方与西方之间的这么一大片犬牙交错之地，于是，就从当年对"文明接合部"的最初体验开始，伴随着我这一辈子的国际交往与研究。

对公共外交的第一次表达尝试

那还是1989年春天，中苏关系尚未恢复正常化，而戈尔巴乔夫即将开始他访华的"破冰之旅"。事后，我从文献中得知，戈尔巴乔夫为此行做足了功课。他在起飞前对身边同事说，"我们要像年轻人对于前辈长者那样恭敬地前往请教"。而中方也在积极准备。当时我所在机构上海苏联东欧研究所的领导姜琦老师，被安排接受一次重要采访。事前他听取意见时，我提出可以尝试用"人民外交"的说法，来表达中苏两国人民对两大邻邦关系正常化的期待。我从苏联回国不久，我所在苏联学术教学机构对我们的盛情接待，苏联老百姓对于20世纪50年代中苏友好时期两国年轻专家与学生交往当中的美好回忆，特别是我的苏联导师对于我无微不至的关照与帮助，令我难以忘怀。包括，当时国际列车进出中苏边境之时，都会在二连浩特换轨时停留。不光为了解除一个星期的长时间坐车后的劳顿，而且，也在当时冷战将近终结，中苏有望解冻的国际氛围之下，满车的中苏两国老小旅客，一起下车，热情奔放地互相邀请，在月台上便跳起了交谊舞。这种在普通人之间渴望交往的友善情愫，给我留下了十分美好的回忆。正是这样的体验与记忆，让我不由自主地想到了"人民外交"的说法，希望对尚未完全解冻的中苏关系有所推动。姜琦老师说："非常好！"于是，一篇以"人民外交"为主题，以“化干戈为玉帛”为本意，呼应中苏两国领导人握手言和的采访稿，在戈尔巴乔夫来访前夕，在《解放日报》正式发表。

政策咨询的第一次尝试

在国际研究这一领域，政策咨询与公共外交往往有着密切的关联性。

1991 年，苏联解体前夕，局势一波三折。震惊世界的“8・19”事件是其中的一个重要转折。当时的苏联副总统亚纳耶夫、总理帕夫洛夫、国防会议第一副主席巴克拉诺夫、国防部长亚诺夫、内务部长普戈、克格勃主席克留奇科夫、全苏农民联盟主席斯塔罗杜布采夫、全苏国营企业和工业建筑运输邮电联合会主席季贾科夫等 8 位联盟中央高层官员，于 1991 年 8 月 19 日突然成立了紧急状态委员会，软禁了在索契度假的戈尔巴乔夫总统及其家人，在全苏实行宵禁，企图阻止继续实行他的激进改革路线。当时的局势异常复杂。对于此事如何判断，当时在国内有过一些争议。

鉴于在苏联较长时间的学习与生活体察，回国后始终保持与苏联专业人士的广泛交往，包括“8・19”事件突发后的密切跟踪研究，发现“8 人委员会”当时并未得到各界广泛支持。于是事发后两天，我们提出：“8・19”事件还将会发生重大反转。此后进程证明了这一判断符合事态的后续发展。据当时上海人民出版社总编辑陈昕告知：曾任上海市政府领导的汪道涵先生向他谈及，我们对“8・19”事件的判断得到了决策层重视，对中方立场的形成起到了积极作用。陈昕在转达中还提到，汪老注意到我们及时提出了这一重要判断，又不事声张，十分低调。在此之后，汪道涵先生在很多年中全力支持我们的俄国研究。华东师范大学人文学院、后来的俄罗斯研究中心与中国俄罗斯东欧中亚学会，从 90 年代到 21 世纪初的十余年中，几乎每年都在上海举行全国范围的专业研讨会，探讨苏联解体以及相关重要议题。这成为当时的中国俄罗斯问题研究的一个重要平台。

第一次组织国际学术研讨会

90年代初，中国改革与开放进入新阶段，对国际交往与研究都提出新的要求。当时，我受命任华东师范大学人文学院院长，一直想组织专业的国际会议，但因学校财政有限，未能如愿。直到1994年，经时任联合国开发署官员的赖尚龙先生的帮助，也在香港浸会大学黄枝连教授以及香港客家总会的热心相助之下，由上海物资贸易中心免费提供国际会议场所，终于举办了一场题为"欧亚大陆桥与区域经济合作"的国际研讨会。新华社老领导、本身也是资深国际专家的李储文先生以及上海市副市长谢丽娟亲自到会致辞，来自亚、欧、美、国内各地以及本校的共五十余位专家云集一堂。我记得，这是华东师范大学的文科在改革开放以后所举行的第一次大型国际研讨会。这次国际会议之后，我们机构和国内同事组织过很多次国际会议，场面越来越大、规格越开越高、水平与见识自然也不断提升。但是几十年之后回想起来，忘不了的，还是这第一次。因为，这次大会倒也是体现了中国学术界改革开放的一般路径：海外华人学者首先倾力推动中国大学对外交往；研讨会主题一般是紧随中国改革与发展的步伐；而且，大学资金拮据往往要依靠企业的帮助。

第一次参加欢迎美国总统的上海市长酒会

1998年6月下旬，克林顿总统携夫人希拉里与女儿切尔西访问中国。当时刚刚发生过台海危机，中美关系正经历严峻考验。就地区形势而论，1997—1998年金融危机尘埃未定。而从全球视角看，美国决定北约东扩，世纪之交的大国关系正进入与冷战终结初年不太一样的崭新格局。

记得这是在初夏的一个傍晚，我接到通知，参加徐匡迪市长所举办的欢迎克林顿一行访问上海的正式酒会。地点在刚刚落成的上海博物馆圆形大厅。那天，作为国际专家的老朋友，当时担任美国助理国务卿的苏珊·秀克先到会场。她一进会场便对我们几位上海国际问题学者说，今天克林顿总统非常兴奋。因为，克林顿在虹桥机场一下飞机后，上海方面不是按照最便捷路线，把车队直接拉到南京西路克林顿下榻的波特曼酒店；而是把车队引上了延安东路高架——当时的这条高架有一个非常出挑的景点，那就是延安东路外滩著名的“亚洲第一弯”，顺着下滑的高架斜坡，由高而下地将浦东、浦西人间美色尽收眼底。此时，正值华灯初上，上海街头一片辉煌，克林顿总统为此大感兴奋。尤其当车队从中山东一路拐进当时还不是人行通道的南京东路之后，上海市民颇有礼貌地自发向总统车队招手。克林顿在车上此时已按捺不住激动，频频向市民挥手致意。然后，车队才折向南京西路波特曼酒店。

徐市长主持酒会开始，克林顿致辞。他是从西装里边的口袋里拿出了一份小小的讲稿，看来是有备而来。他说：“尊敬的徐市长，实际上在来上海之前，我们已经听说了您的故事。”克林顿说道：“听说，当时上海的老市长朱镕基先生曾经找您谈话，说是要想请您担任上海计划委员会的主任。但是，您说，恐怕不行。为什么？您说，您不喜欢计划经济。然而，当时朱镕基市长回应，‘我就是想找一位不喜欢计划经济的人来担任计划委员会的主任’。”全场哄堂大笑。这就是在诸多国际危机硝烟未烬的背景之下，中外高层间令人印象深刻的一幕交流。

第一次参加瓦尔代国际辩论俱乐部

俄罗斯瓦尔代国际辩论俱乐部是在2004年建立，主要是为面向西方政要高官展开公共外交的一个重要平台。迄至今日，已正好二十年。本人是在2006年有幸受邀成为这一论坛的参与者。当时，除了日本之外，还没有其他来自亚洲的学者。当时的瓦尔代论坛并不是像今天那样的大型集会式的论坛，而是三四十名国际专家围桌而坐，与普京总统边用餐、边交流；还可以在小范围的咖啡茶歇与小径散步，抑或是十余人的圆桌晚宴。总之，与普京总统本人有比较方便的交流沟通的机会。

该年秋天，瓦尔代论坛在索契举行。可能是因中国学者第一次到场，不光大家比较关注，普京也格外礼遇。对话之际，因想对总统提问的人多，所以，普京往往会做一个选择。而记得当时我刚一举手，普京不光马上注意到，而且向我示意。我提出的问题是关于上海合作组织今后的内部与外部发展的趋势。普京听着，但看来一脑多用。他一边听，一边又回应说：请您稍等，让我先对刚才已回答的问题，再补充几句。然后，普京微笑着折向回答我的问题。他说，请允许我在回答中国教授提出的问题之前，先透露一个我的小小的秘密。看大家兴趣盎然，普京接着说，“不知你们是否知道，20 世纪 90 年代，当我担任圣彼得堡副市长的时候，我是负责对外经贸工作。而上海是圣彼得堡的姐妹城市，因此每两年我会按照约定飞往上海。而每隔两年，当我在上海的机场降落，我会突然发现上海在这两年中又经历了巨大变化。当时看到这一切，我真的是感到神游天外。我真不知道，当今世界上还有哪一个城市能够像上海那样，如此迅速地改变面貌。”普京话音未落，全场的眼光都投注到我这一边。记得在会后，美国哈佛大学的俄罗斯中心——这是一个非常老牌的权威研究机构——的主任提莫·寇顿教授情不自禁地对我说：怎么总统先生对你们上海有如此高的评价？

以后的很多年中，尽管形势发生了翻天覆地的巨大变化，但是，每年瓦尔代论坛上，参会者都可以听到普京对于中国、或者是中俄关系的评价。而且，每次这样的评价虽然都有新的内容，但是，其基调始终友善真诚。

第一次公布与布热津斯基先生的一段对话

2010 年雅罗斯拉夫论坛上，我与参会的兹比格纽·布热津斯基先生有过一番对话。当时，俄罗斯梅德韦杰夫总统执政，美国奥巴马总统还正在“重启”对俄关系。布热津斯基先生在论坛发言中公开主张，现在，是到了由北美、俄罗斯、西欧、斯堪的纳维亚共同建立一个“北半球民主共同体”的时候了。他讲完话，走下论坛后，我们便一起步入餐厅。因为，在此之前与布热津斯基先生有过沟通，他一边走一边主动地问我：“您是从中国来，您对我今天提出的这个论点有何看法?”我说：“这个问题比较复杂。您主张成立‘北半球民主共同体’，那么，您打算把一些正在学习民主、实践民主，但不一定是西方式的民主国家作何处置呢?”布热津斯基先生当即回答说：“我曾经主张 G2，你们不接受。那么，你们可以同伊朗、印度、土耳其、巴基斯坦这些国家一起来组成另一个联盟。”当时，我回答：“您不担心这样来组建另一个联盟可能会导致一场大规模的冲突吗?”说到这里，布热津斯基先生似乎意识到了什么。他马上对我说：“今天我们的对话是属于私人对话，请不要见诸媒体。”我说：“好的。”然后，我们就入席开始了晚餐。

一直到布热津斯基先生去世之前，我履行承诺，十年来从来没有公布过以上我们这一段对话。现在，一方面因老先生作古数年；另一方面，有人说，布热津斯基先生曾主张过的观点，可能会重新成为现实战略选择。因此，对此做一介绍，便于理解当下的事态。值得指出，虽然，布热津斯基有着上述主张，但是 2014 年乌克兰危机后，布热津斯基的观点有所变化。面对国际局势的总体恶化，与其说，布热津斯基依然恪守“民主共同体”之说，还不如说，在其晚年，他更加突出和多次强调的是“中俄美三边合作”这一命题。我觉得，布热津斯基先生本身思想的微妙变化，就是一个值得探讨、也非常具有现实意义的话题。这是在全球转型的“再转型”中的一个小小的、但值得深思的侧面。

冯绍雷，上海公共外交研究院首届专家咨询委员会委员，华东师范大学俄罗斯研究中心主任，上海市智库周边研究中心主任，中国国际关系学会、上海国际友人协会副会长，俄罗斯瓦尔代国际辩论俱乐部学术委员会委员。

人文交流推动中非合作行稳致远

刘鸿武

推进中非人文交流是一项系统工程，需要战略引领、政策支持、理论支撑、实践操作各方面的通力配合，而深入把握中非文明或文化的特质，提升学术理论研究水平是重要前提与基础性工作。

理论意义与战略价值

在人类文明与文化漫长演进过程中，中国与非洲因在地理上天各一方，历史上形成的文明文化既有相同之处，亦有巨大差异。中华文明与非洲文明都曾长期走在世界文明前列，皆以自己的方式创造过特定时空内的区域文明，产生过各有特色的知识体系与思想智慧，并在许多时候与许多领域影响过人类文明的发展进程与演进走向。因地理上相距遥远，中华文明与非洲文明直接交往与相互认知并不容易，较之世界其他文明交往历程，中非文明交往的发生发展相对晚近，但从世界文明史的角度上看，整体形态与精神气质具有巨大差异的中非两大区域性文明，一旦相遇并开启跨越大洋的对话交流，必然会带来特殊成果，引发深远影响。

回顾世界文明与文化的交往史，古代中非间的往来也曾一度繁荣。中非的交往在早期就将彼此纳入各自的域外知识体系，尝试建构关于人类世界的真实图景，这在世界文明交往史上具有重要意义。

近代以来，随着西方列强兴起并在全球进行殖民扩张，中非间直接的人文往来逐渐沉寂，在被迫卷入西方主导下的世界体系后，双方在外部力量支配下有过殖民地半殖民地间的间接交往。进入 20 世纪的百年历史进程后，中国与非洲面对西方的殖民压迫互相发现了对方具有相似的身份与时代角色，怀有共同的奋斗目标与发展主题：反抗殖民压迫、实现民族独立、建构新兴国家、复兴传统文明、推进国家建设等。这些历史使命赋予中国与非洲相通的现代政治属性，从而跨越原有文明形态差异而建立一种现代意义的文明交往关系，使人类现代文明发展的总体格局发生意义深远的改变。百年来，中非双方的人民在承受现代变革压力的同时，也在努力通过复兴传统文化，加强交流互鉴，探索自身现代发展，而逐渐参与全球现代文明的塑造过程，开拓出人类现代性的新内涵与外延。与此同时，中非探寻各自文明现代复兴与合作的持续努力，也在推进世界文明交往的基本格局与国家关系基本形态，从“单向度的”“中心支配边缘的”不平等世界文明体系，逐渐转向“多向度的”“网状平等的”多元文明平等交往、合作发展的新世界体系。今天，世界历史的变革动力日益来自人口更为众多、地域更为广阔、文化更为多样的非西方世界，这是今天我们推进中非人文交流的世界背景与时代基础。

从开阔的世界历史发展与人类文明进步的角度观察，我们可以看到，中非人文交流的意义是寓于世界文明发展史之中的。它将不仅促进中非文明复兴，加强中非合作发展，还将从思想源头上推进中非人民更积极主动而自信地参与人类现代性的二次建构，诠释人类现代性发展的文明史意义，丰富人类现代文明的结构与基础。进入21世纪，中非合作论坛成立，标志着中非文明交往进入新时期，中非发展合作的内容快速扩展、影响日益扩大、前景更趋广阔，双方致力于建立政治上平等互信、经济上合作共赢、文化上交流互鉴的新型战略伙伴关系。中非人文交流由此提升至新的战略高度，其广度与深度均以前所未有的规模向前发展，为中非合作与世界文明发展注入新的动力。

中非合作关系包含政治互信、经贸往来与人文交流三个方面。政治、经济、人文形成三足鼎立之势、相互支撑，中非合作关系才能在稳固基础之上实现可持续发展，而人文交流因惠及民间、扎根人心，对未来中非关系的稳定发展，更具有基础性、长远性作用，具有无可替代的战略价值。

时代要求与空间拓展

在中华民族近百年的复兴发展进程中，中华文明更充分发挥了善于吸收外部世界先进文化的传统优势，在许多领域主动汲取外部世界的先进知识与思想，获得了经济社会的快速发展。中国经济已经高速发展 40 年，未来一二十年，中国还将继续保持较高的经济增长速度。中国经济规模的巨大变化，毫无疑问将对全球既存的政治经济格局产生重大影响。同时，当今中国的经济社会生活已高度融合于外部世界，这使得今日中国比历史上任何时候都更深刻地与外部世界形成复杂的互动关系结构，在此背景下，观念与文化、思想与知识的内外互动交流也将日益频繁紧密而重要。

当前，中国处于近代以来最好的发展时期，世界处于百年未有之大变局，两者同步交织、相互激荡。时代的变革更要求当代知识精英创新性地重新思考中国与外部世界的相互关系，思考中华文明如何在往昔基础上开创新的发展前景并进而影响外部世界的未来发展。在这一时代背景下，中非双方努力以文明和文化的力量，突破现有国际环境的时空限制，在全球范围内打开文明交往的新局面，将为中非双方开辟更广阔的外部发展空间。这不仅推进中非双方现实发展合作，也将带动发展中国家的发展进程，为整个世界带来新的发展机遇、发展资源、发展平台与发展空间。由此可见，推进中非人文交流具有特殊的时代意义。

第一，中非人文交流应有助于创造中非发展合作所需的人文环境与社会基础，为当代中国构建更具政治合法性、道德感召力与文化魅力的“国家身份”与“国家形象”提供特殊的国际舞台。当今各国在应对共同挑战的过程中，既需要经济科技力量，也需要文化文明力量。通过由中非文明内核驱动的中非人文交流，中国可以在一个足够宽广的、能持久产生全球效应的国际活动平台上，更主动地树立一个文明负责任的全球大国积极形象，以此缓和由全球复杂利益与发展变化引起的外部压力与冲突。

第二，中非人文交流应推进当代中华文明的世界化进程，使中华民族在新时期形成更开阔的全球视野、更包容的文明胸襟、更多元的文化欣赏力。今日的中国已是“世界之中国”，“未来之中国，必将以更加开放的姿态拥抱世界、以更有活力的文明成就贡献世界”。历史上，南亚印度文明、中东阿拉伯文明和欧洲西方文明，先后进入中国并对中华文明之进程与结构产生影响，今天热带非洲文明与中华文明的交流也必将产生重彩华章。通过中非人文交流，可使当代中国人更好地观察和欣赏非洲文化艺术的天然品质与本真美感，形成更全面的世界文明眼光、更均衡的全球文化视野，培养出对人类多元文化的普适性关爱情怀。

第三，中非人文交流应激发当代非洲知识精英群体的民族理想与文化情感，使其重新审视非洲与中国、非洲与西方、非洲与世界的关系，对当代非洲发展问题与非洲发展道路选择做出更独立的思考与自主判断。当代非洲知识精英群体大多接受过比较多的西方教育，对当代非洲问题的看法也曾深受西方主流观念影响。通过加强与中国在发展减贫、治国理政等人文领域的交流，能促进其更多地反思西方主流理论，探索非洲本土文化与知识传统在全球化背景下的变迁、转化和提升，获得非洲发展与现代化的内源性动力与积极力量。

第四，中非人文交流应增强中非人民的文化自信与知识自立。习近平主席指出：“文化自信是更基础、更广泛、更深厚的自信，是更基本、更深沉、更持久的力量。”人文交流的影响不仅局限于精神文化领域，而且将带动政治、经济等其他领域的系列发展变化。了解和认知对方文化的过程，将会带动双方学术、智库、媒体各界在内的文化交流与合作发展，推动中非经贸合作向更利于民生改善的新领域发展，有助于双方从文明演进背景上来理解对方的发展道路选择，并据此更好地制定符合双方真实发展需要的中非合作战略。

今天，中非合作已经成为中国推进全球新型合作体系与人类命运共同体构建的特殊观察窗口与最佳实验平台。习近平主席在中非合作论坛北京峰会上，从责任共担、合作共赢、幸福共享、文化共兴、安全共筑、和谐共生六个方面，提出了共筑更加紧密的中非命运共同体重大理念，为中非命运共同体增添了时代内涵，也为构建人类命运共同体指明了方向。

建构人类命运共同体，需要通过平等对话、多元交流，汇通人类的知识、思想、文化，创造出超越个别区域、个别国家范畴的真正具有普适性的人类共建、共通、共享的知识体系与文化体系。在这一宏大背景下，中非学术界应跟上时代节奏，创新学科建设，返本开新，立足中非，融通全球，双向建构"中国非洲学"与"非洲中国学"。这两大学科的创新建构过程，孕育着人类知识与理论创新的巨大空间，包括当代国际关系理论和相关的人文社会科学理论。长期以来，中国高校人文社科领域的学科建设存在一些短板，仍有巨大的拓展空间，当代中非学术界应当以建设"中国非洲学"与"非洲中国学"为契机，携手努力有所作为，突破西方哲学社会科学的话语

在坦桑尼亚向南部非洲六姊妹党共建的尼雷尔领导力学院赠送学术著作

垄断，产生原创性理论与全球性思想，构建中非及其全球共通共享的知识、话语、文化体系。

实践探索与发展方向

习近平主席指出，研究人类文明，激发创新灵感，“最直接的方法莫过于走入不同文明，发现别人的优长，启发自己的思维”。研究非洲文明尤其应当如此，研究者只有走入非洲，置身于非洲文化场景与生活环境，才能真切感受和理解非洲文化的个性特征。虽深入非洲大陆领略其文明、学习其文化殊为不易，但舍此别无捷径。因此，非洲研究是一门行走的学问，当代中国学人只有长期行走非洲、扎根非洲、观察非洲，才能做好非洲研究。从事非洲研究，推动中非人文交流，需怀揣温情、心怀敬意、点滴积累、持久努力。

人文交流就是要实现通过丰富多彩的人文交往，推进民心相通、平等往来、互学互鉴、美美与共。学术界推进中非人文交流，需知其层次丰富、领域广阔、形式多样，不能仅停留在理论研究层面，更重要的是知行合一，将理念付诸实践。习近平主席反复强调，“大道至简，实干为要”；要“做起而行之的行动者、不做坐而论道的清谈客”。可以说，推进中非人文交流的要义是行动与实践。

第一，促进学者参与全球智力和智慧精进的知识对话。恩格斯说过：“一个民族想要站在科学的最高峰，就一刻也不能没有理论思维。”由此，中国学术界继续探索中国的非洲研究创新性理论与方法尤为重要。非洲自身历史文化及对外关系的独特性、复杂性，为中国学者认识非洲、理解非洲、研究非洲提供了鲜活的案例，也激发了中国外交新理论、新思想的产生，同时也是新理论的重要实践场域。

第二，加快非洲研究的人才培养。推进人文交流，人才是保障。除了浙江师范大学非洲研究院构建了本硕博连贯的“非洲学”学位体系以外，北京大学、南京大学、华东师范大学等院校不仅招收非洲研究方向的国内学生，而且还培养了一批来自非洲国家的青年学子攻读研究生学位，为中非人文交流提供了有力的人才队伍。但与欧美、日、俄等人才队伍建设相比，群体规模较小，尚有很大的提升空间。另则，人才自身素质与能力建设也颇为重要，需形成一支能讲好中非合作故事的舆论引导和知识普及的中非学者队伍，并广泛活跃在中国和非洲学术界、媒体界、智库界，产生影响力。

第三，创新多元平台，拓展国际话语权。各类研修班、学术论坛或国际研讨会可汇聚中非学术资源，聚焦中非关切的热点或重大议题，通过交流互动，增信释疑，提升了重要观点的影响力和传播力。例如，浙江师范大学非洲研究院于2019年8月举办了中非智库论坛第八届会议，中非智库界、教育界、学术界和媒体界约400人参会。参会代表围绕“全面落实中非合作论坛北京峰会成果”主题，交流观点增共识，集思广益谋落实，打造了行之有效的中非话语体系。又如，云南大学非洲研究中心2019年12月举办的“中国—南非民族文化交流工作坊”，通过学术交流、走进民族社区等多种方式，使包括14名来自南非的民族文化与非遗传承人、艺术家、专家学者等参与者，更多地了解和感知了中国、南非两国丰富多彩的民族文化的魅力与内涵。从长时段的视角来看，此类学术交流机制仍会发挥思想传播平台作用，需要断创新与丰富。

第四，中非文化传播面向大众，向非洲民众讲好中国的故事，向中国民众讲好非洲的故事。中国与非洲虽相隔万里，但通俗易懂的文学和影视作品可以贴近中非人民的心灵，成为认识彼此和了解彼此的窗口。例如，四达时代译制的斯瓦希里语版的《三生三世十里桃花》、豪萨语版的《熊出没》以及浙江师范大学2019年制作并在中央电视纪录国际频道（CGTN Documentary）播出的多语种中型纪录片《重走坦赞铁路》，有利于促进中非民心相通和人文交流。这些做法皆是实践探索之举，总体上还是初步的，仍需不断完善，拓展多种方式与路径。

人文交流，重在人民性，重在人民的普遍参与，而人民间可共享知识的支撑与先进思想的引领，则是人文交流的基础保障。从中非交往的民间层面上看，今天中非关系对于中非双方普通百姓的影响也越来越广泛和深入，国际社会对中非合作关系的关注也在持续上升。在这样的时代背景下，中非合作关系要能长期保持可持续发展，要更好地造福于中非双方的人民，就必须努力将双方的关系更多地聚焦于最广大人民群众的现实需要，聚焦于普通百姓对于精神和物质生活的向往与期待，让这一双方的合作关系更接地气，更深入中非双方民间大众的日常生活，让双方的人民群众有更多的参与途径和分享机会，从而对于中非合作的成就与意义，有更多的获得感、参与感和认同感。

因此，在努力推进面向普通百姓的中非人文交流、教育合作、思想沟通和知识对话方面，中非双方需要更多的努力，需要更多的平台建设与资源投入。成立中国非洲研究院，推进中非学术界的紧密合作与联合研究，正是这一历史进程中的重要举措，我们对此充满期待。

刘鸿武，上海公共外交研究院首届专家咨询委员会委员，浙江师范大学非洲研究院创始院长、校学术委员会副主任、非洲教育专业博士生导师、中非关系史专业博士生导师。

战略竞争时代的中美人文交流

吴心伯

人文交流是公共外交的重要组成部分。随着公共外交的深入，人文交流的概念、机制也日渐丰富。中国官方早在北京奥运会结束后便正式提出“人文外交”概念。尽管在具体实践中的具体名称可能因对象而存在差异，如中美人文交流高层磋商、中俄人文合作委员会、中欧高级别人文交流对话机制等。但在中美关系中，人文外交主要以“人文交流”命名。2015 年 3 月 16 日，在会见哈佛大学校长福斯特时，习近平主席指出：“人文交流在中美关系发展历程中发挥着积极作用，已成为新时期两国关系的重要支柱。”然而，近年来中美关系进入战略竞争时代，安全竞争不断升级、政治关系日益紧绷以及经贸摩擦连绵持续，当前可谓自 1972 年中美关系正常化以来，中美人文交流最为困难的时期：其战略基础随美国单方面启动中美战略竞争而恶化，其社会基础则由于“锐实力”概念的提出而遭到毒化。作为与政治互信和经贸合作并列的三大支柱，人文交流的探路者、铺路者角色再次凸显，需要有效汲取历史经验并结合当下客观现实，抓住机遇推动中美人文交流实现历史性转型，贡献于中美关系的健康稳定发展。

中美人文交流的转型压力

拜登政府执政后，近乎全盘接受了特朗普政府启动中美战略竞争的深层逻辑，同时对其前任的战略策略手段加以系统化和灵活化，使中美人文交流面临更为深刻的危机，全面动摇了其战略和社会基础。

一方面，通过固化战略竞争，中美人文交流的战略基础正持续恶化。

进入21世纪以来，随着中美权力转移进程的加速，中美关系的战略基础持续从接触主导转向竞争主导，并在特朗普政府时期完成了这一转变。美国自冷战结束起便开始寻找新的“对手”，并在1993年前后提出冷战后第一波“中国威胁论”；尽管对所谓“中国威胁”的讨论从未中断，但仍是在2011年后美国政府才真正试图将应对“中国威胁”上升为系统战略，即奥巴马政府的“亚太再平衡”战略。尽管如此，唯有到了特朗普政府时期，全面启动中美战略竞争才真正得以落实，战略接触被全面放弃。而拜登政府上台后，很大程度上接受了特朗普政府的战略假设，并使中美战略竞争变得更加系统、更加灵活。

推动美国逐渐从战略接触转向战略竞争的根本原因在于，自冷战结束以来尤其是自2008年全球金融危机以来的中国持续快速发展。从中美对比角度看，中美相对实力日益接近，美国日益感受到来自中国的“威胁”。如果以2015年美元不变价格计算，中国的国内生产总值（GDP）在1990年时仅为美国的10.5%，但到2021年已经达到77%。在冷战后的30余年里，中国GDP占美国GDP的比重从10%增长至20%用了10年，从20%到30%用了6年，从30%到40%和40%到50%都只用了3年。以购买力平价计算的GDP来说，中美经济实力对比的变化就更加引人注目。1980年，中国仅为美国的10%，到1991年增至20%，1996年进一步增至30%，2005年超过50%，2016年基本追上美国（99.76%），到2021年已相当于美国的118%。中国的快速崛起对美国而言，已经显现出“时不我待”的紧迫性。

而中国与除美国之外的其余大国的实力差距呈拉大态势，进一步强化了美国将中国当作“唯一威胁”的战略判断。同样以2015年美元不变价格计算，1990年时，中国GDP仅相当于日本的29%、德国的44%、英国的57%、法国的62%、俄罗斯的88%和印度的220%，但到2021年，中国GDP已增至日本的3.5倍、德国的4.4倍、英国的5.2倍、法国的6.1倍、俄罗斯的10.6倍和印度的5.8倍。换句话说，尽管全球主要大国的经济实力均在提升，但其余大国提升的幅度、速度均明显不如中国。从单纯的GDP衡量看，一是中美实力差距持续缩小，二是中美与第二集团的差距持续拉大。在此背景下，美国所感受的“中国威胁”正越来越大、越来越紧迫，开展中美战略竞争的决心进而持续增强。

另一方面，通过歪曲性的“锐实力”概念，中美人文交流的社会基础被严重毒化。

在1972年中美关系正常化之后的相当长时间内，美国人对中国有着某种美好的想象，美国学者理查德·马德森（Richard Madsen）认为：“对很多美国人来说，中国的正在开放是整个共产主义世界自由化的预兆：最终，‘他们’将变得和‘我们’一样。”但随着中国持续崛起，美国霸权相对衰落，这种战略想象变得日益脆弱。特朗普政府认为，对华接触战略的失败源于：中国军事现代化和经济扩张是因为其进入美国的创新经济和一流大学；中国正利用经济大棒与胡萝卜、影响力行动以及军事威胁暗示，迫使其他国家服从其政治和安全议程；中国围绕共建“一带一路”倡议展开的基础设施投资和贸易战略强化了其地缘政治抱负；等等。因此，接触战略为美国带来的不是更好地理解中国并使中国“社会化”，而是帮助中国提升“锐实力”、对美实施“影响战略”，最终使美国饱受伤害。因此，要全面阻遏中美人文交流，切断中国“影响战略”的实施渠道，从而更好地保护美国。

需要强调的是，美国对中美人文交流的恐惧，根本上来源于其“内部敌人”识别逻辑。例如，2018年2月，时任美国联邦调查局（FBI）局长克里斯托弗·雷（Christopher Wray）在参议院情报委员会作证时声称，“中国间谍”正在蔓延美国各地，甚至包括学术机构。《华盛顿观察家报》（*Washington Examiner*）曾报道，美国试图“将‘中国威胁’视作不仅是政府性的威胁，更是社会性的整体威胁”，因此美国将“采取社会性的整体响应措施”。更为重要的是，美国还炮制出所谓“锐实力”理论，从而解决了阻碍中美人文交流的观念难题。因为，“锐实力”概念提供了区分美国利用“软实力”追求

“善”与其他国家利用“软实力”服务于“恶”的理论工具；贾斯廷·查普曼（Justin Chapman）曾撰文称，“不能将中国所做的与我们相似的事情并称作软实力”，“锐实力”概念“意味着一种澄清”。

中美人文交流的历史经验

自 1972 年以来，中美人文交流往往不会同时面临战略基础与社会基础均较为困难的局面；因此，当前阶段可谓中美人文交流自 1972 年中美关系正常化以来的最困难时期，某种程度上类似于 1949—1972 年间中美战略对抗、社会拒斥的状态。为避免中美人文交流“回到未来”，需要深入识别中美人文交流的历史经验，为下一时期的中美人文交流提供思路。

总结中美人文交流的历史经验，需要结合其战略基础和社会基础，建构一个立体的分析框架。从中美关系战略基础历史演变的角度，自 1949 年以来的中美关系主要在战略接触和战略竞争 / 对抗之间摇摆。从中美关系社会基础历史演变的角度，自 1949 年以来的中美关系也往往在积极的相互了解和消极的相互拒斥之间摇摆。如表 1 所示，基于战略基础和社会基础的不同组合，中美人文交流事实上可有四种类型，即：战略接触 + 认知积极；战略接触 + 认知消极；战略竞争 / 对抗 + 认知积极；战略竞争 / 对抗 + 认知消极。从美国总统任期的角度，可大致将 1949 年以来的中美人文交流归于不同类型。

表 1　中美人文交流的类型学，1949—2022 年

<table>
<tr><td colspan="2" rowspan="2"></td><td colspan="2">战略基础</td></tr>
<tr><td>接触</td><td>竞争 / 对抗</td></tr>
<tr><td rowspan="2">社会基础</td><td>积极</td><td>尼克松、福特、卡特、里根、克林顿（1997—2000 年）、小布什（2002—2008 年）、奥巴马（2009—2010 年）</td><td>克林顿（1993—1996 年），小布什（2001 年）、奥巴马（2011—2016 年）</td></tr>
<tr><td>消极</td><td>老布什</td><td>1949—1972 年；特朗普、拜登</td></tr>
</table>

以表 1 为基础，回顾中美人文交流的历史发展，可得出中美人文交流发展的大致经验：

第一，在“战略接触 + 认知积极”类型下，较好的战略基础可有效改善不利的社会基础，形成战略基础与社会基础相互促进的良性循环，从而推动中美人文交流的快速发展。这一类型的典型是 1972 年中美关系正常化之后的中美人文交流。随着 1972 年尼克松总统访华，中美双方的舆论环境大为改善。美国学者迈克尔·罗斯金（Michael G. Roskin）甚至认为，尼克松访华“彻底地改变了对于中国的公共舆论”。

第二，在“战略竞争 / 对抗 + 认知积极”类型下，即使战略基础存在摇摆可能，机制建设不仅有助于中美人文交流本身的可持续性提升，更有利于中美整体关系的发展；也即，对较为积极的社会基础的机制化建设，可有效推动战略基础的改善。这一类型的典型是奥巴马总统第二任期的中美人文交流。2010 年中美人文交流高层磋商机制的建立，标志着中美人文交流的机制化、系统化建设时期的启动，并逐渐推动人文交流成为与政治互信、经贸合作相并行的三大支柱之一。

第三，在“战略接触 + 认知消极”类型下，即使社会基础较差，有利的战略基础仍可帮助改善社会基础，民间人文交流可成为稳定整个中美人文交流的重要力量。这一类型的典型是老布什政府时期的中美人文交流。尽管官方人文交流受到严重影响，但这一时期的民间人文交流却有较快发展，尤其是自费留学人数增加较快。例如，1988 年自费留美生约 4 800 名，1989 年增加到 7 400 名，其中的 5 000 人是 6 月以后赴美的。

第四，在“战略竞争 / 对抗 + 认知消极”类型下，第三方渠道和民间人文交流可能发挥重要作用。这一类型的典型是 1949—1972 年间的中美人文交流。当时，中美陷入全面战略对抗，双方交往渠道极少，美国社会对中国认知极其负面，尤其是在 20 世纪 50 年代初“麦卡锡主义”冲击之后。这一时期，1971 年的“小球转动大球”外交为中美关系发挥了重要的探路者、铺路者角色。但必须指出的是，这是在基辛格秘密访华之后，或者说是在第三方渠道已然畅通或铺好路之后的直接双边民间交流。

中美人文交流的转型机遇

回顾历史可以认为，在战略基础摇摆但社会基础积极的情况下，设法提升中美人文交流的制度化颇有助益；在社会基础不佳的情况下，民间人文交流是重要的发力点；但在战略基础和社会基础均不佳的情况下，双边之外的第三方因素是不多的着力点之一。

当前中美人文交流的战略和社会基础与 1949—1972 年间颇为相似，但仍存在两个区别性特征：其一，1949—1972 年的中美战略对抗近乎零和博弈，而今天则更多是竞争与合作的互嵌；其二，1949—1972 年的中美对抗

▲ 参加第八轮中美战略与经济对话和第七轮中美人文交流高层磋商活动

发生在美苏对抗的大背景下，而今天则更多是中美直接竞争。这两个特征的结合意味着：一方面，尽管面临重大困难，当今的中美人文交流仍拥有大量双边和多边的接触渠道和机制；另一方面，尽管大量中间国家追随美国并成为美国的“急先锋”，但中美人文交流并不缺乏“第三条渠道”，即讨论各种全球性议题的国际论坛。由此而来，中美人文交流实现历史性转型的机遇主要在于两个方面。

一是以美国政体性质为基础，以次国家层次的人文交流化解国家层面的困难。尽管在联邦层次上，中美人文交流的确面临着重大困难，但在美国社会内部，各种次国家力量仍对了解、认识中国有着强烈兴趣。这意味着，在积极推动中美国家层次的人文交流、确保其温度的同时，下一阶段的重点可以由多元次国家行为体实施。在多元次国家行为主体中，高校和科研机构在持续推进中美教育交流中发挥着不可或缺的作用。在全球疫情肆虐期间，虽然受到中美关系大环境的不利影响，两国高校科研机构仍然不遗余力地推进合作。2022 年 4 月，复旦大学美国研究中心与美国乔治城大学“美中全球问题对话倡议”共同举办三场“中美学生对话”活动，讨论主题包括全球治理、中美人文交流、中美在全球治理中的作用、绿色发展和全球健康等。2023 年 2 月，复旦大学美国研究中心与哈佛大学外交政策项目共同创建“首届复旦—哈佛中美青年领袖对话”，鼓励中美青年学生研究和讨论中美在热门议题上的主要分歧与合作空间，涵盖人工智能、互联网与数据安全、太空政策和生物科技等领域，为中美正在或即将面对的共同挑战寻找解决方案。2022 年 12 月，麻省理工学院发布战略研究报告指出，在一些重要的研究和教育领域，麻省理工学院、学术界、国家和世界都可以通过与中国进行更多而不是更少的科学合作而得到更好的发展。虽然存在美国缺乏明确、连贯、一致的联邦指导方针的问题，麻省理工学院和其他大学可以通过实施有效的内部政策和控制，实现与中国和其他国家的学术交流与合作。

二是以全球化和相互依赖为基础，以国际体系层次的多边人文交流化解中美双边的困难。尽管总体继承了特朗普的对华竞争战略，但拜登政府的策略、手段仍与特朗普政府存在重大不同。拜登政府既强调与中国的双边战略竞争，同时也不排斥在全球性问题上与中国的多边战略接触甚至协作，这为以全球性议题开展人文交流、抵消双边交流困难创造了机会。2022 年 11 月，习近平主席与拜登总统在巴厘岛会晤。习近平主席指出："全球经济疫后复苏、应对气候变化、解决地区热点问题也离不开中美协调合作，这还是共同利益。"同时，"双方同意共同努力推动《联合国气候变化框架公约》第二十七次缔约方大会取得成功。双方就开展两国公共卫生、农业和粮食安全对话合作达成一致。同意中美人文交流十分重要，鼓励扩大两国各领域人员交往"。中美将在全球气候变化治理、全球发展合作和公共卫生等三个全球议题上有着比较大的接触与协作潜力，这意味着中美人文交流的重点可从双边向多边转移。在这当中，民间行为体应发挥出重要作用，在全球性论坛推动中美人文交流，展现出民间行为体的特色和优势。

虽然当前中美人文交流面临着前所未有的困难，但展望未来，中美双方可就国际体系转型、双边关系模式逐步培育共识，改善战略基础；促进双方移情式理解对方的核心关切，防止误解误判，改善社会基础。在 2023 年，经历了拜登执政近两年对中国采取"冷淡处理"态度后，随着疫情防控举措的放松，或许可以期待中美将有更多的接触、对话和交往，增加人文交流领域具体问题的合作与协调。

吴心伯，上海公共外交研究院首届专家咨询委员会委员，复旦大学国际问题研究院院长，教育部人文社科重点研究基地复旦大学美国研究中心主任，习近平外交思想研究中心特约专家。

追忆我与日本资深媒体人若宫启文先生的交往

吴寄南

2016年4月28日，一位朋友给我打来电话，说是《朝日新闻》前主笔若宫启文先生来北京开会期间不幸病逝。这一噩耗犹如晴天霹雳一般让我惊呆了。10天前我还在东京日比谷记者俱乐部接受这位日本资深传媒人的款待。他还答应暑假期间来上海讲学。谁能料到日比谷的匆匆一别竟成永诀！

一

若宫启文是我在东京的一位挚友，也是我涉足日本政治研究的恩师。

1995年6月，我在东京大学担任客座研究员期间，一位在日华媒的友人带来了时任海协会会长汪道涵先生的口信，让我留意日本战后出生和成长

吴寄南与若宫启文

起来的新生代政治家。汪老嘱咐我，日本新生代政治家的崛起有其历史必然性，这一现象和日本所处的国内外大环境有非常密切的关联，新生代政治家掌控最高权力势将对中日关系走向产生重大影响，需要深入研究，预作筹划。

由于我之前的研究重点是日本外交与中日关系，对日本政坛动向并不是太熟悉。正在我一头雾水、不知如何是好的时候，《朝日新闻》政治部记者佐佐木芳隆向我伸出了援手。他让我到位于东京筑地的《朝日新闻》总社，给我详细介绍战后日本政党变迁以及各政党内部派系斗争情况。他在黑板上涂涂画画，花了两个半天总算让我对日本政党政治特别是正在崛起的新生代政治家有了初步的印象。

这场“恶补”之后，真正带着我迈入日本政治研究领域的是时任《朝日新闻》政治部长的若宫启文。

若宫启文 1948 年出生，自 1970 年从东京大学法律系毕业后加盟《朝日新闻》，一做就是 43 年。他先是在横滨支局采访社会新闻，对日本最底层的部落民有很深入的观察；1975 年起涉足政治领域，从联系自民党，到担任首相官邸的值班记者、社论委员，直至升任《朝日新闻》的政治部长。

按照佐佐木芳隆先生的建议，我在会见若宫先生前做了些功课。首先，对如何会对日本新生代政治家感兴趣研究想好了几条理由，无非是东亚地区国际格局和中日两国实力对比的变化使得两国关系面临新的机遇和挑战，推进中日关系的历史性重担落到了两国年轻一代政治家身上，等等；其次，我在佐佐木介绍的基础上，花了几个晚上，对近期频繁在媒体上亮相、有点知名度的朝野各党年轻政治家中的代表人物列了一张采访名单，拟了份调研提纲。

由于工作关系，若宫先生每天都要接待很多来访者，是个大忙人。初次见面，他听我介绍来意时还有点心不在焉，但看到我递过去的采访名单后却立马来了精神。他知道我是下了功夫的，是真想和他探讨问题的，而这一领域恰恰是他职业生涯中最关心也是最熟悉的。他掏出笔来，在我那份名单上划去了一些名字，又加上了很多，并且在一些名字间划线，画圈，滔滔不绝地阐述了自己的见解。

若宫先生告诉我，在执政的自民党内，目前最引人注目，也是最具有挑战总裁和首相位置实力的，是被戏称为“YKK 俱乐部”的山崎拓、加藤纮一和小泉纯一郎。这 3 人名字日语读音的第一个字母分别是“Y”（Yamazaki）、“K”（Kato）、“K”（Koizumi）。而 YKK 是一家著名拉链厂商。比他们稍微年轻一点的是“后 YKK 世代”的麻生太郎、高村正彦，随后分别是有“自民党新领导”之称的谷垣祯一、町村信孝和被称为“政策新人类”的盐崎恭久、茂木敏充等人，呈梯次配备的状态。在野党里也有像鸠山由纪夫、菅直人和志位和夫这样的“新星”值得关注。此外，随着女权意识的抬头，一些女国会议员也在挑战传统政治模式，向权力巅峰发起冲刺。他在我的采访名单上加上了高市早苗、野田圣子等女国会议员的名字。

随着见面次数的增多，我和若宫先生成了无话不谈的莫逆之交。我每次到访东京必定要拜会若宫先生，他是我对日本政治的定点观察对象。每次去东京筑地的《朝日新闻》总部大楼，若宫总是挤出时间请我用餐或茶叙，不厌其烦地为我解疑释难、指点迷津。不仅如此，若宫还热心地为我采访朝野两大阵营的新生代政治家牵线搭桥，安排会面。

自民党前干事长加藤纮一在我拜访他时，透露了自己在 20 世纪 70 年代初刚当选众议院议员时，若宫正好加盟《朝日新闻》并负责联系自民党。这两个初出茅庐的年轻人由此结成深厚的友谊。加藤先生说，若宫介绍过来的人，我再忙也是要见的。我听了这句话，不由得心头一热，感动万分。他还告诉我，自己曾任外务省中国课首席事务官，是日本仅有的几位能说汉语的国会议员之一。我深知，如果不是若宫先生打招呼在先，加藤先生是不会贸然对外人说这些话的。

就这样，从 1995 年至 2001 年，我先后拜访了日本的 8 名前首相和朝野两大阵营的100多名国会议员。其中，绝大多数是由若宫先生帮我落实的。2002年8月，我出版了一本名为《日本新生代政治家》的个人专著。我在这本书的《后记》里专门对若宫先生的帮助表示了感谢。这之后就一发不可收，2002年后我出版的七本有关日本政治的专著，如《中日关系“瓶颈”论》《冷战后的日台关系》《新世纪日本对外战略研究》等，几乎每一本书的“后记”中都载有对若宫先生表示感谢的内容。

二

我和若宫先生的交往持续了二十多年。其间，他由《朝日新闻》的政治部长继续上升，先后担任编辑局次长、社论主任和主笔等职。我的职务也由上海国际问题研究所（2009年改名为上海国际问题研究院）日本研究室主任变为院学术委员会副主任和上海市日本学会会长等。

众所周知，友谊之树是需要不断浇灌的。我觉得自己与若宫先生的交往不能一味索取，单向获益，应对若宫先生给予自己的无私帮助有所回报。这些年来，我一直坚持在做的，主要是两件事：

首先，是努力讲好中国故事，让若宫先生深入了解改革开放后的中国。

我觉得这是自己义不容辞的责任。每次去东京见若宫先生，除了请他介绍日本政坛的最新动向和《朝日新闻》关注的热点问题外，我也尽量将中国特别是上海在改革开放中的新思维、新举措、新趋势择要向他介绍。譬如，有关“三个代表”和“科学发展观”等理论出台的背景和实施进程、围绕“一带一路”构想的研究和推进状况、上海实施高水平对外开放的思考与实践以及台海关系的最新进展等。

在介绍国内和上海的这些动向时，我并不回避在相关理论和构想出台时社会上特别是学术界也曾有过质疑和争论。中国的改革开放本身就是在不断试错过程中爬坡过坎，逐步深化和前进的。我特别注意搜集和了解有关数据，介绍一些具体的案例。我觉得，这要比抽象的说明更具有说服力。

若宫先生几次来上海访问，我都抽出时间陪同参观。从陆家嘴鳞次栉比的高楼大厦，到豫园古色古香的亭台楼阁，从世博园区热火朝天的工地，到“田子坊”烟火气浓浓的石库门，我让若宫启文看到了一个传统和现代交织、多元而生机勃勃的中国。我还帮若宫联系到访上海的一些高校和研究机构，安排他和年轻的日本研究学者深入交流。2015 年 6 月 6 日，上海市日本学会举行第七次会员代表大会暨学术演讲会。若宫先生应邀在会上作了题为“日本与亚洲国家难以实现历史性和解的深层原因”的学术演讲，得到与会者的高度赞扬。

久而久之，我和若宫先生彼此间熟悉到见面时已不需要任何寒暄，可以直奔主题，坦陈己见，而且是知无不言，言无不尽。若宫在一篇文章中如此写道：“我与吴寄南先生相识 10 余年，经常与他就如何推进日中友好促膝相谈。我将他视为密友，并一直认为人生最重要的就是要有这样的知己。”

其次，是推动中日韩三国的良性互动，帮助若宫启文实现其政治理想。

研究日本政治和大众传媒的学者都熟悉若宫启文这个名字。他是研究日本战后保守势力与亚洲各国关系的第一人。若宫先生与亚洲结缘始于 1979 年随当时的防卫厅长官访问韩国。时值朴正熙遇刺前夕，韩国的政治社会变迁给他留下深刻印象。翌年，他又随自民党代表团访问朝鲜，成为日本少数几位与朝鲜领导人金日成主席有近距离接触的媒体人士之一。1981 年，若宫先生离岗去韩国延世大学攻读了一年韩语。他在韩朝两国深切体验到由于日本保守势力歪曲历史导致亚洲各国民众情绪的强烈反弹。1995 年，若宫启文出版了《战后保守势力的亚洲观》，详尽而精辟地阐述了战后日本保守政党领导人对亚洲的认识及其处理日本与亚洲关系的经过。这本书在日本国内外引起强烈反响，被认为是介绍战后日本政坛主流派的亚洲观的经典作品，除日文版外，还先后出版了英文版和韩文版。在这本书的基础上，若宫先生又在 2007 年初推出了《和解与民族主义》，2015 年推出了《战后 70 年　保守的亚洲观》两本新著。其中，《战后70年保守的亚洲观》在2015年获得了在日本学术界享有崇高声誉的“石桥湛三奖”。

若宫先生不仅以鲜明的立场和犀利的笔调引领着日本的进步舆论，也身体力行地在中日韩三国间倡导相互理解和互利合作。若宫先生于1993年参与创立了“日韩论坛”，至今已延续20多年；他也是2005年开始的“北京—东京论坛”的热心参加者之一。我曾经和他一起主持2010年第六届“北京—东京论坛”安全保障分科会的讨论。我们俩共同呼吁，中日两国加上韩国，要为东北亚地区的和平与发展作出贡献。若宫先生非常珍惜一位日本记者拍摄的我俩并肩主持会议的照片。他将我视为共同推动中日韩三国良性互动的知己和战友。

2007年，若宫先生的《和解与民族主义》一书付梓后，我主动向他建议由我负责将它译成中文，由国内名列前茅的专业出版社——上海译文出版社出版。此时，我已年届花甲之年，精力不济，再加上杂事缠身，翻译进程时断时续，20万字原著的翻译在别人可能是举手之劳，我却整整花了大半年。译稿出来后，我请国务院新闻办原主任赵启正撰写推荐序言，赵主任慨然应允。与此同时，中国人民外交学会会长杨文昌、秘书长黄星原也高度评价若宫先生的睿智和热情。2008年1月，外交学会专门举行了《和解与民族主义》中文版的出版纪念会。这本书在中国学术界受到广泛的好评。翻译和出版这本书进一步加深了我和若宫先生的友谊。

三

若宫先生作为日本资深媒体人，也是日本进步舆论界无可争辩的领军人物。

2002年至2009年，若宫先生担任《朝日新闻》社论主任。他为保持该报一贯的自由主义立场殚精竭智，发挥了核心作用。2006年，他与《读卖新闻》主笔渡边恒雄有关反对首相参拜靖国神社的对话发表在《论座》月刊上，这是两家竞争多年的大报主笔首次发出共同的呼声，此举更使他闻名遐迩，影响大增。2007 年 5 月 3 日恰值日本的“宪法纪念日”，在若宫先生精心策划下，《朝日新闻》一连发表了 21 篇社论，其主旨是坚持日本宪法的第九条，在彻底反省战争历史的基础上与中韩等亚洲邻国实行真正的和解。这些社论犹如“集束炸弹”一般在日本舆论界和广大国民中产生强大的影响。

毋庸置疑，日本右翼势力一直将若宫先生为代表的进步舆论界人士视为“眼中钉”和“肉中刺”。多年来，它们给若宫先生戴上诸如“反日分子”“卖国贼”之类的“帽子”，污蔑中伤可谓无所不用其极。个别的周刊杂志还捏造若宫由美女秘书陪同、用公款豪华旅游的谣言，向他身上泼脏水。右翼团体的“街宣车”甚至开到东京筑地的《朝日新闻》总部大楼前用高音喇叭对若宫先生进行指名道姓的谩骂、攻击。但是，若宫先生丝毫不为这些噪音所动摇，对右翼势力的恫吓和谩骂根本不屑一顾；他外柔内刚，嫉恶如仇，依然一如既往地用他独有的犀利文笔指点江山，针砭时弊。

这方面，我也有类似的经历。进入 21 世纪以后，日本不断有人散布流言蜚语，说我是中国的“超级间谍”，暗中操控日本的媒体；甚至还有某所大学的教授在其专著中捏造说我给中国领导人写报告，断言日本是中国的“头号假想敌”。国内也有人给我戴“亲日派”乃至“汉奸”的帽子。我把这些遭遇告诉若宫先生，他非常同情我，一再安慰我：我们要坚持学者的良知，不能被流言蜚语和暴力威胁吓到，要不媚俗、不动摇，坚持讲真话、做实事，对自己选择的人生道路无怨无悔。

2013 年 1 月，若宫先生离开了他任职 43 年的《朝日新闻》，担任日本国际交流中心的首席研究员，并被聘任为韩国东西大学的硕座教授、首尔大学日本研究所客座研究员。与此同时，他也多次到中国各地的大学、研究机构发表演讲，孜孜不倦地推动中日韩三国的良性互动。

我闭上眼睛，脑海中时不时地浮现出若宫先生的身影：他个子不高，清瘦，面容苍白，但两眼总是炯炯放光。正如一些日本评论家所指出的，《朝日新闻》的言论倾向在若宫先生离开后已逐渐趋向温和，甚至与保守言论逐渐靠近。我一直在思索，在若宫先生这位魁星级的人物驾鹤西去后，日本进步的舆论界有谁能接过他曾经扛过的大旗呢?

吴寄南，上海公共外交研究院首届专家咨询委员会委员，上海市日本学会名誉会长，上海国际问题研究院研究员。

探索公共外交研究的切入点

袁　明

谢谢上海理工大学邀请我来参加首届沪江公共外交论坛。我谈几点对公共外交研究的认识，多是基于自己这些年来的读书、实践与思考。

近现代外交出现在欧洲，有几百年的历史，但是公共外交的历史并不是太长，大概是七十余年，应该是20世纪后半叶至现在。公共外交的舞台则扩展到全世界。我一直认为，中国参与现代意义上的外交，是从民族救亡开始的。中国参与公共外交，则是经济发展，国力增强，国际地位不断提升以后。

我们大家一起在做的，是“中国与世界”这个百年大课题。国际视野非常重要。我从90年代开始，参加了不少我们现在称之为公共外交的活动。我比较关注发达国家的一些实践轨迹。发达国家凭借实力，在世界上做了很多事情，包括公共外交。举一个例子，“美日欧三边委员会”是一个公共外交机构，是七国集团的智囊团。它每年在华盛顿、柏林、东京开年会，记得有两次分别在波兰、韩国召开，这与当时的国际形势有很大关系。最初中国在世界上的位置不像现在这么显眼，我们更多的是在观察。每年近150位七国集团的前政要、经济界领袖、知名学者参会，讨论他们心目中的世界重大议题，然后由秘书处整理成“美日欧三边委员会报告”，送达有关各国的首脑办公室。90年代中期，我受邀做了一次大会发言，讲中国故事。基辛格、洛克菲勒、约瑟夫·奈等在现场听后纷纷向我表示祝贺。我观察到，这个机构看似松散，但是有专门的秘书处及专门工作人员。开大会时，来自美、欧、日的三位秘书长坐在主席台一角，负责协调全场。公共外交要做到这样的基础化、常态化、机制化，里面是有讲究的。历史在前进。这个机构作为那个时代、那一代人的国际梦，已经融入了更为广阔的全球生态。但是对于我们深入了解世界，了解曾经对世界政治经济发展产生过重大影响的机构、思想和运作，还是很重要的“轨迹认识”，值得研究。

为什么我刚才说更广阔的全球生活内容呢？因为全球生活创造了新的国际力量，随之也带来了越来越多的中国机会。比如说在 2015 年 12 月联合国巴黎大会上，来自 10 个国家 25 个投资者组成了一个突破能源联盟，形成一个新的国际机制，也给公共外交开拓了新的空间。再举一个例子：这次全球面临新冠肺炎疫情，人类需要应对共同挑战，一些国际组织正在迅速整合与发力。其中一个是 CEPI，英文是 Coalition for Epidemic Preparedness Initiative。这是个什么组织呢？ 2017 年在达沃斯论坛上，北欧几个国家的政府和盖茨基金会这样的非政府组织，加上企业，发起成立 CEPI。

我们看到，在更广阔的全球图景中，有很多新的舞台、新的概念、新的机制有待研究。

今年 2 月 22 日，我参加中国公共外交协会、北京大学和中国人民大学联合举办的“对话合作管控分歧——推动中美关系重回正轨”的蓝厅论坛。

▲ 在首届沪江公共外交论坛上作主旨发言

我从人文交流的角度谈了一点自己的体会。人类走到今天，人文交流是最基础的活动之一。过去 40 年的中美人文交流是在两国人文层面双向补充营养，扩大认知。既有自上而下的推动，也有自下而上的呼应，在世界人文交流史上留下了深刻的印记。40 年至少可以给两代人足够的时间，让其创造力最旺盛的生命时段参与其中。这是世界人文交流史上的一个亮点。将来的人们再做研究，很难绕过这段历史。

世界正在经历百年未有之大变局。中国和世界都在发生极大的变化。作为中国人来讲，我们从近代以来都很有自觉，就是我们在做大课题。中国文化中的“天行健，君子当自强不息”是一种精神气质，到了当代，它也可以是一种人类遇到新挑战时的共同品格。这需要我们到生活中去发掘、塑造。我最近几年来的体会是，要关注青年人的创造力。

北京大学燕京学堂每年招收 120 位来自全世界各地的优秀青年学子，现在已经有了来自 70 多个国家的 600 多位学生。学堂有一个非常有名的青年项目“全球青年中国论坛”。这个项目前年的报名人数已经超过了哈佛大学的中国论坛。这说明它在全球的影响很大，参与其中的是一批非常活跃的青年人。

第三届的论坛设计开始议题讨论时，有学生提出讨论女性问题，也有学生提出更为开阔的思路。后来谈着谈着，年轻人发现，英文中的“女性”（women），不就是汉语拼音中的“我们”嘛。这个主题想法提出后，学生们非常兴奋，思想灵动不已，觉得语言可以打开更为广阔的天地。今年我们的学生分布在五大洲，在疫情阴影的笼罩下，年轻学生又一次显出突破阴影的活力。在论坛议题设计时，他们想出来“Shared Renewal”，我看到也很兴奋，非常支持，还同意他们的邀请去做主旨报告，讲语言可以在文明沟通中起积极的作用。从“我们”到“Shared Renewal”，年轻人的创造力不可小看，他们用智慧与想象，具体地演绎了“人类命运共同体”的故事。

我再举几个优秀青年的例子。一位从哈佛大学艺术学院毕业的香港女生来到燕京学堂，发现庭院中有近代历史留下的中西结合建筑元素。如何进行现代再创造呢？她用“光”这个自然物，设计并创造了年轻人喜欢的读书新环境，展示了艺术力量可以妙趣无穷。创造力是年轻人的优势，我们的责任是搭建各种舞台，凝聚优势，讲好“中国故事”。

在北京大学 7 000 人的毕业典礼上，燕京学堂第一届的一位美国学生用流利的中文讲了自己如何实践“君子和而不同”这一理念。这在青年人中引起热烈反响。他受到许多机构的入职邀请。但是他最后决定去中国的陕西，在中国的西北农村待了三年半，专心做农村教育。还有一位墨西哥学生，在华为实习一年后，被华为总部派到拉丁美洲，为华为开拓拉丁美洲市场。这样优秀的年轻人的例子举不胜举。生活中的这些实例，既是新时代公共外交的内容，也是公共外交的新生力量，都值得好好研究。

我从来都认为，一切传统的东西都要经受现代洗礼。在大时代中，现代洗礼应该传递更高的中国智慧和中国追求。文化的现代能力是在不断发展的。上海理工大学文理交叉，可以充分发挥年轻人的创造力，在新的时代创造新的文化。

（本文系在 2021 年首届沪江公共外交论坛上的发言。）

袁明，上海公共外交研究院首届专家咨询委员会委员，北京大学燕京学堂名誉院长。

好雨润物细无声，文化交流传友谊

贾建新

2011 年，按照国务院文化部的部署，德国柏林中国文化中心将与陕西省文化厅合作，践行中央文化部门与地方省市文化厅局的互动计划，在德国弘扬中华文明、传播中国文化，讲好中国故事，开展公共外交活动。

精心策划、认真选择

2011 年 1 月，我回北京参加全国文化厅局长会议。会后我专程赴西安与陕西省文化厅商榷实施央地合作事宜。当讨论到陕西省文化厅要组派什么样的艺术团体，演出什么样的节目，才会让德国观众接受并产生共鸣时，大家都不约而同地想到了久负盛名的陕西关中皮影戏。中国皮影戏最早诞生在两千多年前的西汉，发祥地就在陕西。皮影戏成熟于唐宋时代的秦、晋、豫各地，极盛于清代的幽燕地区。皮影是采用动物皮革为材料制成的，其中又以牛皮和驴皮为佳。上色时主要使用红、黄、青、绿、黑等五种纯色的透明颜料。染色的皮影人物及道具在后背强光的照耀下，具有了韵味独特的造型和晶莹剔透的美感。皮影戏的演出设备简单，其演出流动性也很强，不论在剧场还是在广场，无论在庭院还是在厅堂内，只要架起布幕，点亮灯箱，他们就能开戏。一个戏班六七个人和一箱皮影人物就能演四五十出戏。演出完毕，全部行头装箱，移步转场十分便捷。皮影戏传递的信息量大，花费又少，性价比高，很适合到德国各地去做巡回演出。

说到中国皮影戏，其实德国人对它也并不陌生。公元 13 世纪，蒙古铁骑曾进入欧洲莱茵河地区。蒙古骑兵闲暇之际就在军营里看皮影戏演出。这种表演艺术随着蒙古军队的征战和海陆贸易的交往向西传到波斯、土耳其和地中海沿岸各国，向东传至百济、日本，向南传至暹罗、缅甸和马来群岛。18 世纪中叶，中国皮影戏艺术再次传入欧洲地区。德国大文豪约翰・沃尔夫冈・歌德就曾非常迷恋中国皮影戏。1774 年，歌德在德国举办的展览会上把中国皮影戏介绍给德国民众。1781 年 8 月 28 日，歌德在自己生日庆典会上，用中国皮影戏演出《米纳娃的生平》，并在同年 11 月 24 日又演出《米达斯的判断》。在歌德的影响下，很多德国戏剧专家和学者热衷于研究中国皮影戏。

1991 年德国重新统一后，首都柏林特地成立了专演皮影戏和木偶戏的小剧院。他们常常演出一些根据德国格林童话和丹麦安徒生童话以及欧洲古典歌剧改编的皮影戏和木偶戏。精彩的演出和动听的音乐吸引了许多喜爱看皮影戏和木偶戏的德国儿童。我到柏林后专程拜访过这家小剧院，并邀请该院的皮影戏表演专家埃费琳・盖勒女士前来献艺。2010 年 11 月 12 日，盖勒女士来中国文化中心演出了根据安徒生童话改编的中国故事《夜莺》。简易的舞台、美妙的演出、生动的道白吸引了很多孩子和家长前往观看。有了上面这些轶事做铺垫，估计德国观众接受中国皮影戏表演艺术不会成问题，但演出什么样的皮影戏节目，才能让德国观众产生共鸣还需要我们精心策划、认真选择。

西安是丝绸之路的起点，大唐高僧玄奘就是从这里出发赴西域取经，从而演化成中国古典小说《西游记》。20 世纪 60 年代，中国彩色动画片《大闹天宫》曾在德国上映，许多人至今谈起美猴王孙悟空的故事仍是津津乐道。如选用《西游记》的人物做主线，把整个晚会串联起来，演出就有了灵魂。陕西民间艺术剧院皮影戏剧团的专家们也赞成这种想法，他们还建议用大型杖头木偶唐僧和孙悟空来串场，凸显西游记故事的神秘性和趣味性。陕西省民间艺术剧院皮影戏团是个历史悠久的老剧团。但此次赴德演员的人数也是一减再减，最后压缩成了 5 人，伴奏乐队也改为音乐光盘。皮影戏的演出舞台、灯光源、人物造型皮影、动造型皮影以及 8 个大型杖头木偶全部装进了三个道具箱和两个软包内，全部重量不超过 100 公斤。

首演柏林，初战告捷

5 月 5 日，陕西省民间艺术剧院皮影戏团一路风尘辗转抵达柏林。5 月 6 日，陕西省皮影团将在柏林中国文化中心举行首场演出。当天下午 5 位演员用了一个多小时，便在文化中心的多功能厅内搭起了一座皮影戏演出舞台。台框用不锈钢管连接，螺丝固定，后面挂上无影灯源和碘钨灯源，外面罩上天鹅绒的正幕和侧幕，正幕上方挂一条写着“陕西省民间艺术剧院”的横幅。皮影戏的演出屏幕大约有 6 平方米，用白纱布做成。白纱布经过鱼油打磨后，变得挺括透亮。柏林中国文化中心网页上刚登出陕西皮影戏艺术家献艺的消息，申请报名观看的德国人就“打爆”了文化中心的外联电话。当天晚上演出尚未开始，德国观众已挤满了文化中心的多功能大厅，后进来的观众只能站在两边的过道上，许多德国小孩子在大厅里跑来跑去找不到座位。我看到这个情况后急中生智，立马让中心工作人员将楼上舞蹈教室练功用的软垫子搬下来，铺放在前排地板上，不一会上面就坐满了欢蹦乱跳的德国以及中国小朋友。晚上 7 时大厅里的灯光渐暗，我走上台用汉语和德语向观众们问好，并以柏林中国文化中心主任的名义致了个简短的欢迎辞，随后便请德籍项目经理穆岸凝女士用德语较详细地介绍了演出剧目。在咚咚锵锵的锣鼓声中，陕西省民间艺术剧团的周泰女士和张航先生手执大型杖头木偶孙悟空和唐僧从幕后逶迤而出。他们和大木偶刚一亮相，就博得了德国观众的满堂喝彩。他们的诙谐对白“师傅您看，我们西天取经已来到德国首都柏林了”更是赢得了一片会意的笑声。今晚他们表演的经典传统节目《降妖马》《猪八戒背媳妇》《鹤与龟》不仅生动活泼，而且栩栩如生。银幕上的皮影人物也是局部耐看，整体配合也美，既充实又生动，形成完美的艺术整体。中国传统古老的皮影表演艺术博得了德国观众的阵阵掌声，近乎原生态的唱腔和锣鼓音乐也让他们听得怦然心动。首场演出在300多位德国观众的热烈掌声中落下了帷幕。演出刚一结束，德国观众纷纷涌向后台，他们想窥察了解中国皮影戏的秘密。在工业及数字化高度发达的德国，观看和欣赏这种纯粹用双手操作的皮影戏实在是不容易。陕西皮影戏艺术家刘英英女士在后台又为德国观众做了现场展示。她出身皮影戏演出世家，自幼练得一身童子功。她用五根竹棍操纵一个皮影，左腾右挪，上下翻滚，耍得得心应手，看得德国观众眼花缭乱。她不仅手上功夫绝妙高超，嘴上还要说、念、唱、吼，脚下还要敲锣击鼓。刘英英女士的一番演示让德国观众佩服得五体投地。首场演出的成功给陕西皮影戏剧团的艺术家们和中国文化中心的同事们带来了无限的欢乐和兴奋。

5月7日是星期六，这天也是柏林中国文化中心的对外开放日。2005年11月，柏林中国文化中心动工修建。时任国家主席胡锦涛与德国总理施罗德出席了开工仪式，并共同持铁锹锨土奠基。2008年5月，柏林中国文化中心落成并正式运营，成为向德国民众展示中国历史、文化和艺术的窗口，也成为德国民众了解中国文明，并享受中国文化和艺术之魅力的平台。每年5月初，柏林中国文化中心都要选择一个周末作为对外“开放日”来庆祝自己的生日。2011年柏林中国文化中心的“开放日”设在5月7日。“开放日”活动的重头戏就是陕西皮影戏演出。今天特地安排了两场，上午是儿童专场。也许昨天成功演出的消息不胫而走，引来了许多带着孩子的父母。11时锣鼓响起，美猴王孙悟空亮相，就惹得孩子们一片欢腾。《闹元宵》《鹤与龟》《白猫与老鼠》那一个个顽皮有趣的故事惹得现场的小朋友们笑倒一片。下午的演出更是出奇得好，大厅里座无虚席，欢声笑语不绝。连续三场演出，把陕西皮影艺术家们累得不行，但连续三场演出的成功又让他们充满了自信。

再演汉堡，豫园异彩

汉堡是德国北部一座美丽的港口城市，也是德国的第二大城市。25年前汉堡与上海结成友好姊妹城市。2009年，上海市政府将该市老城隍庙“豫园”复制了一套赠予汉堡市。如今坐落在汉堡自然史博物馆边上的“九曲桥”成为汉堡市民众了解中国文化、欣赏中国文艺、品尝中国佳肴的胜地。柏林中国文化中心通过汉堡大学孔子学院为陕西皮影剧团在汉堡豫园争取到了最佳的演出时间。

5月8日，星期日，我们早起开车接上皮影剧团就出发去汉堡。抵达汉堡豫园正值中午，午饭后皮影戏演员七手八脚就将演出舞台搭建起来。不一会汉堡的德国观众也陆续来到礼堂。在汉堡生活着许多中国侨民，今天来的中国小孩也特别多，但这些小孩子在嬉笑言谈之时说的都是德语。开演前汉堡孔子学院院长耿保生教授致欢迎词，同时他也问现场的德国观众，有谁曾看过中国皮影戏或德国皮影戏演出。百余名观众中竟无人举手回答。最后有一名德国观众站起来说，他不久前曾在汉堡电视节目里看过中国皮影戏的介绍，觉得很有意思，今天就带着全家人过来了。开场戏照例是唐僧和孙悟空出来亮相。当美猴王在空中翻了个跟头又眨眼时，坐在前排的中国小孩子们就沸腾起来，小手拍得呱呱作响。看样子《西游记》中的齐天大圣已跨越了时空，跨越了地域，跨越了语言的障碍，扎根在这些海外生活的中国孩子心中。《龟与鹤》《两个朋友》《闹元宵》的演出照例诙谐幽默，逗得大家直乐，掌声及叫好声连绵不断。中国驻汉堡总领事陈红梅女士也来豫园观看了晚上的第二场演出。她感谢陕西皮影戏艺术家为传播中国文化所做的努力并高兴地告诉大家，今晚的演出非常成功，她和德国朋友看了都很激动。她还说，文化交流的作用功不可没，一场精彩演出的作用和影响力胜于无数次外事交谈。汉堡大学孔子学院院长耿保生教授不愧是文化人，临别前他随口拈来两句佳句称今晚的演出是“陕西奇葩皮影戏，豫园表演放异彩”。在返回柏林的路上，夜已经很深了，弯弯的上弦月高高地挂在天上，非常的清澈，非常的明亮。大家虽然都感到有些疲倦，但心情确是非常的愉快。

古城献艺，渐入佳境

曼海姆市地处德国中部，濒临莱茵河和内卡河，有400多年的历史。2001年德国友好人士、著名的电影制片人杜尼约克先生倡议在曼海姆电视塔下的露易丝公园里修建一座中国式花园。如今这里已成为曼海姆市民休闲、赏景和品茗的好去处。曼海姆的露易丝公园占地45公顷，中国花园处在公园的东北角。花园内小戏台修建得很别致，绿檐红柱、雕梁画栋，三面回廊环抱，一面戏台临水。5月13日，当落日的余晖给这组中国建筑群抹上橙红色时，德国嘉宾们也坐满了小戏台对面的庭院。为适应今晚上流社会的活动，演出的节目也做了相应的调整。陕西艺术家们把描写流行于盛唐宫廷与民间的斗鸡故事《鸡冠花红》和《闹元宵》惟妙惟肖地展示给了曼海姆的嘉宾，博得了他们热烈的掌声。《鸡冠花红》里雍容华贵的杨贵妃无论在色彩上还是造型上都比大唐宫廷的仪仗人物醒目，其线条的细密繁复、疏密层

◀ 唐僧和孙悟空取经来到德国

次以及细致工艺都使德国嘉宾为之惊叹。曼海姆中国花园内安装的环绕式立体音响也发挥了特效作用。虽然曼海姆嘉宾们或许根本听不懂唱词的内容，但其铿锵高昂、如诉如泣、悲喜缠绵、时缓时急的音乐旋律也确实打动了他们。曼海姆老市长诺伯特·艾格尔博士事后专门给我写信，高度赞扬陕西皮影戏艺术家们的精彩表演和敬业精神，并把观赏当晚的演出赞誉为在曼海姆古城享受到了来自中国古都的文化盛宴。

终场演出，再现高潮

弗莱贝格市地处德国巴登符腾堡州，距离法国很近。当地的德国民众虽信奉基督教，但对东方古老的文化特别感兴趣。早在 20 世纪 90 年代弗莱贝格市政府就投资兴建了这座东方花园，随后又与中方合资修建了一座中国宫殿。如今这座宫殿与花园已成为当地一道靓丽的风景线。2010 年弗莱贝格市政府又投资对中国宫殿与花园进行了修缮。2011 年 5 月 15 日，修葺一新的中国宫殿与花园更名为“明园”，并以其独特的东方风韵迎来了八方宾客。5 月 15 日，弗莱贝格市市长施德勒先生主持了“明园”的开幕典礼，随后德国铜管乐队吹奏起欢乐的迎宾曲。皮影戏演员们则抓紧时间在中国宫殿的二楼大厅里麻利地搭建了一座皮影戏舞台。兴许弗莱贝格市的德国观众从来没有见过中国皮影戏，不一会观众就挤满了二楼大厅，他们怀着新鲜好奇的心情等待着开场。今天出场的唐三藏知道这是在德国的最后一场演出，就命美猴王孙悟空特别给力地翻跟头，逗得前排的德国小观众直拍手叫好。告别演出的节目个个都受到了德国观众的热烈欢迎，《鹤与龟》也再次把现场的气氛推向了高潮。据说这出戏最初是由湖南老艺人创作的，以动物表演细腻而闻名。陕西民间艺术剧院皮影戏团将它移植过来，配以秦腔调的伴奏音乐，别有一番滋味。该剧没有语言对白，全靠动作表现，德国观众既看得投入又看得明白，个别德国观众甚至惊喜地拍案称绝。

今天最忙的可能是德国巴登符腾堡州电视台的记者了。他们先是在大厅里拍皮影戏演出，但是很快就觉得正面拍摄不过瘾，就想到后台来拍。在征得刘英英女士的同意后，他们扛着摄影机在幕后专心致志地拍了起来。不到幕后看看，还真不知道皮影是如何操纵的。皮影戏高手一人能控制三、四个皮影人物，但大多数皮影戏人物要两个人同时操纵。演皮影大戏人物多、道具多，就要多人配合。皮影戏演员张石头个子高，演出时操纵皮影戏人物的上半身，女演员王瑾操纵皮影戏人物的腿和脚，他们步伐一致，上下一致，前后一致，使得演出珠联璧合、天衣无缝。演出结束后，德国观众们仍意犹未尽，纷纷围着演员们合影留念。德国小孩子们更是兴趣盎然，不肯离去，有些德国小孩子还怯生生地用小手去抚摸着躺着的皮影人物，但又恐怕把它们惊醒。

看着渐渐散去的观众，看着演员们手捧的鲜花，大家内心感触颇深。柏林中国文化中心自建成之日起，即举办了许多文化活动，但像这一次驱车2 500多公里，送皮影戏团到德国北部、中部和西部四个城市演出还是第一次。陕西皮影戏的演出在这四个德国城市产生的影响和受欢迎的程度也远远超出了原有的设想。陕西皮影戏成功巡演也给自己带来了新的启示：高质量的文化交流活动能够跨越千山万水直抵人心。如要搞好跨文化交流活动，就要充分利用公共外交渠道和资源，搭建更多的与外部世界沟通的桥梁。柏林中国文化中心今后不仅要成为传播和推广中国文化的基地，还要成为开展公共外交活动的大本营；不但要组织好在柏林的文化交流活动，还要努力地把文化项目交流送出去，做到以点带面，影响全德国。

贾建新，上海公共外交研究院首届专家咨询委员会委员，文化部原正局级文化参赞，中国大众文化学会理事，中国人民大学特聘顾问，北京李可染画院特聘顾问，浙江大学学生国际化能力培养基地校外特聘导师。

时代之变的条件下
做好公共外交路径思考

黄 平

时代之变

我们的世界正处在百年未见之大变局中。党的二十大报告中提到："当前，世界之变、时代之变、历史之变正以前所未有的方式展开。"从国际格局和世界秩序的角度来看当今世界，格局的调整和秩序的变化成为世界大变局最重要的特征。从大变局的角度来看，变化或变迁、变动是最基本的表现，而不确定性本身成为当今世界的一个确定性。在世界特别是欧美所发生的诸多政治事件告诉我们，更深刻的变化早已在社会层面发生，而外交确实是内政的延续。面对当今世界所面临的共同严峻挑战，中国提出的从利益共同体到责任共同体，再到命运共同体的路线图应是人类的合作共赢之道。

出席中华文化交流与合作促进会 2021 年会

做好文明互鉴三部曲

毫无疑问文明互鉴、建设人类命运共同体在大变局下更彰显其重要。实践很伟大，理论须深刻。把互利合作、文明互鉴、建设人类命运共同体背后的道理说清楚、讲明白、论透彻，有三个层次：首先是说事，其次是讲理，最后是论道。

第一，说事。事不清理不明。而在说事层面，也有个谁来说、对谁说、在哪说、怎样说的问题。谁来说？毫无疑问，在一个更加信息化甚至传媒化的时期，说的人已不仅是学者，其他人包括普通人也都既是听者也是讲者，"每个人都是知识分子"（葛兰西语）在今天更加彰显和突出。但是，"教育者首先是受教育的"（马克思语），今天每个人都在思考、都在发声，所以也需要更多平台、渠道，让更多的中国人来说中国的事。

对谁说？我们经过几十年的建设、发展、改革，解决了挨打、挨饿问题，现在和下一段要解决挨骂问题，要在世界上解决中国被污名化、妖魔化问题。而解决挨骂或形象和舆论问题，首先是要对自己人把基本事实说清楚，即我们自己得清楚自己的道路和历程的基本事实，使我们的自信建立在事实依据之上。

在哪说？传统的课堂、研讨会、新书发布会，都是我们所熟悉的场域，而今天的社会越来越信息化，媒体已经深入大众尤其是青年的日常生活，故在哪说也很需要与时俱进，而不仅在课堂上、书本里。

怎样说？过去40多年中，我们除了在自己的课堂、媒体、出版等平台对自己的听众观众受众说之外，也到其他国家和地区去讲中国的过去、现在和将来。外面的听众也有能客观或相对理性地来理解的，还有人要么出于傲慢偏见无知或者利益考虑而不理或不信。所以，怎样说就很关键，仅凭事实，未必就总能胜于雄辩。这就涉及讲理的问题。

第二，讲理。讲理既不是简单地罗列事实，也不只是说话的技巧如何、外语水平怎样、资金和技术是否足够等。讲理，至少有这几个层面：议题设置、规则制定、话语水平。如果议题已经提前定好（例如就只能踢足球），规则也已经定死（何谓犯规、进球、得分），就只是在狭义的话语层面去说去讲去辩，未必会很有效。但如果把议题、规则、话语这三个层面综合起来看，就有一个从语词到概念，从命题到逻辑，最后是从学术到思想的内在结构，就不只是仅仅在狭义的话语层面编词或翻译等问题。这当然不是说话语以及文风不重要，即使有理，也有个怎样说怎样讲的问题，呆板、枯燥、生硬、僵化的教条式的文风，连普通群众、广大青年也是不能打动的，更何况对外推广与传播。

第三，论道。在讲理的基础上，更有个论道的问题。一者说不完、说不清，所以需要讲理；二者至少听上去公说公有理、婆说婆有理，那背后的道是什么，怎样论道，这是特别重要也特别需要的。一方面，事不清理不明、理不明道不通，另一方面，无理事说不清、无道理讲不通。今天要论述如何通过中国式现代化实现满足伟大复兴并开创人类文明新形态、为何要文明互鉴并建设人类命运共同体，就有特殊性与普遍性的问题。这里，也有三个层面。

其一，中国式现代化和中华文明新形态当然一定有自己的特色，要强调普遍原则与具体实践相结合。只能从中国的实际出发，这样才能发现并解决中国特殊的问题。离开了这一点，不仅中国这么一个国家大、人口多、历史长的社会不能走稳走好，即使是一些看上去小得多的社会，也要么走不顺，要么不再成其为自己。

其二，中国式现代化和文明形态的普遍性。中国一方面走出了一条中国式现代化道路，另一方面又确实"拓展了发展中国家走向现代化的途径，给世界上那些既希望加快发展又希望保持自身独立性的国家和民族提供了全新选择"。这就是说，它的背后是具有其普遍性因而是有参考价值乃至借鉴和推广价值的。用更形似科学化的语言说，任何一种东西，如果它所跨越的时间越长、覆盖的空间越广、包含的个体越多，那么，至少很可能，它所具有的普遍性就越强。

其三，中国式现代化道路的优越性。中华文明几千年一路下来走到今天，尽管也经历了很多艰难曲折、战争磨难，但这样一个文明形态，既绵延不绝还不断创新，不仅是发展的速度、规模、势头，而且其内在的生命力和影响力，特别是它所体现的包容性与亲和力，包括日常生活中的亲情、互助、团结，在社会层面的彼此认同、社区安全和凝聚力与坚韧性，这些东西比起看得见的“发展指标”甚至更重要也更关键。论道者，就是要把普遍性原理性的东西弄懂、阐明。例如“两个结合”，个人的体会，第一个结合使马克思主义获得了再生和新生；第二个结合使中华优秀传统文化获得了激活与弘扬。这就需要在坚持四个自信的同时坚持开放、包容，在与其他文明的对话、交流、争论、互鉴中，去说事、讲理、论道，这样才能也一定能走出文明互鉴、建设人类命运共同体的新路。

因此，我们的思想界、文化界，当然也包括其他领域的人士，背负着一项重大使命，就是如何把我们的道和理讲明、讲透、讲好。其中最关键的，就是所谓正当性问题。中国成为第二大的世界经济体这个事实，尚不足以解决我们制度与支撑它的价值的正当性问题。真要在世界上“发出中国声音，讲好中国故事”，还需要做更扎实更细致的思想和理论工作，总结、提炼、概括好中国式现代化这个基本事实背后的实践、道路和理论。道不透理不清，理不清言不明。只有自己把事实背后的“道”弄透彻、“理”想清楚，才能深入浅出、言简意赅。其实，世界上很多非西方国家在跟随西方（或被西方支配）多年之后，切身感受到西方那套模式未必适用他们，也很想了解中国的发展道路和治理经验。从这个角度讲，讲好中国故事，无疑具有世界意义。

确定性之路

面对这样的一个时代之变，我们需要的，不是贸易保护和政治保守，更不是疑外、排外、恐外、仇外，而是更新版或升级版的全球化：这是创新的，使财富更加涌流，也是包容的，使各国都能参与；它是公平的，要大家都能受益，还是绿色的，确保可持续。新的格局在这种全球化中形成，新的秩序在这种全球化中构建，新的规则在这种全球化中达成。毫无疑问，这个过程不会是一帆风顺的，其间充满了不确定性，难题与混沌，风险与危机，博弈与较量，冲突与斗争，都在所难免。探索新路，催生新的思想，更需要新的担当。面对不确定，面对风险甚至可能的危机，有一点是确定无疑的，那就是：坚定不移走和平之路，发展之路，互利之路，共赢之路。

从这个意义上而言，我们不仅是简单地处理国际关系、双边关系、外交关系，而是用新的世界观、天下观去面对世界性的社会失范、政治失序、安全失控、制度失灵和精英失职，而越是面对这些“失”，就越需要我们在国际关系重建、国际秩序重构、国际规则重写、国际治理重塑的历史进程中奋发有为。

这是一个伟大的时代，一个全新的时代，一个开创未来的时代。在这样一个时代，外交也是全方位的，不仅是外交官和媒体专业人士的事，走向世界的留学生、旅游者、投资者、建筑者、表演者、运动员，他们的一言一行也都是外交，是即所谓“民间外交”或“公共外交”。国家形象或公共形象（public image），其实也就在他们每天的一言一行、言谈举止，而不仅在于新华社发言人、外交部发言人的讲法和说辞。尽管国际关系中最重要的主体依然是国家，但内外之别正在被打破，一个国家内部某个小地方发生的事情，经过宣传、夸大甚至误解，都会影响到整个国家形象；反过来，世界上每天发生的大大小小的事，也会影响到一个国家的偏远地区的人的行为和心思。

黄平，上海公共外交研究院首届专家咨询委员会委员，中国社会科学院台港澳研究中心主任。

推动文化“走出去”要避免急躁心理

王安忆

我今天来也没有一个正式的讲稿，也没有一个题目，听了各位的发言我有一些心得。

1983 年我去美国，当时我们的物质比较匮乏，所以我的第一个印象是美国丰富的物质，尤其是超级市场。那时在上海喝可口可乐是要凭外汇券的，酒店里面才可以买到，这个差距非常大。令我吃惊的是，我在那边不到半年时间回到上海，上海的可口可乐和纸制包装的饮料都有了，我们非常迅速地改变我们的形象。

我今天还是谈我的小说吧。曾有一种假象，好像全世界都爱我们。不是

▲ 在“文化自信和公共外交”对话会上发言

这样的。20世纪我去欧洲参加书展、讨论会，觉得中国文学很重要。后来，我才慢慢认识到了中国文学的真实处境——去外国书店很难找到中国文学作品。文化"走出去"现在有雄厚的资金作支撑，当然是好事，但我们也要冷静看待"走出去"的繁荣。这些年，版权代理公司雨后春笋般冒出来，非常慷慨地签下文学作品版权。实际上，中国文学目前在海外的被接受程度非常有限。

20世纪八九十年代，中国文学曾受到海外较大关注，但那是改革开放初期特有的情况，此后虽然规模逐渐收缩，但也是一步一个脚印。当大量"中国文化"的产品以倾倒之势冲击过去，这脆弱的趋向便溃散了。有的海外出版社并不能在发行上付出成本，出版几十、一百册书交代完事。而版权代理公司是完成了上级发派的指标。作者呢，履历上有翻译多种文字的记录。事实上，谁也看不见书。甚至，有的版权代理公司签好约后，不再进行工作，只留下一个泡沫。

这种现象，折射出部分文艺界人士对"走出去"尚存盲目，更直指行业的虚火。盲目投钱并不是文艺作品走出去的正确方式，不该用的地方要收敛起来，市场的事情交给市场。要尊重市场，要把钱用在刀刃上。

说到这里面的原因，除了发行、出版、技术和意识形态以外，我想谈谈在西方国家，他们是不是对我们的兴趣有我们想象的那么大？我们应该冷静一点，其实他们对我们的兴趣远远没有我们对他们的兴趣这么大。中国人对西方的兴趣是在我们走向共和以后，走进现代社会以后。我们想要发展，要使中国面貌改变。我们得到的现代社会、现代国家的蓝本，都是来自西方欧美，所以我们这一行的小说，基本都是传承了"五四"传统，与欧美现代文化的关系是非常大的。当然我们也可以说，中国小说有《水浒》《三国》《红楼梦》等。

我们刚才提到美国，我在美国待了半年，有一个人问我，你在美国有没有遇到作家，我说没有机会，因为他们没有我们这种组织，没有作家协会，不知道他们在什么地方。1983 年我在斯坦福大学的时候，有一个台湾人，他跟我有一些争执。他说：我知道很多美国作家，但大陆的作家我都不知道。确实是这样，美国人对中国的关心度很低。谁会关心呢？汉学家会关心，娶中国太太的人会关心，所以他们很多都是倾向于英语写作。

我曾经在 1989 年的时候同一个作家，应《熊猫丛书》之请，去《纽约书评》打书。我个人非常好奇，《纽约书评》是这样的一个杂志，我们都知道哈金，哈金的成功远远超过莫言得诺贝尔奖。诺贝尔文学奖在西方文学世界里面，是一个定位不是很高的奖项，但它有惊人的奖金，所以很有名。一个老太太也很客气，就跟我说，很抱歉，我们的书评只接受英文写作的书。他们不肯看译文的。

我们很喜欢看外国文学，而且有大量的译作出版，这跟 1949 年以后的状况也有关系。现在有很多做翻译工作的老作家已不适应新的写作环境了，所以我们运气很好，看到过很多品质很高的翻译小说。西方人不喜欢看翻译小说，事实上，受到欢迎的中国文学作品的译作是非常少的。这有一点遗憾，与我们的期望有一点距离。

一开始，我觉得 80 年代开始的时候，全世界都对我们很好奇。1983 年的时候，我在美国受到的是好奇的眼光、友好的眼光，非常非常得强烈。在此之前，他们看到的中国人往往是广东福建的。他们经常问我是不是中国人，我说我是中国人。他们奇怪的不仅是样子不太一样，更可能还不太相信一个中国人能够自由地在国外行走。

2016 年的时候我在美国待了半年，这半年只要路过书店我都要去看一看，去找有没有我们中国的书。很可惜，除了纽约的车站有一些，其他地方都没有看到上桌面的书。躺着的书是比较畅销的，有亚洲的，但是都是英文写作的；有印度的，中国的就没有。在这之前我去美国，多少可以看到一些，但是 2016 年之后看到的非常稀少，这和市场化有关系，也和我们自己有关系。尤其是 2015 年的时候，我不记得是在伦敦书展还是在其他哪个书展，我们中图发行带了一个作家代表团去了，去的作家都是在市场上有苗头的，还是不错的作家。但这个代表团完全和他们的体系脱离，非常冷落，没有人来。

推动中国传统文化“走出去”，不可能一蹴而就。要避免急躁的心理，我们得更加冷静，不能操之过急。

（本文系 2019 年 11 月 26 日在“文化自信和公共外交”对话会上的发言。）

王安忆，中国作家协会副主席，上海市作家协会主席。

善用媒体力量更好讲述中国故事

敬一丹

去年国庆期间我接到一个任务非常特别。这个任务谁下的呢？是外宣呢？外交部呢？还是台领导呢？我们领导说，反正就是国家任务，你录一短视频，我们做一个特别的节目。派什么用呢？就是国庆节时，在为我驻各国大使举行的招待会上，播放给各位嘉宾看的。谈什么呢？谈建国69年来发生的巨大变化，曾经那么穷的国家怎么会发展成现在这样。

我不能以焦点访谈主持人的身份谈，我们也不是在做焦点访谈的节目。那从什么角度呢？他们说，你就以一个中国人的角度吧。我再三想，还是讲故事吧。

▲ 在“文化自信和公共外交”对话会上发言

我姥爷是闯关东的农民。那时中国农民种地，是不能好好养活自己孩子的。我姥爷跟我姥姥生了 11 个孩子，只活了 7 个。当年，我妈会在每个月的 22 号，拿着粮本去买全家的粮食，就是全家定量供应的粮食，养活我们姐弟 4 个人。当时所有的票对我来说太珍贵了，我太习惯用布票粮票了。直到我上大学的时候，我同学说，拿到录取通知书的时候，第一件事就是到粮店去起出全国粮票。那时候叫“起”粮票，要不然他在他们那个省是走不出来的。我这么习惯用粮票的人，在我当记者之后的 90 年代中期，为此做了一个报道，讲的就是中国的粮票已经退出了历史舞台。可以说，我见证了粮票的终结。

这就是我讲的故事。

中国一直为粮食发愁，一见面都要问“你吃了吗”。这样一个国度是怎么解决吃饭问题的。我觉得讲到这里就可以了。

这个节目其实做得很仓促，但后来在各大使馆举行的国庆招待上都用了。我就在想，这是不是讲中国故事的一次实践呢？

今天听了很多人在这里讲。讲好中国故事，这句话本来是我们媒体人经常说的一句话，现在也是我们公共外交经常提醒自己的话。我是退休以后才知道什么叫公共外交的。我退休以后，我们秘书长说你参加我们的活动吧，那时我才知道什么叫公共外交。我们公共外交的团组出去以后，团内有很多人，包括媒体人。我是退休人员，我就问领队，你们为什么还带上我呢？他们说因为你是网络名人啊。谁是网络名人？我确实有微博，但很久没用了。他们说你应该用起来，我们就是要用你们这些名人的传播力来扩大影响。

我很久以前就讲中国故事了。比如，“感动中国”就是讲中国故事。“感动中国”是一个媒体搭建的平台，“感动中国”不是创造好人，只不过是看到这么多好人在茫茫人海之中，去建一个平台呈现这些好人。还有一个原因，就是“感动中国”这个团队看到了那个时候的道德状况：那么多人在忧虑，那么多人在质疑，在叩问我们现在的道德状况、我们的文化氛围，以及那么多让人心里产生问号的地方。这个时候我们用什么办法让人们对未来有信心呢？那些感动中国的人物就是让我们有信心的人。他们来自不同的背景，我们了解他们的背景以后，更能看出他们的价值，于是“感动中国”应运而生。

现在“感动中国”已经存在了17年，马上就要迎来第18次的“感动中国”。我很幸运遇到这个节目并和它相伴了这么多年。如果我不遇到“感动中国”这个节目的话，我天天面对“焦点访谈”所报道的那些问题的话，我早就抑郁了。正是因为我看到对未来有信心的这些人，我才有了平衡，我才能够坚持。

这样的故事我们是可以在不同的范围里面讲的，就像“感动中国”这样主要面对中国国内观众的节目，我也要注意有一个世界的角度，因为它是中国人的年度重要史诗。有一期节目，出现了有替中国人打官司的日本律师。我作为一个东北人都不太接受日本人出现在“感动中国”的舞台上，但因为他是在替中国人打战争的官司。之后的节目中还出现了欧洲的志愿者。

我们“感动中国”的人物也是有世界背景和世界意义的，比如袁隆平，比如种子专家钟扬等。

我一直觉得“感动中国”是一个好好说话的节目，是一个把这些好人、让我们敬仰的好人呈现在大家面前，让大家很亲切的节目。“感动中国”一出现，就成为一种电视现象，各地都出现了大大小小感动类型的节目，比如“感动中原”“感动龙江”，什么好人榜。近些年又有了另外一些类型，叫“最美”，成了最美系列，一开始是“最美医生”“最美乡村教师”。今年有了更多的最美，比如“最美支边人”“最美应急人”，听说明年有14个最美系列。我就跟他们打听，在这些系列里面有没有最美外交官或是最美公共外交官呢？他们说目前还没有听说。为什么不能有呢？那些这么多年致力于公共外交的人，难道不是很美的吗？

说到这里我在想，我们怎样用媒体。媒体是一种工具，是一种现代的工具，是现在无所不在、覆盖一切的工具。它是工具我们就要用它，不用这不是太浪费这种现代的、有效的方式了吗？刚才吴会长说，很多外国人对中国的了解是有限的，我也有一些感受，比如我女儿出国留学的时候，曾经被一个美国人这样问，你们中国有蔬菜吗？我也曾经被人问，你们中国的电视里还可以有批评吗？我们最初面对这样的问题的时候，都不知道该怎样回答他。能怪人家孤陋寡闻吗？我们不应该问问自己吗？我们是充分运用了各种方式让人家来了解我们了吗？如果不了解还谈何理解呢？面对这么多不了解、不理解的时候，我们怎样善用媒体，用媒体为公共外交助力，更有效地让世界了解我们，也让我们更好地融入这个世界。

（本文系2019年11月26日在“文化自信和公共外交”对话会上的发言。）

敬一丹，浙大城市学院文明与传播研究院副院长。曾任中国视协主持人专业委员会主任，中央电视台主持人。

后记

国之交在于民相亲，民相亲在于心相通。

2011 年，在中国举办了“成功、精彩、难忘”的上海世博会的第二年，上海公共外交协会正式成立。这是全国第一个省级城市公共外交协会。协会成立以来，坚持服务国家总体外交，服务改革开放和经济发展为宗旨，积极创新，主动探索，与社会各界广泛联动，注重实效，发挥了应有的作用。

今年是协会成立的第 12 年头，也是我们又一个换届之年，是我们继续“不忘初心，牢记使命”，踔厉奋发，坚持有所作为，做出更多奉献的一年。党的二十大明确指出：“要坚持亲诚惠容和与邻为善、以邻为伴周边外交方针，深化同周边国家友好互信和利益融合，秉持真实亲诚理念和正确义利观加强同发展中国家团结合作，维护发展中国家共同利益”，同时，报告进一步强调了民间对外交往。为总结经验、不断进取，我们决定编辑出版这本关于上海公共外交实践的书籍。目的是为了进一步探索、改进和开拓、创新今后的工作，我们始终认为做好公共外交是一门严肃的学问和生动的实践。我们需要更好地以“中国立场，国际表述”为导向，发扬上海特色，用真诚之心加强与各国的民间交往。诚如先贤孔子所言：“善与人交，久而敬之。”我们相信，在当前的形势下，公共外交有其不可或缺的责任和义务，也一定可以大有作为。

2022 年 9 月，我们即发出了征稿启事和邀请函，并组织各方人士共同参与采访整理等工作，国务院新闻办原主任、上海公共外交研究院专家咨询委员会主席赵启正同志，曾任上海市政协主席、上海公共外交协会首任会长的冯国勤同志都欣然著文作序，全国政协常委、上海公共外交协会会长周汉民担任主编，作序并撰稿多篇，对全书的编辑原则、框架确定、全书定稿、出版质量都牵头研究、时时关心。全书分为两大篇章，共收录53篇文章，包括：序言3篇；第一篇章：实践部分36篇；第二篇章：演讲部分14篇。由协会的现职和前任副会长、秘书长、理事、会员和工作人员动笔或口述，以个人的视角，畅谈或记录了在协会的各项活动和与国际友人交往中的故事，倾注了对公共外交事业以及协会工作的真挚情感、美好回忆和对未来的期待。

经过半年多认真严谨的工作，编委会与出版社共同努力，终于使本书按原定的计划如期出版，在这里，要真诚地感谢各方对本书编辑出版工作的热情参与、用心支持和辛勤努力。感谢上海市政协对外友好委员会及其办公室同志，以及协会各位老领导、老同志的帮助，感谢上海世纪出版集团和上海人民出版社领导和编辑团队的大力支持，感谢上海公共外交研究院的倾心组织，感谢单颖文、卓滢、徐颖、崔立、金朝晖、蔡瀛霄等同志所做的采访整理和修改等工作，感谢协会查蔚、杨凡等各位同志的共同努力。因篇幅关系，还有许多单位和人员也为本书进行过专门的修改或给予各种支持，不能一一提及，在此一并感谢。正因为有这么多人共同奉献，克服种种困难，致力精益求精，才成就了这本书的诞生。

面对中华民族伟大复兴的战略全局和世界百年未有之大变局，在习近平新时代中国特色社会主义思想的指引下，中国公共外交事业方兴未艾，在服务于国家总体外交和经济建设的过程中，更加显现出其独特的作用和影响力。期待本书所记录的动人故事和创新经验，助力打造上海高质量的城市公共外交，并为未来中国公共外交事业的发展提供有用的启发和借鉴。

本书不足之处，请方家指正。

本书编委会

2023年6月

图书在版编目(CIP)数据

善与人交　久而敬之:上海公共外交实践/周汉民
主编. —上海:上海人民出版社,2023
ISBN 978-7-208-18349-0

Ⅰ. ①善…　Ⅱ. ①周…　Ⅲ. ①外交事务-上海-文集
Ⅳ. ①D827.51-53

中国国家版本馆 CIP 数据核字(2023)第 106019 号

责任编辑　史美林　史桢菁
封面设计　人马艺术设计·储平

善与人交　久而敬之
——上海公共外交实践
周汉民 主编

出　　版　上海人民出版社
　　　　　(201101　上海市闵行区号景路 159 弄 C 座)
发　　行　上海人民出版社发行中心
印　　刷　上海盛通时代印刷有限公司
开　　本　720×1000　1/16
印　　张　20.5
插　　页　4
字　　数　277,000
版　　次　2023 年 8 月第 1 版
印　　次　2023 年 8 月第 1 次印刷
ISBN 978-7-208-18349-0/D·4144
定　　价　148.00 元